W0284985

FRANCK

AUTOPORTRAIT IMAGINAIRE

GILLES JUAN

FRANCK

AUTOPORTRAIT IMAGINAIRE

MARABOUT

© Hachette Livre, Département Marabout, 2024

Tous droits réservés. Toute reproduction ou utilisation sous quelque forme et par quelque moyen électronique, photocopie, enregistrement ou autre que ce soit est strictement interdite sans l'autorisation écrite de l'éditeur.

Note de l'éditeur

Cet ouvrage est un autoportrait imaginaire de Franck Ribéry.

On reconnaîtra dans la vie du personnage des faits déjà connus du public. Au-delà, les situations de vie privée des personnages et les dialogues sont purement fictionnels.

Prologue

Les propos de Franck Ribéry ont été imaginés comme une sorte de « droit de réponse » aux critiques médiatiques dont il a fait l'objet.

À écouter les nombreux sketches et commentaires qui se sont moqués de lui, parfois avec tendresse, souvent avec mépris, à lire les ouvrages et les articles qui l'ont égratigné, à en croire les politiques qui l'ont dénigré, on avait affaire, pour résumer, à un mauvais Français. Selon des critères très orientés et très explicites, le Boulonnais a coché à peu près toutes les cases des tares identifiables chez les footballeurs.

Singulière nation, où les mêmes représentants et observateurs politiques s'accrochent (peut-être à juste titre) à la présomption d'innocence pour maintenir à son poste un ministre ou un parlementaire mis en examen, mais se scandalisent d'une sélection en équipe de France, quand cette fois des soupçons (juridiques ou moraux) se portent sur des footballeurs.

Bien des reproches adressés à ces derniers me semblent établis à l'aune d'un idéal « d'identité nationale » que je trouve douteux, au service d'une cause – espérer, puisque les « jeunes des quartiers » aiment le foot, que de bons modèles, bien disciplinés, inspireront ceux dont on suppose *a priori* qu'ils ne respectent plus rien – que je trouve pathétique.

Je ne crois pas que ce soit « trop » demander au foot et aux footballeurs ; je pense que c'est tout bonnement exiger, à grand renfort de paternalisme, une exemplarité qui ne devrait pas être la leur. Faisant d'une pierre deux mauvais coups, on en arrive d'une part à considérer que les footballeurs sont de mauvaises personnes, et d'autre part à oublier qu'ils sont par ailleurs des modèles formidables – le sport en général, le football en particulier, charrie évidemment nombre de valeurs positives, brillamment incarnées par les meilleurs pratiquants – dont Ribéry fait partie.

Pour observer cela, il s'agissait de ne pas séparer l'homme de l'artiste. À quelques nuances près, tout le monde s'accorde à dire qu'il était un très grand joueur, mais la rhétorique insidieuse isolant le sportif a généralement servi à condamner moralement l'homme. Je considère assez platement, pour ma part, que l'artiste-Ribéry n'est rien d'autre que l'homme-Ribéry sur un terrain de foot. « Le joueur en forme, c'est le fond de la personne qui entre dans la surface », pourrait-on dire en pastichant une fausse citation attribuée à Victor Hugo.

Qui est ce sportif fantastique ? Quel parcours, quel caractère, quelles rencontres ont façonné ce joueur que j'adorais ? En y répondant, je réhabilitais la personne. Ce qui ne signifie pas en faire la louange ni le plébiscite – je ne crois pas que le livre soit écrit pour qu'on admire le personnage en tous points, car qui est admirable en tous points ? –, mais décrire un individu digne de respect, en partant du principe éthique et romanesque qui exige de considérer que tout le monde est intéressant, que chacun a de la valeur, des principes à faire valoir, un point de vue singulier sur les situations.

Le degré potentiel de candeur d'un tel projet m'indiffère. L'épopée personnelle de Ribéry, ayant tellement galéré puis brillé sur les terrains, et posé tant de problèmes politicomédiatiques, me semblait juste plus romanesque qu'une autre.

Les biographies déjà publiées ne manquaient ni de détails ni d'intérêts variés, mais l'essentiel me paraissait occulté. Même dans les rares textes écrits tout à son honneur, il manquait l'expression d'une personnalité, l'exploration des environnements où elle a puisé ses ressources, l'étude d'une culture populaire, le tableau d'une manière d'être français.

Et il manquait la première personne. Pour ne pas trahir le personnage, il fallait aller jusqu'à travailler le langage. Explorer les potentiels créatifs et émouvants d'un registre de langue qui n'est pas, généralement, propice à l'écrit. Chercher un compromis qui ne trahisse ni l'esprit qu'on prête à un individu ni la matière qu'on doit à une publication.

Mais pourquoi, finalement, l'imaginaire plutôt que le documentaire ?

À vrai dire, j'ai d'abord voulu écrire un livre *avec* Franck Ribéry ; narrer sa véritable histoire, adopter ses authentiques points de vue, exprimer ses émotions. J'ai essayé ; je n'ai pas réussi à le contacter directement, puis des intermédiaires m'ont indiqué que ça ne l'intéressait pas.

J'aurais pu tenter de le raconter sans lui. Enquêter, m'essayer à une démarche journalistique dont j'ignore à peu près tout, chercher à retracer sa « vraie vie »... Mais plusieurs raisons m'ont détourné de cet objectif, jusqu'à ce que j'en définisse un autre, ou plutôt deux : être assez fidèle à tout ce qui a été médiatique ; inventer totalement ce qui relève du privé. Deux objectifs contradictoires, qui ont écartelé le projet et ouvert, ce faisant, un espace de création littéraire et nombre de situations imaginaires.

Valoriser la beauté de sa carrière véritable était décisif. La fidélité au CV permettait d'ancrer l'histoire dans le réel. De donner tout leur crédit aux incroyables rebondissements, de travailler aussi les sujets politiques et culturels effectifs qui ont accompagné le parcours du joueur, d'apporter une contribution au débat public sur ces sujets.

Parallèlement, raconter l'intimité de Franck sans Ribéry me semblait d'autant plus absurde et vain que les biopics m'apparaissent généralement comme des trahisons plus ou moins attendues. Ayant l'audace de prétendre à la vérité, ils la manquent forcément.

Puisque de toute façon ce n'était pas « sa » parole, autant faire autre chose : considérer Ribéry comme un symbole. Un représentant. Le personnage est devenu un Franck possible, un footballeur éventuel, une star fantasmée. J'ai moins le sentiment d'avoir trahi l'histoire d'un homme du peuple que de m'être approprié un mythe vivant.

Cher Franck,

Dans ce roman, c'est comme si tu racontais ta vie.

Quand j'ai ébruité le projet, on m'a parfois fait remarquer que c'était une démarche présomptueuse. Qui suis-je pour parler à ta place ? On ne se connaît pas, on ne s'est même jamais croisés.

J'aurais trouvé présomptueux, pour ma part, de chercher à savoir qui tu es « vraiment » ; tu verras, ce n'est pas du tout ce que j'ai voulu faire.

Le livre est certes inspiré de faits réels ; il retrace globalement ta carrière impressionnante et lui rend hommage ; il aborde aussi les sujets sensibles ; il s'agit cependant d'une fiction pour laquelle les personnages, les lieux, nombre d'éléments et l'intégralité des faits privés, ont pu être inventés par ma vision et les besoins de l'intrigue.

Je souhaite qu'on y croie, évidemment, mais pas tellement parce que j'aurais cherché à « percer tes mystères » ; plutôt pour que les lectrices et les lecteurs s'identifient avec conviction à la personnalité d'un champion emblématique, authentique, populaire. Je voulais décrire, en tricotant à partir de ton exemple, les épreuves physiques et morales qu'il traverse. Surtout s'il a poussé en France.

On m'a également demandé : « Tu aimerais, toi, qu'on joue ainsi avec ta vie ? »

Cette question m'a beaucoup travaillé. C'est le livre d'un fan, et, dans la mesure où j'assume d'affabuler, j'espère qu'il n'y aura rien de problématique ou d'offensant, mais je dois bien m'avouer que je ne sais pas ce que ça fait de voir son image ainsi traitée. J'appréhende que cela t'affecte, pour une raison ou pour une autre ; j'espère sincèrement que ce ne sera pas le cas.

Je sais une chose, en tout cas : tout au long de ta carrière, beaucoup de monde t'a jugé, caricaturé, moqué, critiqué, dénigré, avec le droit pour eux, et la conscience tranquille, alors qu'on peut parfois douter de leurs bonnes intentions.

Au plaisir de te rencontrer, pour te parler des miennes !

Gilles

À Paris, le 17/01/2024

« Nous croyons que les sports, jusque dans les rangs populaires, doivent être encouragés conjointement chez les indigènes et chez le gouvernant. Les sports sont en somme un instrument vigoureux de disciplinisation. Ils engendrent toutes sortes de bonnes qualités sociales, d'hygiène, de propreté, d'ordre, de self-control. Ne vaut-il pas mieux que les indigènes soient en possession de pareilles qualités et ne seront-ils pas ainsi plus maniables qu'autrement ? »

Pierre de Coubertin, « Les sports et la colonisation »

« Qui parle d'offenser grand-mère ni grand-père ? »
Molière, *Les Femmes savantes*, acte II, scène 6

1

Après que ma tête a éclaté le pare-brise dans l'accident de voiture, tout le monde m'a plus parlé que de ça. Tout le temps. Partout.

Tu me diras, ça a généré des images, presque des souvenirs – parce que j'avais trois ans et je me rappelle que dalle.

Depuis cet âge-là, j'ai la gueule que j'ai, sauf que maintenant, je porte la barbe.

J'en ai entendu, des témoignages du carambolage. Des plus ou moins tragiques et même des contradictoires. Je repense à ça, par association, quand les journalistes rabâchent sur moi. Depuis toujours, chacun voit Ribéry à sa porte.

Toutes ces versions de l'accident m'intriguent. Même mes parents ont pas deux récits identiques.

J'ai fait la moyenne, ça donne une histoire que j'appelle la vérité. J'étais à l'arrière de la Peugeot, calé au milieu de la banquette. Pour une fois, je bronchais pas. Coup de frein brutal, j'ai foncé dans la vitre, telle une frappe à bout portant sur le poteau. Cent points de suture et la sensation diffuse, pour toujours, qu'un truc va mal tourner si je reste assis trop longtemps.

On s'attachait pas comme aujourd'hui dans les bagnoles. Ma mère me rangeait sur le siège comme elle posait les sacs de courses, à plat autant que possible, en équilibre pour pas que ça tombe, et puis voilà. Je dis ça, je lui en veux pas. Mon père aurait fait pareil. Lui non plus a jamais adressé aucun reproche à ma mère. Elle a toujours fait comme elle a pu, elle a toujours fait au mieux, et mon père aussi, et aujourd'hui, ils sont fiers de moi. Et moi, encore plus d'eux.

On me parle sans cesse de l'accident, rapport aux cicatrices qui déchirent mon visage, sur la joue et le front. La voiture, c'est la façon détournée de m'en causer. Elles intriguent, je le sais bien. J'ai bien vu comment tu les avais regardées, c'est pour ça je te parle de ça. En visu, j'ai constaté mille fois que les gens font un effort pour pas les mater, par respect pour moi ou par pudeur personnelle, mais ils sont attirés comme par un décolleté plongeant. Ça checke furtivement. Personne peut s'empêcher. Surtout les enfants.

Y aurait pas eu toutes ces questions, ces regards en biais, ces messes basses, m'en serais fichu comme des plis sur un tee-shirt pas repassé, de mes cicatrices. Je me suis pas connu sans ! Elles sont à mon visage, disons ce que mon nez est à ma figure.

Autour d'elles, ça a pu me complexer, gamin. Mes cheveux ont poussé par touffes éparses et malgracieuses, comme l'herbe sur les terrains pourris de mes premiers matches avec le FC Conti. Mes incisives aussi sont sorties de traviole, au hasard des options que ma mâchoire défoncée a laissées. Y a une dent plus avancée que les autres. Celle que j'ai contre le mec qui a pilé. D'après l'assurance, c'était la faute à ma mère : on est censé freiner à temps, quand ça fait obstruction devant. Même quand ça stoppe pour rien. Bon, ben ma mère a pas freiné à temps.

La bagnole percutée a embouti une autre voiture devant. Un R5 ou une BM, selon les versions. Dommages latéraux, d'après l'assurance. Eux aussi à notre charge, évidemment.

« Comment tu t'es fait ça ? » Elle m'a toujours énervé cette question. Je sais que c'est la façon de parler, mais moi, quand j'entends la phrase, j'ai l'impression que je me suis scarifié moi-même. Je me suis rien fait du tout. Autant que je m'en souvienne, j'ai toujours essayé de me faire que du bien.

Quand je finissais par cogner des mecs qui m'emmerdaient avec mes cicatrices, je sentais au fond de moi que... pourtant, les blagues ou les jugements m'atteignaient pas vraiment. J'agissais par principe. C'est pas que je me vexais. Juste, je comprenais qu'on m'attaquait ; et je me défendais. Pour ça ou pour autre chose, ce qui fait mal, c'est l'obstination des moqueurs. J'en suis fier, de mes cicatrices. Albator est beau. Sur moi, je sais pas si c'est mieux ou si c'est moins bien ; en tout cas, c'est comme ça.

Si j'ai pu faillir en pleurer, dans un coin de la cour, c'était pas d'avoir des cicatrices. C'était d'avoir des rieurs en permanence. Des commentateurs, sans cesse.

Dans le quartier, ça allait, tout le monde se connaît. J'étais quelqu'un comme un autre. À l'école, on me regardait. Les parents, beaucoup. Les parents des autres gamins, à la sortie des classes. Ils pointaient du regard et leurs enfants montraient du doigt. Les adultes gardaient leurs réflexions pour eux, mais ils en pensaient pas moins.

Avec mon père, on jouait à compter nos cicatrices. On se contorsionnait pour traquer jusque derrière les coudes. « Fais-moi voir tes blessures de guerre ! » On rigolait bien. La règle implicite, c'était plus t'en as, plus t'es un homme. Il bossait dans le bâtiment, mon père en a toujours eu plus. J'ai toujours eu les plus belles. Je lui souhaite pas de me détrôner.

Même quand c'était des plus grands, même quand c'était la famille des copains, même quand ils étaient nombreux, je leur rentrais dedans, à ceux qui ricanaient quand je passais et que j'étais mal luné. De temps en temps, j'ai pris des roustes. Peu importe. C'est la roue de la vie. Elle tourne.

Scarface, c'est un grand film. Il donne envie à tout le monde d'être Tony Montana. Même aux intellos. Surtout à eux, peut-être. Je portais le surnom avant d'avoir vu la cassette : j'ai pas été déçu. Y a quelques années, deux journalistes ont publié ma biographie, comme celle d'une racaille. Ils m'ont surnommé « Lascarface ». J'imagine qu'ils sont fiers. Si je les croise, je les éclate.

Sincèrement, je les aime mes cicatrices. Elles m'ont rendu plus fort. Ou peut-être, j'aurais quand même été fort sans elles. Ça ou autre chose, depuis tout petit, je suis fort.

J'ai eu d'autres accidents de parcours. Dès le départ, c'était pas la joie. Comme si au Monopoly, on démarrait la partie depuis la case prison. Pas commode, la cité du Chemin Vert. Boulogne-sur-Mer, ça a l'air gentil, dit comme ça. Le port, le marché, les friteries, les vieux qui marchent recourbés, vent ou pas vent. Ils rient tout au long de la jetée, comme s'ils venaient de jouer un tour à un bon copain. Leurs bras dans le dos. Leurs gueules rondes, molles et marquées. Adorables. Si les saint-bernard baragouinaient, ils auraient l'accent ch'ti. Mais le Chemin Vert, c'était pas la colonie de vacances. Ils passent moins à la télé, pourtant les quartiers nord de Boulogne ont rien à envier à ceux de Marseille, moi je te le dis. J'y étais allé faire un tour, quand j'ai joué à l'OM. Un matin. À la Castellane. Là où Zidane a grandi.

Eh ben, ça m'a paru sympathique.

C'était peut-être le soleil, qu'est pas mon élément naturel.

Mais je m'égare, je parlais du Chemin Vert. Faut se méfier, quand les noms des quartiers sont jolis. En face du stade Vélodrome, y a la « Cité radieuse » : si elle l'était, y aurait pas besoin de le préciser.

J'ai pas souvenir de verdure ni de chemin. C'était route et béton.

Ça a eu du bon.

On était pas les plus à plaindre. Mon père raconte tous les quatre matins que son père à lui avait pas la salle de bains et pas le chauffage.

Le Chemin Vert, c'est une ZUS. Zone urbaine sensible. Les gens qui y grandissent ont pas intérêt à trop l'être, sensibles. Ça pardonnerait pas. Je te dis pas que tout le monde traîne et crache et fume et emboucane et fiche nécessairement le bordel... Juste, les ascenseurs puent la pisse, les apparts sont décrépits et les familles dépassées par les événements. Le chômage et la CAF font tenir bon, comme s'ils étaient conçus pour s'ajuster à cette situation. Maintenant que les barres sont là au bord des villes, il faut bien que des gens vivent dedans. On habitait le bloc Z. Je traînais plutôt au W, où y avait la plupart de mes potes. Tout ça a été détruit y a quelques années, remplacé par des HLM moins massifs, colorés par-ci par-là, sans que ça mette de la joie non plus ; j'ai plutôt l'impression qu'on voit mieux les usures et les coulures. La météo n'aide pas, sûrement.

Je crois qu'ils ont mis plus de balcons qu'avant. Pas trop non plus. On voit surtout les paraboles.

Hier comme aujourd'hui, quand quiconque trouve un boulot légal bien rémunéré, il se casse.

J'y retourne souvent, moi. Je paye des tournées, j'offre des cadeaux, des godasses ou des ballons, j'investis dans des City stades, c'est mieux que de jouer entre les bagnoles ou dans les halls d'entrée des immeubles. Mes potes de toujours essaient jamais de me gratter. Je leur lâche d'autant plus volontiers des biftons. Sans compter. Je sais même plus combien j'en gagne par mois. Assez pour payer quelqu'un qui le sait, et quelqu'un d'autre qui s'en occupe, et quelqu'un d'autre qui repasse derrière ces deux oiseaux-là.

Combien tu gagnes, pour faire ce que tu fais, toi ?

Tu ricasses... Mais je le vois bien, qu'il est jaune, ton sourire.

Une partie de ma famille y est toujours, vers le Chemin Vert. La famille de ma femme, aussi. On s'est connus là-bas. Ils sont plus dans le même périmètre qu'à l'époque... Mais dans le même secteur. Je prends tout en charge. Dès que j'ai eu un bon salaire, ma mère a plus jamais fait les ménages.

Quand je pense que j'avais honte d'écrire « femme de ménage », à l'école, dans la case du métier de ma mère. Aujourd'hui, j'ai honte d'avoir eu honte.

L'école, j'ai jamais aimé – et pourtant, c'est de là-bas, mes premiers souvenirs. Va savoir pourquoi, des choses s'évaporent et d'autres s'imprègnent.

Tu as connu, les buvards ? J'adorais ces feuilles. Les avions qui partaient le plus loin.

Toutes les deux ou trois semaines, l'instit' me changeait de place. C'est tout seul au fond que j'étais le mieux, il disait. C'est lui qui était le mieux ! Moi, assis devant, à côté d'untel ou d'unetelle, ça m'allait très bien. Bien sûr, derrière, y avait des avantages : tant pis pour le plaisir de me retourner, les boules de papier mâché prenaient les autres par surprise, direct dans la nuque. J'avais mis au point tout un système de pression avec l'effaceur qui pénétrait dans le Bic. Mieux qu'une sarbacane, un véritable boulet de canon.

Non, attends, c'est Walid qui m'avait montré le truc. Bref. Paraissait que je perturbais moins les autres, du bout de la salle – en vrai, le maître parlait encore pour lui. La classe adorait mes perturbations, surtout les copains qui rivalisaient.

Je dois préciser. J'adorais l'école. Travailler, j'aimais pas ; faire les devoirs, je m'en passais ; je faisais pas plus gaffe aux mauvaises notes qu'une vache aux mouches ; mais j'adorais l'école. Les salles décorées comme des chambres. Le tableau noir qui se repliait sur les côtés. Le grand poster de la France, avec la diversité dans les couleurs et les montagnes en relief. Les petits bureaux en bois, bien répartis en 4-3-3 face au gardien du savoir, qui blablaterait comme un homme politique en campagne. Les portemanteaux parfaitement alignés le long du couloir. On aurait dit des têtes de canards qui se tenaient bien droit, comme une équipe nationale pendant les hymnes. Le matin, on accrochait nos blousons gentiment. Le soir, on les reprenait comme des sauvages, pressés de retrouver nos mères à la sortie. La mienne avait jamais un goûter, quand elle venait. J'en dégotais un ici ou là. Quand ils ouvraient les grilles, le tas d'enfants fonçait dans le tas de mamans. Tu aurais mis un ballon ovale au milieu, ça faisait une mêlée.

Quand un truc disparaissait dans des poches de manteaux, on pensait toujours que c'était moi. Pourtant, c'était pas toujours moi. Moi, j'ajoutais plutôt des surprises. Des papiers déchirés, des cailloux, des craies écrasées ou, quand j'en trouvais, des bestioles. Plaisir d'offrir.

Au milieu de la cour, y avait un terrain de foot. En vrai, de hand, mais on jouait au foot. Le maître, il aimait pas le foot. Fallait vraiment pas être futé, il disait, pour se vanter de pousser une baballe avec ses pieds… Il croyait que c'est facile de gérer un ballon avec ses pieds ! C'est tous les autres sports, qui sont tranquilles : t'y utilises la main, ou des trucs dans la main, des raquettes, ou des crosses, ou autre. Eh, la main est faite pour ça, non ? La main, ça manipule. Habile de nature, la main. Le pied, il est pas fait pour ça. Le pied, il est fait pour être posé au sol, plus ou moins longtemps, pour bondir ou pour écraser… Au foot, faut caresser la balle, faut en même temps courir et contrôler le ballon, lui commander des trucs, et viser, et dans le bon timing ; va faire ça, si tu es pas doué ou pas entraîné. Je lui avais dit, à l'instit' : « Va faire ça. » Et des deux pieds, je t'en parle même pas. Il avait levé les yeux au ciel comme s'il allait tourner de l'œil.

Comme plein de monde joue, et surtout des racailles et des pauvres, ça a pas l'air de grand-chose, un sport avec les pieds. Mais crois-moi qu'un amorti dans la course, un extérieur, une feinte de corps et un double contact, c'est grand-chose.

Ça se dit, « dextérité », pour les pieds ? Pas que tu saches ? Tu vois : y a même pas de mot.

Les filles ? Oh, elles restaient sur les bords de la cour, autour du terrain central, elles faisaient le public en quelque sorte, sauf qu'on faisait pas les touches : trop de plaisir à rentrer un grand pont en s'aidant du muret. Quand on dégageait au loin, les filles pouvaient prendre une balle perdue dans la gueule, surtout si elles étaient focus sur l'élastique entre leurs jambes ou la corde à sauter entre leurs mains. À l'époque, je méprisais la corde à sauter. Des jeux de gamines, des serpents fluo faisant obstacle à mes débordements d'ailier. Aujourd'hui, je respecte, j'en fais au moins deux fois par semaine. Une corde noire, de boxeur. Comme quoi, on peut changer.

Attends.

Une année, on avait une fille qui jouait. On la choisissait même pas en dernier ! Et, elle se débrouillait bien ! Appelé en dernier, généralement, c'était Pierrot. Complètement nul au foot. Mais il aimait quand même le foot, alors voilà, on le prenait dans une équipe, y avait pas de raison. Il était peut-être meilleur à autre chose... Sauf que tu as pas d'autre option que le foot, à la récréation.

Quand ça sonnait la fin de la récré, on voulait pas cesser : les arrêts de jeu, tu comprends. Un jour, je sais plus qui a tiré n'importe comment et cassé un carreau. Après la sonnerie, en plus. On a été bons pour les ballons en mousse jusqu'à nouvel ordre. Jouer au foot avec un ballon en mousse, c'est comme rouler des joints dans des papiers chewing-gum, c'est la hess.

Je me rappelle pas les bâtiments. Plus jamais repassé devant ? Possible. Ou bien, l'école a été détruite, va savoir. Je me souviens seulement des escaliers extérieurs, couleur sable. Lisses et glissants comme des glaciers sous le soleil. Bien qu'en vrai j'aie jamais vu de glacier. Et que jusqu'à dix-huit ans, et que je parte dans le Sud pour un énième club où ça a merdé, j'aie pas beaucoup vu le soleil, dans le Pas-de-Calais.

J'exagère. C'est le cliché. Je voyais beaucoup le soleil, l'été, quand on partait pas en vacances.

À l'école, le ballon fusait, quelque chose de fou. Sauf le ballon en mousse qui se gorgeait d'eau, mais je vais refermer cette parenthèse de l'enfer.

Si tu étais pas un minimum technique, ça pardonnait pas. Mais si tu étais rien que technique, ça suffisait pas. Avec le monde sur le terrain, la pluie, le goudron glissant, le sol défoncé ici et là, les qualités qui priment, c'est les athlétiques. Le foot est un sport d'hommes. Enfin, tu vois ce que je veux dire, façon de parler. C'est épaule contre épaule. Celui qui attrape le ballon, c'est celui qui le veut plus que l'autre, comme les pigeons les miettes. Les techniciens, ils sont souvent fragiles. Regarde Gourcuff. Mais parfois non, regarde Zidane. Et encore, même Zidane, on croyait toujours qu'il allait se tordre un truc. Et puis non. Il tordait l'adversaire.

J'étais systématiquement un des deux capitaines, dans la cour. Avant le match, on faisait chou-fleur. Chou-fleur, c'est face à face à dix mètres, et on avance l'un vers l'autre, chacun son tour, à mini pas, l'un dit « chou » et l'autre « fleur ». Un capitaine finit par écraser le pied de l'autre et commence à choisir. On désignait à tour de rôle les coéquipiers, ça s'arrêtait quand y avait plus personne à prendre. Quand Pierrot était dans une équipe, autrement dit.

Peut-être, c'est pour ça que j'ai toujours respecté les sélectionneurs. Même Monsieur Domenech.

Enfin, jusqu'à ce qu'il sorte son livre.

J'ai pas lu, mais on m'a dit. Je te raconterai.

Les matches, c'était à six contre six dans les conditions idéales. Elles n'existaient jamais. Souvent, c'était à neuf contre huit, ou quelque chose comme ça. Si un match était trop déséquilibré, on échangeait des joueurs, ou bien y en avait un de l'équipe en tête qui passait en face.

Je supportais pas de perdre, et les autres, ils supportaient pas que je gagne : je leur cassais trop la tête.

Certains soirs, on avait la garderie après les cours. On jouait encore au foot. Comme on était moins – des fois juste cinq, ou même trois –, on faisait des jeux rien qu'avec une cage. Les règles avaient des noms de pays, c'était « une Américaine », ou « une Allemande », on allait aux cages si on cadrait pas, fallait marquer rien qu'en reprise de volée, ou je sais plus quoi. Celui qui perdait se mettait sur la ligne, il présentait son cul et on l'allumait. « Le cul-rouge », elle s'appelait, la sanction. On faisait genre on se mettait loin pour tirer, mais dès que le *loser* se tournait, on avançait et on canardait.

Le matin, ma mère en revenait pas : j'étais prêt avant l'heure. Un enfant modèle. « Oh l'enfant modèle ! » Elle ironisait. « Il a rien becté qu'il veut déjà partir à l'école !

– Bah quoi ! Je me prépare vite. Et j'ai pas faim, le matin. »

D'une, je dormais souvent habillé. De deux, mon petit frère dans le lit du dessous chialait pour annoncer à tout le bloc Z que sa nuit était terminée, ça me réveillait. De trois, je gardais des gâteaux sous mon oreiller, j'en bouffais au réveil, je voulais pas qu'elle sache. De quatre, y avait le temps de jouer au foot, entre l'ouverture des grilles et la sonnerie pour entrer en classe, alors voilà, j'étais prêt. Avec mon ballon. Enfin, avec *le* ballon. Je savais jamais à qui ils étaient, les ballons, au départ... mais à l'arrivée, je les gardais moi, pour être sûr qu'on en ait bien un pour jouer, tous les jours. Jamais eu confiance en les autres.

Souvent, à huit heures du matin, j'étais seul à être en avance. Les autres, ces galériens, ils arrivaient à la bourre en trottant avec leurs gros cartables, on aurait dit des petites Tortues Ninjas mal fagotées.

Si j'étais seul, je jonglais ou je faisais des murs. L'ordre des choses, c'est d'apprivoiser le ballon. De se faire le pied à la rondeur. Au poids. À la lisseur.

Je me souviens bien de quelques maîtres et maîtresses. Est-ce qu'eux se souviennent de moi ? J'imagine...

Mes parents étaient convoqués régulièrement. Mon père, il aimait pas, mais alors vraiment pas. Il venait avec ma mère. Il restait là, il écoutait, il aurait pas été plus attentif pour le diagnostic d'un médecin. Il m'en mettait une bonne, de retour à la maison. Pas tellement pour sanctionner les conneries : pour me punir de lui avoir infligé ce moment pas reluisant. On m'envoyait pas à l'école pour faire le singe ! Il disait ça : « le singe ». C'est vrai que je tenais pas en place, je gigotais et je criais. Mais « singe », c'était exagéré.

Je sais pas.

Je sais que j'étais pas tout seul, en tout cas. Y en avait un, Jean-Charles, il tenait pas en place. Il était pas méchant, il s'énervait pas : il promenait. « Assis ! » lui postillonnait le prof. On prenait fait et cause pour Jean-Charles : il perturbait pas, c'était pas légal de l'engueuler comme du poisson pas frais. Il changeait de place pour comparer, ou bien il lui fallait une gomme, ou un compas, et ça, seules les trousses des premiers de la classe en cachaient. Personne avait toutes les affaires, au dernier rang. Le fond aspire les mauvais élèves et, par définition, ils ont pas le matériel requis pour bien travailler. Moi, j'avais même pas de trousse, et du jour où un stylo a coulé dans ma poche, j'ai juré qu'on m'y reprendrait pas, j'ai même plus pris de quoi écrire. Je crois que ma mère a mis trois ans à me pardonner cette coulure. « Tu porteras ton survêtement avec la tache ! »

Eh ben, aucun problème, qu'est-ce que ça changeait ? Il était parfait, ce jogg', pour jouer au foot. Pas trop large, pas trop épais, pas trop long : au poil.

Trop long, par contre, le temps de classe entre les récréations. Je détestais les chaises, elles étaient fixées au bureau par en dessous, on pouvait pas régler sa distance avec la table. Y a aussi des machineries comme ça dans des McDo. Même aux Champs-Élysées. Les mecs t'imposent l'écart entre ton cul sur le tabouret et tes coudes sur la table, c'est scandaleux. Tu as vu l'éventail des corps qui vont y bouffer ? Les grands, les petits, les maigres, les gras, allez hop, tous dans la même case, et y a même pas de business class comme dans les avions.

Oui, de temps en temps, je m'autorise des écarts, je malbouffe un peu. Rarement. Tout le monde le fait, va pas croire.

Je vais plus du tout au McDo, c'est pas halal.

Certaines années, je me souviens qu'y avait des trous dans les coins des bureaux. Pour l'encre, on disait. D'autres fois, on pouvait lever la planche, tu avais un casier en dessous, qu'un jour Madame Guilbert voulait pas me laisser sortir alors que j'avais hyper envie de pisser – bon, ben j'ai pissé dans le casier. Ça coulait, ça puait, Walid était mort de rire, mais les autres ont poucave. « Maîtresse, gnagnagna... » Madame Guilbert s'est figée comme sur une photo. Elle m'a demandé si j'avais vraiment fait ça. Elle était dépitée comme si je lui avais pissé dans son sac personnel. Elle balbutiait, elle se décomposait. J'ai cru qu'elle allait chialer. « La prochaine fois, faudra me laisser sortir ! » C'est ce que j'ai dit à mon père, le soir, quand on est sortis du bureau du directeur.

Il m'a pas tarté, cette fois-là. Pire, il m'a regardé un peu comme la maîtresse, mais avec ses yeux d'aigle à lui, sa tête haute, ses épaules larges et basses. Il a inspiré et soufflé lentement, l'air de dire mais qu'est-ce qu'on va faire de ce tchiot.

J'avais dépassé des bornes.

Je me suis calmé un certain temps. De mémoire, y a plus eu de soucis à l'école pendant des mois.

Peut-être, ça a été les vacances.

Je suis jamais allé au bout d'une ligne de lettres à recopier. Abrutissant, ce truc. J'avais pas la patience. Dès la quatrième lettre, ça dérapait. Une page de mon cahier d'école, on aurait dit une ordonnance. Aujourd'hui encore, quand j'écris un mot normal, on croit que j'ai signé.

Quand je pense qu'un autographe de moi, ça a de la valeur.

Je te dis, moi, c'est des pieds que je me sers bien, depuis que j'ai des souvenirs de me servir de quoi que ce soit.

Des pieds, et d'autre chose, aussi. Si tu vois ce que je veux dire.

Cette autre chose, il m'aura fait des histoires. La pire période de ma vie, c'est l'affaire Zahia. Pire que la grève de Knysna, en Afrique du Sud.

Quoique.

Arf, j'en sais rien. Ça dépend des angles d'attaque. Les deux affaires ont prêté à des confusions différentes.

Aujourd'hui, je me dis... qu'il fallait que j'en passe par là. Les avenirs sont tracés, tu sais. Le mien se tournera plus vers la France. Si mes enfants sont professionnels un jour, ils joueront pour l'Algérie ou l'Allemagne. Ils choisiront. Mais pas pour la France. Malgré que j'aie aimé le Chemin Vert et son école. Et tout un tas de choses et de moments, faut pas se mentir.

Juste, certains épisodes, je pardonnerai jamais.

2

Depuis tout gamin, j'ai joué en club. Au FC Conti, en tout premier. J'avais cinq ou six ans. J'y suis resté quelques années, genre trois ou quatre, et puis je suis allé à l'ACO Aiglon. Pendant trois ans. Avant les choses plus sérieuses. D'abord, c'était des clubs de proximité.

J'adorais les entraînements. Peut-être plus encore que les matches. Aujourd'hui, c'est le contraire. J'ai pas toujours envie de m'entraîner – mais j'aime tellement les matches, alors faut ce qui faut.

À dix ans, j'aurais fait que ça de mes journées.

J'aime moins m'entraîner, aujourd'hui, parce que... Bah voilà, je progresse plus du tout. Je vois bien que je progresserai plus jamais. Ça fait quelques années, déjà. Je me suis fait à l'idée. J'aime toujours l'ambiance et le métier, je travaille pour rester au taquet, pour régresser le plus lentement possible. C'est pas rien. Mais gamin... À vue d'œil, je m'améliorais.

C'était le mercredi soir. L'entraîneur débarquait en traînant tous les ballons rangés dans un immense filet, comme le Père Noël. En vieux survêtement et sans la barbe, mais avec le bide. Quand il posait sa hotte et qu'il défaisait le nœud, je rentrais dans le lard pour choisir vite avant les autres un des rares ballons neufs, vu qu'y avait surtout des d'occasion, dans le lot. Et des plus ou moins gonflés. Souvent, trop gonflés. Ça casse le pied et ça fait un vieux bruit sec quand tu tires. Tchunk !

Quand faut mettre la tête, je te raconte pas.

Les ballons neufs, en plus d'être jolis, ils étaient parfaitement gonflés. Comme si c'était tout le respect qu'on leur devait, tandis qu'on négligeait les anciens ballons. Crois-moi que ça change tout, la qualité du ballon. Les neufs sont tout souples. Reluisants. Ils appellent la frappe enroulée. Chaque fois que j'ai voulu en endormir un, l'entraîneur m'a capté. Je faisais semblant de mal tirer dans les fourrés, au loin, pour faire genre on a perdu le ballon et le récupérer à la nuit tombée. Un entraîneur attentif – on en avait trois, un vieux qui était le chef, et deux jeunes – me débusquait toujours et me disait d'aller chercher la balle tout de suite.

« Franck, putain, ça coûte cher, les ballons !

– C'est pour ça que j'en veux un, coach ! »

J'avais toujours un truc à répondre.

Mais déjà, ma mère avait même pas payé la licence, alors j'en menais pas large. On te la faisait cadeau, la licence du club, quand tu avais pas les moyens. La ville, ou la CAF, ou je sais même pas qui.

Pas de ballon en cuir, de toute façon, à l'école, hein. Rien qu'en plastique. « C'est ça, ou en mousse ! » On se félicitait du plastique.

C'était pour les week-ends, pour jouer au jardin ou devant les parkings, en bas des tours.

On disait jardin, mais c'était plutôt « enclos ». On arrivait à y dessiner un terrain imaginaire : ça nous allait très bien. D'un côté, une cage c'était un banc ; de l'autre, c'était entre un arbuste et le pull de quelqu'un. Plus tard on a eu un vrai petit terrain tracé, en bas du bloc Y. Sans filet dans les cages et sans grillage autour, mais au moins, on pouvait élargir les dimensions, faire les touches aux voitures. Et on avait plus les débats interminables sur est-ce qu'y avait but ou poteau, quand ça passait au-dessus du pull.

L'équipe qui l'emportait restait sur le terrain, une autre qui attendait prenait la gagne. Tu parles que j'étais motivé.

Toutes les équipes avaient des noms inventés. Une qui défendait mieux que les autres s'appelait le FC Béton, rapport à « bétonner » au foot, et rapport au décor.

On était le Real de Magid.

Magid ? C'était un grand de la cité, je jouais avec des plus grands.

À l'entraînement, une fois que tu avais ton ballon plus ou moins neuf, tu jonglais tranquille, tu testais des gestes techniques, seul dans ton coin. De tout petit, j'ai passé les cent jongles. De tout petit, en m'aidant aussi du pied gauche.

Après, tu échanges des passes, de près, de loin.

Après, on faisait des tours de terrain, d'abord tout droit, et en pas chassés, et talons-fesses, et on lève les genoux, et on accélère, on ralentit, en avant, en arrière, à cloche-pied... Même tout ça, j'aimais. J'avais la sensation que je courais de plus en plus vite, que ça me musclait. Je me galvanisais.

Avec son gros pouce, mon père m'appuyait sur les jambes, le soir, quand il était là. Pour voir mes cuisses comme elles étaient dures. Je tendais les guiboles, je forçais. « Pas mal, pas mal », qu'il validait, avec une grimace à la Vito Corleone. J'avais deux cure-dents, mais voilà.

Après, selon les entraînements, y avait des thèmes. Le seul que j'aimais pas, c'était de faire des têtes, des têtes, et encore des têtes. « À quoi ça sert que je fasse des têtes, c'est moi qui envoie les centres ! »

Mais à part les têtes, j'aimais tous les exercices. Surtout quand ça finissait par une frappe. Passe, remise et frappe. Deux contre deux, et frappe. Face-à-face avec le gardien, et frappe. Une-deux, et frappe. Frappe, frappe, frappe. Courir avec le ballon entre les petits plots, et frappe. Ça passait plus vite que l'école, ça je peux te le dire. L'école, c'était les fautes de frappe, ah ah ah !

Les coaches organisaient de bons entraînements. Une fois pro, j'ai pas toujours été certain qu'on faisait mieux.

Ce qu'on faisait jamais, petits, c'était la tactique. Elle est là, la différence avec les pros. « Coulisser », c'est rien que pour les barres de baby-foot, quand tu es jeune.

Surtout avec Guardiola. Lui, il a que le mot tactique à la bouche. La passe, et puis placement, déplacement, replacement, remplacement... Toute la famille des décalages. Rien qu'il cause de quadrillage et de triangle. Je te jure, je craignais qu'il nous parle de la théorie de Pythagore. Rien que de la géométrie, avec lui. Il dessinait ses propres lignes sur le terrain d'entraînement pour nous espacer. Avec des zones dans les zones. Pour mieux se répartir et ouvrir des angles, dans le dos de l'adversaire. Sans même se presser. Courir, il sait pas comment ça s'écrit.

Moi non plus, remarque. Je sais jamais si c'est un R ou deux R. Un seul, comme à mourir, c'est pas ça l'exception qui confirme la règle ?

Je suis un enfoiré, j'exagère. Guardiola te fait vachement progresser en technique aussi. Il travaille les amortis comme personne. Toute ta jeunesse, tu as pensé d'abord au ballon, pour bien l'amortir quand il arrive. Et puis, tu as fait ça naturellement : le ballon te fonce dessus, tu dois contrôler, tu y réfléchis de moins en moins, tu y arrives de mieux en mieux, et voilà. Et quand tu es pro, et même déjà en centre de formation, tu ajoutes un *skill* : tu orientes l'amorti. Tu as pas encore reçu le ballon, que tu vas déjà vouloir qu'il aille dans la direction de ton choix. Le voilà, le superpouvoir des pros : l'anticipation. Tu penses un peu au ballon et beaucoup à la direction. Bon. Ben Guardiola, il t'apprend à amortir en pensant ni au ballon ni à la direction. Avec Guardiola, tu amortis en pensant à l'adversaire et aux équipiers. « Quand le ballon arrive de là, viens par ici et amortis-le comme ça, parce que l'adversaire sera là ! Et ton coéquipier, je lui demande de partir là, alors oriente comme ça, et passe ! Et déplace-toi là ! »

Tu vois ce que je veux dire ? Il faudrait que je te montre. Au football, même ton corps, c'est un sport d'équipe.

Faut que tu saches tout ça, vu que tu travailles avec des footballeurs.

Le problème est simple, quand tu joues avec Guardiola : tu arrêtes de te faire plaisir, tu dois lui faire plaisir à lui.

Y en a ils disent que c'est quand tu es passé pro que tu as arrêté globalement de te faire plaisir sur le terrain. Y en a ils disent même que c'est quand tu as *voulu* être pro. Tu as choisi centre de formation, pas centre de loisirs. Moi, tu as compris : c'est tout le contraire. Moi, c'est plaisir, plaisir. Effort et plaisir.

Effort et plaisir, c'est pas des contraires. Même douleur et plaisir. Quand tu es au bout du bout, au fin fond des prolongations, que tu commences à avoir des crampes, que tu as mal, vraiment mal, tu y vas encore. Sans tergiverser. Pour peu que tu mènes au score, tu kiffes même si tu as mal.

Et même, je dirais : *parce que* tu as mal. C'est bizarre, hein. Mais c'est la vérité. Le job, c'est la mise à l'épreuve. C'est un job heureux. Avec la douleur, tu as encore plus mérité de gagner. Je remercie Allah tous les jours. Je repense à ma mère, aussi. Je l'ai mise à l'abri. De temps en temps, elle garde encore des enfants, elle peut pas s'empêcher. Mon père fiche plus rien. Il a bien raison. Il est cassé en mille. Ses efforts à lui, c'était pas du plaisir, c'était des sacs de ciment sur l'épaule.

Un marathonien est forcément content pendant qu'il court et qu'il a mal. Si la joie était qu'à l'arrivée, il ferait du huit cents mètres.

À la fin de l'entraînement, au FC Conti, on terminait par un petit match. Une « opposition », ils disaient.

« Pourquoi on dit "opposition" et pas "match", coach ?

– Beh... C'est pas un vrai match... C'est un petit match, disons.

– Eh ben, on a qu'à dire petit match, alors !

– Mais tu m'emmerdes, Franck ! Tiens, tu vas jouer arrière gauche, ça va te calmer...

– C'est ça, ouais, t'as raison... »

Je partais en fou rire, et sur mon aile avant droite.

Les entraîneurs les jouaient aussi, les petites oppositions. Alors, mon unique but dans la vie, c'était de leur mettre un petit pont.

Après l'entraînement, je rentrais. Au stade, ils coupaient les lumières pour pas qu'on reste. Ça tombait bien, j'avais faim. Je rentrais vite, sauf quand Walid voulait traîner.

« Alors ? » il demandait, mon père, pendant que ma mère gueulait que j'aille me doucher. Et je lui racontais. Si j'avais mis une lucarne, ou si j'avais appris à faire un nouveau geste, ou si j'avais été plus rapide que Walid au sprint. Au départ, c'était lui, le plus rapide, avec ses grands compas. Et puis un jour, ça a été moi. C'est pas que j'ai beaucoup grandi, c'est que j'ai appuyé de plus en plus fort.

Mon père écoutait pas toujours, faut dire qu'y avait la télé allumée et que le canapé, chez mes parents, tu étais fourré dedans comme du chocolat dans un beignet, tu bougeais plus une oreille. Pour remarquer quoi que ce soit, fallait que ça se mette entre toi et la téloche.

« Franck, à la douche, oh !

– Ça va ! Y a intérêt d'avoir de l'eau chaude, hein ! »

La pauvre, c'était pas sa faute, les chaudières qui lâchaient. Mon père sortait dans le couloir pour relancer le gros cumulus, il appuyait, il rappuyait, ça faisait tchic tchic tchic, tu croyais que ça repartait ; ça repartait pas. D'autres voisins sortaient pour les mêmes raisons, petites réunions sympas à l'improviste dans le hall. Le réparateur du HLM arrivait assez vite. Trois jours, des fois deux jours, et on avait l'eau chaude de retour.

Ma mère, c'était vraiment de la crème : quand la chaudière disjonctait, mon père disait que la douche froide nous ferait du bien, mais elle faisait chauffer l'eau dans une casserole géante pour préparer un bain tiède à ses enfants, et on se relayait.

Elle l'est toujours, hein. Mais plus personne dans la famille n'a de souci de chaudière. Quand elle fait bouillir l'eau, c'est pour les pâtes. Les meilleures pâtes au fromage, c'est ma mère qui les fait. Et les harengs. Je la préviens avant d'aller la voir : « Fais-moi des harengs, Maman ! » Elle les fait baigner dans l'huile avec des carottes, des oignons rouges, des clous de girofle. C'est trop bon.

Elle posait aucune question sur l'entraînement. Les matches, oui. Je voyais bien qu'elle était fière, si on avait gagné, malgré son air de rien.

Mon père nous menait au stade, le samedi, avec Walid, quand c'était loin et qu'on pouvait pas y aller à pied. Le père de Walid est jamais venu nous voir jouer. Je sais pas pourquoi. Il est taiseux, son père. Tout sec et cerné. Une vieille branche. Avec des yeux brillants comme des billes, qui te suivent jusqu'à ce que tu sortes de son champ de vision.

Et des fois, mon père transportait d'autres copains dans sa fourgonnette. L'entraîneur lui demandait ce service. Quand on gagnait, qu'est-ce qu'on criait, dans son vieux camion noir, au retour. Déjà que le chariot grinçait en temps normal, laisse tomber quand on chantait et qu'on sautait. Un lit à ressorts dans un hôtel de passe.

« Oh ! Vous allez me niquer la carrette !

– C'est les rouge et bleu, qu'on a niqués, Papa ! »

Mon père tiltait, les autres riaient.

Mais au départ, on gagnait pas souvent.

On avait une équipe de branques. Le gardien ? Une tanche. Il était tout grand, tout maigre, tout blanc comme un cachet d'aspirine. « Coton-Tige », on l'appelait. On voyait qu'il avait peur de plonger. Peut-être le sol lui semblait trop loin, trop bas...

Je me demande ce qu'il est devenu, Coton-Tige.

Encore plus grand, sûrement.

Les défenseurs, pour la plupart, ils voulaient pas jouer là. Et l'attaquant, c'était le fils de l'entraîneur, sans quoi il serait resté vissé au banc de touche, tellement il était gauche.

Pourquoi on dit « gauche », pour les maladroits ? Ils sont pas plus techniques, au contraire, les gauchers ?

Va falloir parler de Messi… L'enfoiré de Messi. Si moi aussi, j'avais joué au Barça dès la douzaine, ça aurait été une autre histoire.

Bref. D'abord, au FC Conti, on s'embourbait dans les profondeurs du classement. On bougeait même pas pour en sortir. On aurait dit qu'on avait peur que ça fasse s'enfoncer plus vite, comme dans un sable mouvant.

Le pire, c'est pas qu'on était nuls. On était pas des foutres de guerre, ça c'est sûr, mais le pire c'est pas ça. C'est que globalement, les autres s'en foutaient. Défaite ou victoire, c'était comme l'EuroMillions, pour eux. Perdre, c'était le prévisible, un peu le résultat attendu des statistiques, tu vois ? Et gagner, c'était le coup de bol. Mais c'est pas une loterie, le football.

Quels autres ? Pas les entraîneurs, pas les parents qui gueulaient pendant le match sur la touche ; non, je veux dire, les autres joueurs. Le reste de la *squadra*. Mes coéquipiers. Si on prenait le premier but, trois ou quatre autres suivaient comme des dominos. Fallait marquer en premier, ou à la rigueur tenir le nul jusqu'à la mi-temps, pour avoir le début d'une chance. On était deux à être bons : Walid à l'arrière gauche, et moi, milieu avant droit. Un à chaque bout, on pouvait même pas combiner. Deux lampes torches perdues dans des caves obscures. Souvent, je voulais prendre les choses en main. Si une bonne passe arrivait bien, je contrôlais et je tirais droit vers la cage. « Lâche ton ballon ! » La phrase la plus entendue, dans mon enfance.

Même quand je marquais, ça énervait l'entraîneur. Ça lui coupait le caquet. Il pouvait plus m'engueuler, vu que y avait but. Une veine lui sortait sur le front.

Il pouvait pas démentir : j'étais au-dessus.

Les bons joueurs de l'école, soit ils étaient plus grands et ils flambaient dans la catégorie au-dessus, soit ils étaient pas inscrits en club, ou alors dans un autre. Tu avais un club préféré par les Blancs, mais moi j'étais pas dans celui-là. J'aimais mieux jouer avec les mecs du Chemin Vert.

Après, au bout de trois ou quatre ans, j'en ai rejoint d'autres à l'ACO Aiglon, et alors là, on a commencé à devenir une équipe sérieuse, à jouer le haut de tableau. Et puis, on était énervés, on avait la gnaque, tu vois. Les autres équipes aimaient pas venir jouer chez nous, soi-disant ça partait en bagarre pour un rien.

C'est jamais pour un rien, une bagarre.

Problème récurrent : l'arbitre, c'était un entraîneur d'une équipe ou l'autre. Contre nous, tu peux être sûr qu'on se faisait avoir, si l'arbitre était l'entraîneur d'en face. Avec les arbitres officiels, en centre de formation, c'était pas forcément mieux, tu me diras. Et aujourd'hui... Aujourd'hui, on comprend pas. Tu as des trucs sifflés dans un match, et pas dans l'autre. Même avec l'arbitrage vidéo. Tu sais, la VAR. J'avais trop envie qu'elle règle tout, celle-là, mais finalement, tu te rends compte que c'est au petit bonheur la chance ou la malchance, selon le kif des arbitres. Ces mecs sont payés pour se faire insulter, j'ai jamais compris. Il en faut, hein, et puis c'est les seuls qui lisent un jour les règles du foot, mais putain, ils prennent cher. Je suis même pas sûr qu'ils touchent beaucoup.

L'autre souci, c'est les joueurs fragiles. Qu'à peine tu les touches, ils tombent. On en revient au problème de l'arbitre. Et de la vidéo, qui va donner raison au joueur qui tombe... Sur la vidéo, avec le ralenti et tout, le moindre contact se voit, tu peux toujours te dire que c'est à cause du contact que l'attaquant est tombé... Mais crois-moi que je sais faire la différence entre quand on m'a fait tomber et quand on m'a juste touché et que j'en rajoute. La vidéo devait démasquer les simulateurs... elle les aide en montrant le petit contact qui va bien. Tout le monde le sait : tu es touché, tu peux tomber ! La vidéo prouvera que tu as été touché. Toujours penalty, avec la VAR. Et qu'on ne réplique pas !

Des grands du quartier venaient nous voir jouer. Si ça partait en sucette, ils entraient sur le terrain, zarma pour nous séparer. En vrai, ils filaient des mandales.

Et j'étais connu, moi. « Méfiez-vous du petit avec les cicatrices... » Y a un pote, à l'école, il avait balancé que son entraîneur avait dit ça.

Pour les adversaires, j'étais l'ennemi à battre, tu vois. J'étais prévenu.

J'adorais.

Et j'aimais, tu sais quoi ? Mes chaussettes de foot. Le short, tu en as d'autres. Les chaussettes montantes jusqu'aux genoux, c'est que pour le club. Les chaussettes de foot, c'est l'équipement spécial. Le costume. La panoplie. Mon père m'avait même trouvé un protège-tibia. Juste un, oui. Mieux que rien !

J'ai eu tout de suite les chaussures à crampons, que ma mère elle a fait la gueule quand elle a vu le prix, « et à la vitesse où tu grandis », tout ça, elle galérait, qu'est-ce que tu veux ; finalement, j'avais une paire de crampons un peu pourris, même si le magasin était partenaire du club, on avait dix pour cent, ou vingt, je sais plus... Enfin, ça changeait pas grand-chose pour ma mère.

C'est pas qu'elle était ingrate : elle était ric-rac. Elle me demandait de calculer : ça fait combien, avec les pour cent ?... Tu parles, je savais pas mieux qu'elle.

On prenait « les moins chères », ça résolutionnait le problème du calcul.

Au moins j'en avais, des crampons. La majorité en avait des mieux. Toufic, un autre mec du quartier, en avait pas du tout.

Attention, j'étais fier, hein, avec les chaussures profilées. Les longs lacets, qu'on faisait deux fois le tour de la godasse avant de faire le nœud, mais la vérité, les premières paires de crampons, je les trouvais... Comment dire. Rigides. Je trouvais que je jouais mieux en basket. Pour être précis : je tapais plus fort avec les crampons, et je glissais moins, et des crampons c'est vraiment... vraiment beau, mais j'étais plus technique avec les godasses de tous les jours, mes vieilles scratchs. Putain, les scratchs sans déconner, je sais pas si on trouve, des scratchs pour adultes. Je vais regarder.

Je vais dire à Nike de m'en faire. C'est mon sponsor. Je vais relancer la mode, tu vas voir. À Oran, là-bas, s'ils me voient porter des scratchs, ils vont tous en vouloir.

Ils m'adorent, là-bas. C'est chez ma femme. J'ai neuf millions de followers sur Facebook, parmi eux doit y avoir les centaines de milliers d'Oranais.

N'empêche, ma mère avait raison. J'ai grandi vite des pieds... Elle a pas voulu changer mes chaussures en cours de saison. Un temps, j'ai joué avec les pieds rétractés, j'avais les orteils en doigts de sorcières. En match, j'avais pas le choix, pour cause du règlement, mais à l'entraînement, je mettais même plus les chaussettes, pour être moins serré. Au deuxième ongle pété, j'ai barboté les godasses d'un mec de l'équipe B, je les ai prises à je sais pas qui, j'ai regardé que les pointures, j'ai pas regardé le propriétaire du sac, je voulais pas décider d'une victime, je voulais juste des chaussures à ma taille.

L'exproprié a cafté. L'entraîneur est venu avec lui faire le tour des chaussures de tout le monde la semaine d'après.

« C'est celles-là !

– Arrête, c'est les miennes, la vie de ma mère, elle me les a achetées à Toto Sport. » Je soutenais comme Mordicus.

Le bâtard, il avait gravé ses initiales sous les semelles.

On m'a mis à pied.

Le soir, je suis rentré en chaussettes, ma mère a même pas fait gaffe. Plus tard, elle a gueulé comme jamais, ou plutôt, comme toujours, qu'elle en avait marre de laver mes affaires de foot, que j'avais battu des records de saleté des chaussettes, que j'allais finir par laver mes affaires de foot moi-même. Je lui ai dit qu'elle pouvait me les laisser sales, de toute façon, je transpirais pas. C'était vrai, en plus, je transpirais pas.

Dans la salle de bains, en m'essuyant après la douche, j'ai remarqué un ongle qui s'apprêtait à tailler la route. Je l'ai arraché, et la semaine d'après, je suis retourné à l'entraînement avec mes scratchs, et l'entraîneur il m'a dit : « Qu'est-ce tu fous là, t'es viré un mois. » Je lui ai montré mon ongle pour justifier mon vol.

« Putain..., il a dit. Tu peux revenir la semaine prochaine, mais si tu recommences de voler quelqu'un du club, je te vire définitivement. »

Il avait dit « quelqu'un du club », ça m'avait fait sourire d'entendre un sous-entendu. Je voulais rétorquer : « Et quelqu'un pas du club ? » mais des fois, il faut se taire, surtout quand on vient en pourparlers.

J'ai juré en le regardant dans les yeux qu'on m'y reprendrait pas.

Les scratchs m'ont pas fait la saison non plus. Pas qu'elles étaient trop petites – mes pieds les avaient déformées, elles étaient devenues sur mesure, comme mes Nike aujourd'hui ! Tu as pas idée comme c'est utile, d'être l'effigie d'une marque –, mais j'ai fini par déchirer la semelle.

Moralité, ma mère a dû m'acheter deux paires à la rentrée. J'ai failli la chambrer ce jour, mais, là encore, je serais allé trop loin. C'est pas mon point fort, de sentir ça, ça m'est pas beaucoup arrivé. Je m'en souviens d'autant mieux. Les frustrations, ça laisse des traces bien creusées.

Les chaussettes, elle pouvait les recoudre. Au bout d'un moment donné, y avait encore plus de reprises que de chaussette d'origine, mais elle me laissait zéro trou. Ah, ça, elle aimait pas, ma mère, les trous dans les vêtements. « Quand j'étais petite, c'est moi qui me reprisais mes vêtements ! Même mon cartable !

– Quand t'étais petite, c'était le Moyen Âge, Maman... Et puis moi, je suis un garçon, je fais pas la couture. »

Je lui laissais pas le dernier mot. Jamais.

J'aurais dû les garder, ces chaussettes. Je te jure, je les aimais.

Bien sûr, en club, tu as le maillot officiel, aussi. On était les jaune et bleu. Mais voilà, le maillot, déjà, c'était taille unique, alors il m'allait grand, et puis le maillot, tu l'as pour le match, et basta, tu le rends à l'entraîneur dans la foulée, contrairement au reste. Chez les petits, tu avais pas ton maillot perso. Enfin, peut-être qu'aujourd'hui si, mais moi, j'avais pas, au vingtième siècle.

Avant le match, l'entraîneur distribuait les numéros : untel, le numéro 3, deux tel, le 9, etc. Tu en avais, ils savaient pas s'ils seraient titulaires dans les onze, ou s'ils auraient le 12, 13 ou 14 du remplaçant. Ils rongeaient leurs ongles dans le vestiaire, et moi mon frein : je voulais sortir taper dans le ballon, on perdait du temps avec les consignes, et on se caillait, assis sur les petits bancs en bois.

Je voulais toujours le 10, mais j'avais jamais le 10. Soi-disant le 10 c'est dans l'axe, et je jouais sur le côté.

« Mets-moi au milieu !

– Non, toi tu vas vite, c'est mieux sur le côté. »

Il me flattait, tu vois.

Ça marchait, j'avoue.

Alors, j'avais le numéro 7, ou 8, ou 11. Pas le 10 comme Mark Landers.

Bon.

Je cite Mark Landers – Kojirō, comme ils traduisent les jeunes d'aujourd'hui –, mais j'aimais pas le dessin animé *Olive et Tom*. Ma mère, elle m'appelait toujours pour *Olive et Tom*. La télé était toujours allumée, tu comprends. « Franck, y a *Olive et Tom* !

– M'en fous, Maman !

– Mais c'est du foot ! »

Des fois, je venais voir, et c'est vrai, j'aimais bien le costaud, là, Mark Landers, je crois que j'essayais de retrousser les manches comme lui. Ça tenait pas, le maillot était trop large. Les mecs jouaient tellement mal au foot, dans *Olive et Tom*. Au lieu de continuer à avancer avec le ballon, ils s'arrêtaient à vingt-cinq mètres, ils pensaient à haute voix et récapitulaient des souvenirs traumatiques, et finalement, ils tiraient de loin au lieu de s'approcher encore. Va comprendre. Le gardien sortait même pas. Planté sur sa ligne. Autour, tous les défenseurs étaient figés.

Nul à chier, *Olive et Tom*.

Bon, malgré tout, j'ai dû essayer un milliard de fois de transpercer les filets en tirant de toutes mes forces, comme dans le générique.

Je crois même que je rêve toujours de le faire.

Ça ou autre chose, j'étais pas beaucoup devant la télé. Elle me fatiguait. Je regardais un peu et, sans transition, je déguerpissais. À la maison, c'était le bordel. Trop de bruit, trop de murs, trop de frères et sœur, trop ma mère qui gueulait. Aussi on écoutait rien. Mais quand même.

Tu en as, toi, des frères et sœurs ?

Moi je suis l'aîné, on est quatre.

« Francky, tu es l'aîné, tu peux pas montrer l'exemple ? elle gueulait, ma mère, quand je faisais une connerie.

– Je sais pas quoi montrer ! »

Elle retournait à la cuisine la tête rentrée dans les épaules, toute recroquevillée, la figure rouge, on aurait dit la poupée russe d'elle-même.

Rien que j'aimais jouer au foot, comment tu voulais que je sois un exemple ?

3

Tout se mélange, dans une mémoire.

Hier soir, j'ai repensé à ce que je t'ai dit, les godasses trop petites, tout ça. C'était plus tard. À l'ACO Aiglon. C'était pas du tout mes premières shoes, puisque je revois la tête de l'entraîneur qui me démasque, et lui, je l'ai eu à l'ACO.

Momo, il s'appelait.

Mais c'était pas un Arabe, c'était Maurice.

« Tu manges pas de porc, Momo ? On le chambrait.

– Si, mais faudrait que j'en mange moins... »

Il disait souvent qu'il devait moins boire et béqueter. Il avait peur de choper le cholestérol.

Moi, j'en mangeais plus trop, du porc. J'étais toujours avec Walid, je faisais un peu comme lui. Mes parents comprenaient pas, ma mère a déraillé quand je lui ai demandé d'enlever le porc dans le potjevleesch. Elle me riait au nez, je triais dans mon assiette. Je faisais même le ramadan. Enfin, je disais que je le faisais, mais je trouvais des trucs à grignoter en scred, quand j'en pouvais plus. Dieu me pardonne. Surtout pour boire, je cédais. Je sais bien que dans le Nord, il fait pas chaud comme dans le désert, mais je suis le contraire d'un chameau : je bois au moins trois litres par jour et je passe mon temps à aller pisser, et de plus en plus en vieillissant. C'est horrible, la soif, pendant le ramadan. C'est pour ça qu'on le fait, tu me diras. Moins pour purifier le corps que pour s'exercer le mental. La mère de Walid lui faisait faire progressivement. À onze ou douze ans, c'était la demi-journée. Chaque année, elle ajoutait une heure. Et moi je suivais.

Momo aussi m'a aiguisé l'esprit.

Il m'a fait jouer 10, à un moment.

« Je préfère le côté ! Mais je veux bien le numéro 10…

– Tu vas aller un peu dans l'axe, apprendre des choses nouvelles. Tu progresses plus du tout, là. »

Il voyait que je jouais mieux que les autres, mais pas aussi bien que je pouvais. Il voulait remplir tout mon potentiel. Quand on cherchait la petite bête, il se trouvait que je levais pas assez la tête.

« Je peux pas dribbler et courir et lever la tête !

– Si, justement. Enfin, si tu veux être très fort. Là, tu es bon… Mais y en a plein, des bons. »

J'ai filé dans l'axe, docile comme un agneau.

C'était plus « lâche ton ballon », c'était « lève la tête », maintenant. J'en ai bouffé, de la sentence. Mais à l'adolescence, tu as la frontière entre les joueurs que les critiques fatiguent, et ceux qu'elles motivent. J'ai penché du bon côté.

J'ai compris, petit à petit, que j'avais toujours été la tête dans le guidon, sur l'aile. Je m'impatientais, et quand la balle arrivait, fallait absolument que je prenne des grandes initiatives.

À l'école, je redoublais, mais sur le terrain, je surclassais. Du coup, je voyais pas les défauts, et les autres entraîneurs non plus. Momo avait un autre œil. Et là, dans l'axe, j'avais très souvent le ballon, fallait en faire des petites choses, trouver tout de suite quelqu'un à qui le passer, que je regarde devant, à droite, à gauche, derrière, que je distribue, que je voie aux alentours, en périscope. Des petits regards, des gestes justes.

Ça me plaisait moins qu'à l'aile, j'arrivais jamais lancé, je trouvais moins de place pour courir et dribbler, je m'agaçais un peu : tu as beaucoup plus d'adversaires, au milieu de terrain, et j'arrivais pas à m'exprimer, je manquais d'air. En plus, quand tu es en 10, le numéro 6 adverse te marque à la culotte.

C'est pas que tu portais une culotte, hein ! C'est une expression du foot, pour dire de coller l'adversaire, de pas lui lâcher les bask'. Oui, tu connais, oui, OK. On avait des caleçons, aujourd'hui j'ai des boxers, j'aime bien les Versace, comme j'ai aujourd'hui, j'aime bien la matière, mais ado, j'avais des caleçons larges, beigeasses, là, à carreaux. Et ça me servait directement de pyjama, les caleçons. Je sais pas pourquoi je te raconte ça.

Bref, les premiers matches au milieu de terrain, j'étais pas à l'aise. Indisposé.

Fallait dribbler différemment, en poussant moins le ballon. Avec la cour de récré, tu apprends ça, aussi. Tu es trop de monde dans un petit périmètre, tu es obligé de tourner autour du ballon pour le protéger, de mettre le pied dessus, d'être vif, de jouer des feintes et des coudes.

Est-ce que j'étais meilleur dans la cour grâce à Momo, ou meilleur en 10 grâce à la cour ? Va savoir. C'était donnant-donnant, disons.

Momo, c'est le premier entraîneur qui m'a fait progresser. Je m'étais amélioré avec d'autres, déjà, mais... C'est comme si les précédents étaient interchangeables. Comme si j'avais appris... juste en jouant, à l'entraînement et puis en match, au fur et à mesure d'en faire, quel que soit le coach ou l'adversaire. Je progressais « à force à force », comme on dit, parce qu'on multipliait des exercices, mais... Momo, il expliquait les choses très précises, et j'appliquais, et j'améliorais instantanément. Pose le pied comme ci, décale comme ça, démarre à ce moment-là... Il montrait, il augmentait mes talents, il m'ajoutait des compétences. D'autres aussi m'avaient enseigné, pourtant. Mais lui, je sais pas. Il s'y prenait autrement. Il restait un peu, rien qu'avec moi, après les entraînements, pour me tuyauter. Même quand il faisait froid, sous l'escorche-river. Moi, le vent me motivait. De dos, ça me poussait des ailes, et de face, ça m'éprouvait, ça me renforçait, comme quand je courais dans l'eau, l'été. Dix-huit degrés, la mer, mais j'avais pas froid. Pas beaucoup plus froid que dehors, disons.

Momo, pourtant, j'arrivais pas toujours à le prendre au sérieux à cause de sa moustache. Une grosse moustache rigolote, bien épaisse, un peu comme... Comme l'autre, là, le dictateur de la révolution... Tu sais, là...

Une gueule à la Saddam Hussein, mais en russe… Bon, on s'en fout. On voyait uniquement sa lèvre inférieure, je me demandais comment il pouvait embrasser sa femme. J'avais envie de divaguer ou de rire, rien qu'en le regardant parler, j'écoutais plus que dalle si je le visionnais trop, j'avais envie de lui friser les pointes.

Quand il levait la voix, je me reconcentrais.

Je baissais la tête pour mieux écouter. Quand j'avais que le son, ça rentrait par une oreille et ça sortait jamais par l'autre.

Staline ! Une moustache comme Staline. Tu vois, j'ai retenu des choses de l'école. Me rappelle de lui, il avait exactement la même tête que le méchant dans le dessin animé *MASK*.

Va savoir pourquoi Momo m'apprenait si bien. Il avait quelque chose. Une flamme. En même temps, il restait calme. Un feu froid, disons. Il haussait le ton sans s'énerver, et ça me faisait effet. De l'azote liquide, le Momo.

Je voulais pas le décevoir.

Et tu sais, Allah est grand. Momo sur ma route, c'est un plan divin. Écoute-moi bien. Un samedi, on joue contre Lille. En Coupe. Huitième de finale, un truc comme ça. Lille, c'était les plus forts, tu vois. De toute la région. Et le jour du match, le mec qui jouait à droite à mon ancien poste, bam, il est malade. On l'attendait, on l'attendait, et à un moment, Coton-Tige se réveille : « Ah, mais il est malade ! Il était pas à l'école, hier. » Comment il s'appelait, ce petit ailier… Peu importe. Fallait faire sans lui. Momo a hésité. Sur le banc, il avait Samir. Et Samir, il était lent, mais *lent*... comme une série française. Alors, à quoi il servirait sur l'aile ? Du coup, je devais y retourner, moi ? Sauf que j'étais bien, en 10, au milieu. Et l'équipe me tournait autour, on avait des habitudes. Tout le monde était concerné, si je bougeais. On risquait la rouste intersidérale, contre le LOSC.

Eh ben, comme Samir avait du ballon, il a mis Samir en 10 et moi en 7, sur le côté. Ça s'est joué à rien. Je suis sûr qu'il saurait pas dire ce qui a fait pencher la balance. Il a tranché dans le vestiaire, au dernier moment, il m'a jeté le maillot 7 dans la figure.

J'ai fait le match de ma vie.

C'est pas une manière de parler. Ce match, c'est le tournant. L'instant X. J'ai débordé, crocheté, passé, centré, repiqué dans l'axe, encore et encore. Les jambes en feu. L'énergie à revendre. Et tu sais ce que j'ai montré ? J'ai marqué du gauche. J'ai dribblé trois mecs et j'ai tapé de mon mauvais pied, comme ça venait – ça fait toujours bonne impression. J'ai un peu dévissé, j'ai dérapé en tirant, j'ai entendu que j'avais marqué avec l'aide d'un poteau ou d'une barre... sans même voir où le ballon était entré dans les filets, vu que j'étais en train de rouler bouler.

Ensuite, j'ai provoqué un penalty que Walid a marqué. Je voulais tirer, mais il m'a dit comme si sa vie en dépendait : « Franck, laisse-le-moi.

– Bien sûr, frère. »

On a perdu 3-2, mais à la fin du match, moi j'étais dans les vestiaires, et l'entraîneur de Lille est venu voir mon père, il lui a dit de m'amener à un entraînement à Lille. Mon père a mal compris, il a dit que j'étais bien à l'Aiglon, mais Momo était juste à côté, il s'est approché, il a réparé. Il a dit au mec de Lille : « Vous allez pas regretter. »

Plus tard, ils ont regretté, ah ah ah ! Ils m'ont viré et tout.

Mais à ce moment-là, c'est la chance de ma vie, le moment où tout a basculé, où la graine s'est plantée profond.

Quand les planètes s'alignent comme ça dans mon univers, je peux pas douter qu'y a un architecte. Je m'en rendais pas compte, à l'époque. J'avais pas le recul, j'étais trop dans mon monde. Aujourd'hui, je sais qu'il faut sortir de son nombril, et remercier le grand Seigneur qui te sort de la misère. Le Miséricordieux.

La semaine d'après, j'allais faire un test à Lille.

Et ils m'ont pris à l'essai. Je me suis entraîné des fois avec eux en parallèle de l'ACO. Laisse tomber les sensations. C'était fait pour moi. J'ai tellement à dire. En fin de saison, ils m'ont enrôlé, j'ai signé au LOSC en juin pour septembre. Un vrai centre de formation. Là, les adultes de ton club jouent en Ligue 1. En D1, comme on disait. Je voyais les joueurs, les équipements et tout, la qualité de la pelouse, les gradins, les sacs de sport, la salle de muscu... C'était pas un stade, c'était un palais. Par rapport à d'où je venais... Là, c'était plus la même. Là, tout était possible. Le LOSC, c'était encore plus grand que la cour des grands : c'était la Cour des Miracles.

La première à qui j'ai annoncé à voix haute que je voulais être footballeur professionnel, c'est la conseillère d'orientation du collège. C'était cette même année. J'avais douze ans, là y a aucun doute.

J'avais pas préparé. J'avais jamais dit ça à mon père, ou... ou même à Walid. Je m'attendais même pas à l'interrogatoire. « Tu sais ce que tu veux faire, plus tard ?

– Footballeur, que je lui réponds, du tac au tac. Ça bouillait en moi, sans même que j'aie déjà réfléchi au sujet. Il était question de me conduire à l'apprentissage, j'étais trop jeune pour aller en classe d'apprentissage, mais fallait préparer le terrain...

– Footballeur ? elle a répété.

– Footballeur. Le seul terrain où je veux me préparer.

– Mais Franck, ce n'est pas un métier... Je veux dire, si, bien sûr, certains en font leur métier, mais c'est très rare, et...

– Et quoi ?

– Et en attendant, il faut trouver un stage. As-tu trouvé un stage ? Tes parents peuvent-ils t'aider à trouver un stage ? »

Je perdais patience. J'étais tout ce qu'il y a de plus sérieux, elle se demandait si je me foutais pas de sa gueule. On était complètement décalés, elle et moi. Sans aucun rapport. « Je veux être footballeur », je lui ai dit en tapant sur la table. Elle était pas sereine. Posées devant elle, ses mains ridées tremblotaient. Un tout petit peu. Ça faisait comme un clapotis sur le bois.

Me souviens plus trop la tête qu'elle avait. Juste qu'elle était... Disons : pas très jolie, derrière ses lunettes écaillées, avec la chaînette qui reliaient les deux branches en passant derrière la nuque.

Elle serait à la mode, aujourd'hui, avec son vieux look.

Je lui reproche rien, hein, elle voulait mon bien. J'étais pas un enfant facile, faut dire ce qui est. Je pensais trop à rigoler.

Sauf là.

Mes parents savaient même pas qu'il fallait me trouver un stage. J'oubliais de leur dire les choses comme ça. Ils me posaient pas de questions. Comme pour les devoirs. C'était mes problèmes, en quelque sorte. Ils venaient pas trop aux réunions parents-profs. Rien qu'à celles de discipline. De toute façon, les profs allaient leur dire quoi ? Que je foutais rien d'autre que le bordel ? Qu'ils en avaient marre de moi ? Au conseil de discipline, n'empêche, le délégué m'avait défendu, et même la prof principale. Ça, je m'y attendais moins, vu qu'à elle, j'avais rien demandé. Elle avait dit : « C'est la mission de l'école d'aider les garçons comme Franck. » Je sais pas trop de quelle aide j'avais besoin, d'aucune à mon avis, mais un truc sincère provenait d'elle. Elle avait la vocation.

Son témoignage ou autre chose aura compté : je m'étais pas fait virer.

« Footballeur ou pas, pour le moment, tu dois trouver un stage, sinon tu vas passer la semaine en salle de permanence. » C'est là qu'on comblait les trous dans l'emploi du temps. Je poireautais là quand on me collait, aussi. Ma première heure de colle, j'ai cru que j'allais coller des trucs pendant une heure, mais finalement ça s'appelait comme ça parce que tu devais pas broncher de ton siège.

Personne voulait ça, que je finisse en salle de perm' pendant la semaine, et surtout pas moi. Déjà, à la place de « la salle de perm' », j'entendais… « la halle de sperme ». Ça partait sur les mauvais rails. Je te jure, c'était plus fort que moi, les lettres se déplaçaient dans ma tête contre ma volonté, mon cerveau turbinait comme dans les cartoons. Personne voulait me scotcher là pendant une semaine, et surtout pas les pions. Ils me battaient et rebattaient les oreilles, avec les devoirs à faire. Je les bâchais et leur rabâchais que j'en avais rien à carrer.

« T'es qu'un pion, toi ! Moi je suis le roi !

– Tu sais jouer aux échecs, Franck ?

– Non, mais je sais qu'un pion, c'est nul.

– Eh ben si tu savais jouer, tu saurais que le roi est encore plus fragile. Un simple pion qui traverse les épreuves, ça peut se transformer en tout ce que ça veut.

J'étais mouché, là. Qu'est-ce que c'est que ce jeu où le roi est plus nul qu'un pion ?

– C'est quoi la meilleure pièce ?

– La reine.

– Ah ouais, non, je suis pas la reine ! Il craint ton jeu ! »

Ça les faisait moins rire que moi, tout ça. Tout le monde semblait d'accord pour dire que j'étais épuisant.

Je m'amusais bien, quand même, en salle de perm'. Surtout quand y avait le petit Bacary, là, qui dessinait des *DBZ*.

Dragon Ball Z, tu connais ? Vous aviez, en Italie, *Dragon Ball Z* ? Oui ?

« Vas-y, dessine-moi un Vegeta, vas-y. » Et Baca me faisait un Vegeta, en deux-deux. Moi, j'étais moins artiste. Avec mon compas, je gravais F7 ou FR7 sur les tables. Pour Franck 7. Pour mon numéro sur le terrain.

Oui, tu avais compris, ça va.

Bref, j'ai finalement trouvé un stage parfait, même la conseillère était ravie.

J'avais voulu réquisitionner mon père pour aller sur le chantier avec lui, et puis j'ai eu l'idée de demander à Momo. « Momo, on peut pas faire un stage à l'ACO ?

– Comment ça, un stage ?

– Pour l'école. Y a... des conventions, j'ai pas tout compris.

– T'as pas tout compris, ou t'as pas tout écouté ?

– Si, j'ai écouté ! »

J'avais pas écouté.

« S'il te plaît, Momo ! C'est rien qu'une semaine. Je travaille une semaine pour le club.

– Mais... Personne ne travaille... Je veux dire, y a pratiquement que des bénévoles, et... »

Alors là, ça m'a bouché un coin. Ils sont même pas payés, le staff du foot amateur ?

« Tu ferais quoi, si tu faisais un stage au club ?

– Je jouerais au foot.

– Ah oui, je comprends... Non, mais non, non. C'est pas ça, un stage.

– Allez, quoi !

– Bon, je vais me renseigner. »

Il s'est renseigné, on pouvait me prendre en stage. Mais ils allaient jouer le jeu du stage et me faire bosser. Ils avaient une responsabilité, et j'avais un rapport de stage.

Y avait rien à fiche la journée. J'ai travaillé le soir, pour les entraînements. Je ramassais les plots, je gonflais les ballons, Momo m'a montré les feuilles de match, aussi, il m'a expliqué la fédération... Je comprenais rien à tout ça, mais j'étais mieux qu'au collège ou ailleurs. Je me souviens mal de ce qu'il racontait en dehors du stade.

Les plus grands, les joueurs des catégories au-dessus, ils se foutaient de ma gueule quand ils me voyaient poser les matériels, distribuer les chasubles, gérer le chronomètre. Des grands de la cité, qui me connaissaient plus ou moins. Y en a un, chaque fois qu'il cadrait pas ses frappes, il me disait d'aller chercher son ballon. Comme à un chien. Pour m'humilier, pour me provoquer, tu vois. Il m'échaudait, petit à petit. Soit je faisais celui qu'a pas entendu, ou qui doit aider l'entraîneur, soit j'allais plus volontiers quand j'étais pas trop loin, ça me permettait de taper un peu dans le ballon pour lui rendre, de m'entraîner à faire des transversales.

Sauf qu'à un moment, sa balle part dans les fourrés. Et il me dit : « Allez, vas-y ! Fais attention aux ronces, te griffe pas la figure... »

Ni une ni deux, je lui ai rentré dedans, ses potes se sont ajoutés, c'est allé vite, me suis retrouvé au sol juste après l'avoir cogné, j'ai eu le temps de prendre des bons coups de latte avant que les entraîneurs interviennent, mais j'avais surtout eu le temps de lui en mettre une.

Ça a été chaud, derrière, dans la cité. Heureusement, le grand frère de Walid connaissait bien les mecs. Sinon, vraiment, ça aurait été très compliqué pour moi. C'était un peu le chef, Bashir, les autres ont respecté sa demande qu'on me laisse. Quand je les croisais, ils me regardaient bien d'équerre, et ils me disaient : « T'as de la chance, tu sais. »

J'ai encore la sensation de mon poing sur le gros nez de ce connard. J'ai eu mal des jours et des jours, plus mal à la main qu'au ventre où j'ai pris les coups de pied. Il habite toujours au Chemin Vert, l'autre. Y a pas longtemps, je lui ai filé un maillot. Il m'a demandé, il m'a fait de la peine. Et puis, sans rancune. Surtout qu'il fait profil bas. Je retourne pas là-bas pour rassasier le passé.

Bashir, il jurait que par son petit frère Walid, et comme j'étais toujours avec lui, ça déteignait. Rien qu'il faisait la leçon à Walid. « Tu seras quelqu'un, toi. Pas comme ton grand frère. » Nous, on trouvait qu'il était quelqu'un, le grand frère ! Tout le monde le respectait. Il impressionnait partout, Bashir. Sa grosse voiture noire nous plaisait trop, avec ses vitres teintées. On avait pas le droit de monter. Il offrait toujours des cadeaux à son frère, ou les albums Panini, avec plein de paquets d'images. Il était soit dans sa voiture, soit dans sa chambre à jouer à la PlayStation, tout seul ou avec des potes. Je sais pas quand c'est qu'il dormait.

Sa chambre non plus, on pouvait pas y aller. Mais toujours je guettais, en passant devant. C'est pas que je voulais entrer, mais des fois on voyait sa meuf dans l'embrasure, et des fois même en soutif. Ses seins dans son soutif rouge, là...

Faut pas trop que j'y pense...

Je m'attardais pas, je lorgnais furtif comme un avion. Ça valait le coup d'œil, mais fallait des coups secs, pour pas qu'on me repère.

Un jour elle m'a vu : elle m'a fait un petit clin d'œil. J'ai rougi comme un gyrophare.

J'ai rejoint fissa Walid qui s'embrouillait encore avec sa sœur.

En septembre, Walid est venu faire un essai à Lille, lui aussi.

Ils l'ont pas pris.

« Continue à t'entraîner, ils lui ont dit. On continue à te suivre. » Dans la langue des centres de formation, ça veut dire : « Va te faire enculer. »

Pardon pour le niveau du langage, mais là je sais pas comment te le dire autrement.

Il est resté à Conti. J'ai pensé à ma gueule et je l'ai lâché – je pouvais pas faire autrement.

On est restés frères. Beaux-frères, même. Sa sœur, c'est ma femme.

4

En centre de formation, tu creuses chaque aspect du foot. Tu as trois choses bien séparées, toutes décisives, elles fusionnent en match. Le physique, la technique, la tactique. La sainte trilogie.

J'ai critiqué Guardiola, l'autre jour, mais c'est pas que j'aime pas la tactique. Juste, j'aime pas quand on fait rien que ça.

Les séances vidéo, c'est bien, c'est important. Tu as des entraîneurs, ils tournent les choses de telle façon que grâce à la vidéo, tu construis un piège contre l'adversaire.

Jean Fernandez fait ça.

Le meilleur entraîneur que j'aie eu. Un père pour moi. Il mettait pause, et il disait : « Regardez bien, les gars, comme leurs milieux bougent. » Alors, on regardait bien. Et après, il décrivait. Alors même que tu avais vu la vidéo de tes yeux vu, il te faisait remarquer quelque chose d'inaperçu, qui se déroule loin du ballon. Ensuite, il présentait la solution. « Si Franck repique dans l'axe derrière le 6, que le 6 le suit, ça ouvre un espace ici. » La vidéo était efficace, tu vois. On partait à la chasse au trésor, et Jean Fernandez avait une carte, un plan pour la bataille. C'était pas du divertissement, c'était de la manigance.

Zidane m'a raconté que le coach Ancelotti faisait des montages. Il montrait les actions décisives de chaque joueur dans le parcours de l'équipe. Même les remplaçants, et tout. Pour prouver que c'est un sport collectif. Que chacun son tour, tout le monde comptait. Titulaire ou remplaçant. Qu'ils se devaient à tous, aux uns et aux autres, d'en être là où ils en étaient. Il montrait le film, à l'approche de la finale.

Les poils me hérissaient, rien qu'à entendre l'histoire. J'imagine même pas si j'avais été présent dans la salle de projection.

Ancelotti, je l'ai eu comme entraîneur, au Bayern, mais on s'est fait sortir en quarts. Pas de vidéo pour nous à la veille de la finale.

« Vous avez des questions ? » il demandait toujours, Jean Fernandez, à la fin de sa démonstration. Silence dans l'assemblée. Il revenait en arrière, et il remontrait l'enregistrement, pour qu'on emmagasine bien.

Les séances me rappelaient quand j'étais petit. Gamin, j'adorais quand mon père faisait revenir les cassettes en marche arrière, les choses qui se remettaient en place à toute vitesse, comme des marionnettes et comme par magie.

« On peut revoir ? » Je demande de temps en temps au coach, même aujourd'hui. *Possiamo vedere ancora?* Les autres croient que j'ai pas bien écouté ou que je veux vraiment bien imprégner les consignes. C'est juste que voilà, gamin, j'aimais la marche arrière, et que j'aimerai toujours. On a tous nos trucs débiles.

Dans la vie souvent j'ai voulu revenir en arrière.

Sauf que la vie, c'est comme la vidéo. Si tu revenais en marche arrière, tout se redéploierait pareil, selon le plan d'Allah. Toutes tes actions ont des conséquences inéluctables. C'est quand je suis en séance vidéo, quand je me vois aller et venir, à l'endroit, à l'envers, à l'endroit, que je visualise comment je suis du point de vue d'Allah.

Si, c'est vrai.

Je te parle de Jean Fernandez, mais c'est plus une passe en profondeur, là, c'est une transversale, c'est un dégagement dans l'espace-temps, que je suis en train de faire : Monsieur Fernandez, c'est des années-lumière après le centre de formation. C'est une autre vie, quand j'ai ressuscité. Parce que j'ai cru mourir, tu sais, à Lille. De chagrin.

Je venais d'avoir seize ans quand ils m'ont viré du LOSC, après quatre ans de loyaux services. J'en ai pleuré. À froides larmes. Moins de tristesse que de colère. J'étais plus qu'une pelote de nerfs. « Allez vous faire enculer, vous et votre club de pédales ! » J'ai claqué la porte. J'ai fait le fier, tu vois. Le teigneux. Faut pas parler comme ça, je le sais bien. J'avais le sang en ébullition, le cerveau en déconfiture, les jambes en flageolet.

Le film de la scène d'exclusion défilait à n'en plus finir dans ma tête, je tenais plus en place. Walid qui m'accueillait dans sa chambre me regardait tourner en rond. On disait rien d'autre que des insultes à répétition, à l'attention des dirigeants lillois.

C'est toujours un plaisir, d'insulter, faut dire ce qui est.

Bien sûr que je voyais encore Walid. Et je le vois toujours. Je l'ai installé en Italie, lui aussi, pas loin de chez moi.

Il venait, à Lille. Voir des matches. Dans le fond des tripes, je sais pas, mais dans les yeux, il a toujours montré que de la fierté, que je sois en centre de formation. Même si pas lui. Et après, que je sois pro. Sans faire de ressentiment.

À quinze ou seize ans, vers ces eaux-là, il s'est mis très cher. Dès le réveil, il bédavait. Son regard devenait de plus en plus pincé. Tu savais jamais s'il réfléchissait activement ou s'il perdait le fil. Tu pouvais débarquer à n'importe quelle heure, tu le trouvais échoué sur son canapé. Il s'est laissé pousser les cheveux, c'était pas possible.

Il se mettait des caisses, c'était pas joli à voir. Il était pas encore vraiment entré en religion. Moi non plus, mais je buvais pratiquement jamais, malgré que mon père m'invitait, parfois, à partager des bières. On avait déjà des consignes, au club.

Oui, certaines consignes faisaient leur petit bout de chemin dans ma tête.

Walid respectait, que je faisais attention. Sans se priver de raconter qu'il profitait, lui. Il sortait, il buvait, il improvisait sa vie, il chopait beaucoup de shit, un peu de meufs, il vendait des barrettes ici ou là, à la bonne franquette. Il me montrait qu'il allait bien. Qu'avec ou sans moi dans les combines, il fallait que jeunesse se fasse.

Je suis rentré en faire un bout avec lui, quand on m'a viré de Lille.

Viré de l'école de mes rêves.

Y avait tout un comité d'accueil, pour me déclarer l'exclusion.

J'étais avec mes parents, assis sur des chaises. On s'attendait pas vraiment, on avait pris l'habitude que ça barde, mais c'était toujours passé, je me demande combien de fois on a été comme ça, tous les trois, plantés comme des asperges, à enregistrer les remontrances. J'ai remarqué qu'on se tenait pareil, avec mon père : les mains, comme pour les réchauffer, coincées entre les cuisses serrées. Chaque fois que mes mains ont le réflexe de plonger comme ça entre mes jambes, cet épisode remonte à la surface de ma mémoire.

Tu peux pas savoir à quel point ça m'énerve que mes paluches fassent ça. Je me giflerais. C'est très rare, mais ça arrive encore.

Quand ils ont prononcé la sentence, on est resté cois. Des secondes ont coulé. Mon père s'est levé. On a suivi.

Pour la première fois de ma vie, j'ai vu ma mère gueuler sur quelqu'un d'autre que son mari ou ses enfants. « Vous allez le regretter ! » J'étais choqué encore plus que fier.

C'est qu'on commençait un peu à y croire, dans la famille. Et même dans le quartier. « Lille », ça brillait. En centre de formation, tu as les agents qui te draguent, y en a même un qui venait toujours dans les gradins taper la discute avec mon père, quand il faisait les déplacements.

Pourquoi ils m'ont viré ? J'y viens, t'inquiète.

Pendant des mois et des mois, la menace planait. J'étais installé à Lille, à ce moment-là. À l'internat, à temps plein. D'abord, j'ai fait les allers-retours pour rentrer les week-ends.

Les trajets ? Non, pas avec mon père, non. Il finissait trop tard le vendredi pour venir me chercher. Avec Momo. Il m'emmenait, il me ramenait.

Je me rendais pas compte à l'époque. Je trouvais normal d'être sous son aile. Je sais pas si je l'ai déjà remercié pour ça. Putain. Pour le jeu, oui, il sait ce que je lui dois.

Quelques années plus tard, il sera planté en bas du bâtiment, quand je signerai mon premier contrat. Il mettra sa plus belle moustache, et pour la première et la dernière fois de ma vie, après que j'aurai poussé les portes des locaux, je la lui tirerai. Je lui dirai (je m'en souviens comme si c'était hier) : « Si mes pieds avaient la parlache, ils te remercieraient, Momo.

– J'y suis pour rien, Francky. »

La vraie modestie. Je sourirai. Il démordra pas.

« Vraiment. Si j'y étais pour quoi que ce soit, j'en aurais eu d'autres, des gamins qui finissent par signer des contrats. »

Après, il me mettra une taloche. « Va donc rejoindre ton père, abrandoule. »

On en est pas encore là. Quand ils m'ont exclu du LOSC, j'ai bien cru que ce moment du contrat professionnel n'arriverait jamais.

J'allais en cours pas loin du centre, en sport-études, en partenariat avec le club. Je rentrais un peu les vacances à Boulogne. Ça me plaisait, d'être à fond dans le foot... Mais au club, ils se prenaient au sérieux, ils guettaient mes résultats scolaires, et... ça s'est jamais arrangé, mes notes, en grandissant.

Ils clarifiaient bien leur chantage : « Pour être pro, y a pas que le foot qui compte, faut aussi une tête bien faite... »

En quoi l'école pouvait bien faire une tête ?

J'ai essayé, un peu. Même les devoirs. Tous les bouquins que j'ouvrais : du charabia. Heureusement, des fois, on devait lire des choses adaptées en film, comme *Germinal*. Je pouvais faire illusion.

Le jour des rendus, tu peux être sûr qu'on m'interrogeait. Y avait un contrat sur ma tête. Dans toutes les matières.

« Franck, tu as fait tes fractions pendant l'étude ?

– J'ai fait mes fractionnés pendant l'entraînement, Monsieur. »

La classe se marrait, le staff grimaçait. Même moi, je ricanais de moins en moins. Ça finit par échauder, d'avoir des 2, des 5, des 0, des 3. En plus, certains profs ont la bonne stratégie pour t'enfoncer : ils donnent les notes à voix haute et dans l'ordre. En croissant ou en décroissant – ce qui change rien : tu restes parfaitement situé, par tout le monde.

L'école, j'avais lâché. Je voyais pas en quoi ça comptait. Ça donnait pas une place de titulaire.

J'ai redoublé deux fois. Peut-être trois ? Chacune des fois, j'étais encore plus nul l'année d'après. Les profs se désolaient. « Franck... Tu es censé connaître le programme...

– Réfléchis un peu : si je le connaissais, j'aurais pas redoublé. Ah, tu es malin, toi... »

Tout le monde s'offusquait quand je tutoyais le prof, plus encore que lui. Ça sortait comme ça venait.

L'heure de la récré, pour moi, c'était un soulagement digne de la sortie de l'eau d'un plongeur en apnée.

Yohan et moi, on était les premiers dans la cour, on commençait tous les deux à se dribbler, c'était intense, vraiment serré. On se contraignait dans un tout petit périmètre – le rond central du terrain peint au sol. Pas le droit d'en faire sortir le ballon. En se tournant autour pour se feinter, on formait comme un tourbillon qui aspirait les autres joueurs dans la ronde. En quelques minutes, tu avais la création spontanée d'un match de foot qui sortait du chaos de nos petits dribbles. À cette époque, tu en avais qui portaient des joggings pression, avec des boutons à la place des coutures, ils se défaisaient sur le côté. Des Adidas qui venaient du basket américain. Les Michael Jordan et autres avaient les shorts pour le match en dessous, ils pouvaient enlever le jogging en défaisant les pressions, sans enlever leurs grosses chaussures. Bref, la vogue a déferlé en France, des gamins en portaient, j'arrachais tout leur froc en plein match, les mecs se retrouvaient en petit slip, on se marrait.

Pendant ce temps, d'autres commençaient à lorgner les meufs plutôt que jouer au foot. Moi, je tranchais en faveur du foot.

Faut dire que les meufs tranchaient en faveur des mecs sans cicatrice. Je les voyais me scruter, les nénettes. À regarder mon visage comme un paysage. Un terrain accidenté.

Yohan, il arrivait à préférer le foot et à serrer. Beau gosse, le Yohan. Faut que je lui envoie un texto, tiens. Ça fait longtemps.

Yohan Cabaye. Il était à Lille en même temps que moi. Un bon mec. Hyper sérieux, mais bon mec. Comme quoi.

Il se couchait tôt, lui, à l'internat. Nous autres, quand les surveillants dormaient, on jouait à la console. Les autres disaient : « Putain, lui, ça sera un pro, il va se coucher à l'heure qu'il conseille le coach.

– Mais non, ça change rien. Moi aussi, je serai pro. Je joue jusqu'à cinq heures du mat', et je serai pro. »

Ils m'énervaient trop, à dire qu'ils seraient pas pros s'ils dormaient pas, mais sans aller se coucher pour autant.

« Oh, le pirate, mange de la soupe, toi, pour commencer... »

Bataille de polochon. Pion qui débarque. Tout le monde au lit.

Tu vois, j'ai réussi sans trop grandir. Eux, aujourd'hui, peut-être ils marquent des buts en contrôlant ma version avatar sur leur PlayStation, avec la manette.

Si je dormais pas la nuit et que je voulais être bien réveillé à l'entraînement, il fallait bien que je dorme quelque part.

Je dormais en cours.

Les malaises de l'école étaient tellement contradictoires avec la vérité du terrain. C'est pas que je dominais tout, sur la pelouse, je te dis pas que j'étais un extraterrestre, non non non. Je surclassais pas comme à Conti et à l'ACO. On était trois à se débattre pour mon poste. Tu sais, ça m'a calmé, quand j'ai démarré au LOSC. Les autres gars étaient plus grands, plus précis, plus endurants. Je fais un mètre soixante-dix, aujourd'hui ; à l'époque, je devais être un nain. Mais ça m'a motivé. Moi aussi, j'avais mon point fort. J'étais technique, j'allais vite, je crochetais comme un lapin pris en chasse, les défenseurs me rattrapaient pas. Toujours, j'ai été un peu trop gourmand dans les crochets, mais depuis toujours, j'ai une jambe qui traîne pour ramasser la balle malgré tout, pour avoir un contre favorable, pour trouver de bons appuis. Jean Fernandez, un jour, il m'a dit : « Ne t'inquiète pas. Comme tu es moins grand, tu as un centre de gravité plus bas. » Toujours, j'ai voulu porter le danger. La cage m'aspire. « Arrête de bomber le torse pour faire le grand. Protège ton ballon, cache-le. Redresse-toi seulement quand tu frappes, sans mettre le corps en arrière. » Alors voilà, je m'appuyais sur mes points forts, j'essayais de minimiser mes faiblesses vis-à-vis des autres.

Je comprenais pas la valeur ajoutée de l'école. À l'entraînement, j'allais chercher ma place de titulaire, personne pouvait dire le contraire.

Je débattais pas, moi. Je me débattais.

Au centre, y avait des gens de toute la France, presque de toute l'Afrique, beaucoup de binationaux. J'étais le petit Ch'ti, on me taquinait aussi pour ça.

Ça date de là, Scarface. Mais je me laissais pas marcher dessus. Je me suis embrouillé, quelques fois – normal, rien de méchant, tu vois, mais la moquerie, c'est un virus qui se répand comme le Covid, alors fallait bien que tout le monde perde le goût de se foutre trop fort de ma gueule.

J'y arrivais pas complètement.

Face au nombre, tu gagnes pas facilement. Souvent, fallait que j'encaisse sans broncher. Les avertissements des coaches, si tu t'embrouilles de trop, finissent par faire planer des doutes sur ta présence maintenue parmi les titulaires dans un premier temps, au centre de formation dans un deuxième. Et toujours, ceux qui charrient prétextent que « c'est pour rire ». Traduction : « C'est pas grave, il faut pas répondre. » Tu es pris en otage, quand on te dit « c'est pour rire ». Si tu ris pas, c'est que tu es un con, que tu as pas compris, que tu es susceptible… Meilleur alibi *ever*, « c'est pour rire ».

Moi, mes blagues, elles étaient vraiment pour rire. Je dévissais le bouchon de la salière à la cantine. Je mettais du dentifrice dans les gants des mecs. Juste des taquineries.

On savait que c'était moi : je riais trop, de voir les têtes outrées des victimes...

« Putain, Scarface, qu'est-ce que t'as mis dans mon gant ?!

– Me suis branlé dedans ! »

Je mettais l'ambiance, tu vois.

Oui, pardon, c'est des trucs d'ados, des trucs de mecs...

C'était toujours pour rigoler.

Tout le monde voyait pas les choses comme ça. Tu avais des groupes en plus ou moins bons termes.

Elle est jolie, la légende des équipes solidaires, un pour tous et tous pour un, ce genre de rumeurs. Dès le centre de formation, le système est vicelard. Tout le monde veut être pro, mais tout le monde a bien compris qu'une majorité restera sur le carreau. Le centre de formation signifie pas *du tout* que c'est gagné. Il signifie que tu y crois, et qu'y a des grandes chances que tu souffres beaucoup d'y avoir cru. Alors tu entres en compétition avec les équipiers. Obligé. Tu préfères passer pro tout seul qu'être champion en équipe sans signer de contrat à l'arrivée. Déjà, tu es deux ou trois à te battre pour ton poste. Tu rigoles à l'entraînement, tu rigoles en classe, tu rigoles à la console, tu rigoles dans le car, tu rigoles à la cantine, mais l'anguille sous la roche, elle nage en attendant son heure.

Un midi, Yohan a glissé avec son plateau, il s'est bien gaufré. Tout le monde a ri, tu penses bien, et moi le premier – eh ben, crois-moi sur parole, et pourtant c'était mon pote : à la vitesse de la lumière, l'idée a scintillé dans mon esprit que s'il se blessait, je serais titulaire à coup sûr, on alternerait plus pendant un moment. Je peux pas faire comme si j'avais pas eu la perspective.

Dans les tribunes, qu'ils soient de métier ou de pacotille, les agents viennent guetter des joueurs distingués, pas une équipe unie. Tu as pas encore ton nom sur le maillot, ça c'est chez les pros – d'ailleurs je me demande quand c'est arrivé, ça, je suis sûr que quand j'étais petit, y avait pas marqué Waddle sur le maillot de Waddle –, mais l'agent t'isole, tout le monde le sait, et c'est normal, c'est la moindre des choses, y a aucune raison d'être fondu dans l'équipe, confondu avec les autres, tu as ton mérite individuel, tes statistiques personnelles, tes performances mesurées. Pas comme aujourd'hui avec nos capteurs, mais observées quand même.

C'est pas une injustice, qu'on te sépare de l'équipe pour t'analyser. Juste, ça crée des tensions, des précautions, des hypocrisies.

La peur bleue, c'est la blessure. Un joueur sur deux se pète un truc en centre de formation.

Non, tu es pas censé te blesser à l'entraînement, l'équipe est solidaire un minimum. Même si tu penses à ton contrat, tu joues en équipe, tu sympathises pour de vrai, les mecs deviennent des sortes de copains, même si tu les supportes pas toujours. Sauf exception, moins ils jouent à ton poste, moins ils sont en concurrence avec toi, plus tu peux les aimer. En plus, pour briller, faut faire un bon match, et tu fais difficilement un bon match tout seul. Ta passe est comptabilisée comme décisive si y a but derrière.

Ça reste compliqué, la fraternité. Forcément, ça monte en pression, quand y a des contacts à l'entraînement. C'est un sport qui veut les contacts.

Ça m'énerve, d'ailleurs, quand on nous compare aux rugbymen qui sont plus solides, qui tombent moins, qui roulent moins, qui tiennent mieux la douleur, soi-disant. Ça m'énerve, surtout quand c'est des meufs qui disent ça. Pour piquer. Tu dis ça, toi ? Tu as déjà travaillé avec des clubs de rugby ?

Au foot, les coups font mal parce que tu les vois pas venir. Tu cours, tu dribbles, tu amortis, tu passes, c'est des gestes délicats, c'est des gestes appliqués, et quand soudain, la pointe d'un pied se plante dans ta cheville, ou le genou d'un défenseur te percute dans l'aine ou la cuisse, tu dégoupilles, normal. C'est toujours d'être pris par surprise, qui fait mal. Au rugby, ils tiennent le ballon dans les mains, ils peuvent aller au contact tout concentrés, ramassés sur eux-mêmes, prêts à l'impact, denses comme des rochers, normal que ça leur fasse pas mal. D'ailleurs, tu as pas du tout le droit de plaquer l'adversaire qui aurait pas le ballon, au rugby : quand tu attrapes un mec relâché, tu le déboîtes.

Les rugbymen disent « sport de danseuse », pour se moquer des footballeurs, mais c'est sûr que... Eux, pour le coup, ils font pas un sport d'artiste.

Bref. Un jour, à l'entraînement, le gardien sort comme un bourrin, il pète la jambe de l'attaquant. C'était pas mon ami plus qu'un autre, l'attaquant, mais rien que pour la cause, je suis allé choper le goal par la gorge. Ça aurait pu être moi, tu vois. Tout le monde est venu nous séparer et m'a pris en grippe, j'en revenais pas que ça se retourne contre moi. L'autre, au sol, il chialait. Il était trop fort, ce Black. Toujours bien placé. Il frappait sans amortir, des deux pieds, de n'importe où, sans réfléchir, tout à l'instinct, un pur grand joueur, il me forçait le respect – eh ben, je suis sûr qu'il pleure encore, à l'heure où je te parle, rempli de tristesse comme un tonneau percé.

Moi aussi, des fois, j'y suis allé franco à l'entraînement. Pas kamikaze comme l'autre taré de gardien, mais bien impulsif. Obligé. Les entraîneurs te disent : « Donne tout à l'entraînement, si tu veux être titulaire. » Et en même temps : « Lève le pied, va pas blesser un copain. » J'étais peut-être une bille à l'école, mais je repère un loup dans une bergerie.

Ça finissait par être rien que des tensions non dites, le centre de formation.

Mais j'avais la maladie du football. Les sensations étaient tellement bonnes. Je me suis vu beau, tout de suite. J'étais beau, déjà, avec les belles affaires, les belles chaussures, le beau sac, le beau survêtement Reebok. Même le bonnet du LOSC, on avait. Rien m'empêcherait d'être pro. J'étais au paradis. On pouvait aller voir les pros s'entraîner. Je me mettais derrière les cages, je partais chercher les ballons au loin quand ils cadraient pas, comme pendant le stage au collège. Aucune moquerie cette fois-ci. Au contraire. Ma tête a chauffé, comme quand je me levais trop vite du canapé, et mes yeux ont pétillé, au moment où j'ai entendu, je cite : « Increvable, ce gamin. » J'étais de dos, traçant vers le ballon, j'ai pas vu qui c'est qui a dit, mais c'est pas tombé dans une sourde oreille.

Sauf quand je m'énervais pour un oui ou pour un non qui me paraissaient déplacés, j'étais heureux comme un coq. Les pelouses ? Des billards. Les ballons ? Du miel. Je le réclamais sur le terrain, comme un bébé sa sucette. Ton pied veut les épouser, les ballons. Taper dedans, encore et encore.

J'ai toujours un peu cette sensation, même aujourd'hui que j'ai dû tirer dans quarante millions de ballons. Y a des nouvelles collections chaque année, j'attends avec impatience. Pierre, mon pote journaliste au journal *L'Équipe*, le seul qui me fait les interviews, un jour, je l'ai vu respirer une revue comme s'il fumait une chicha à la menthe. Aux anges, il était. « L'odeur du papier et de l'encre, Franck, c'est merveilleux. » Je me suis foutu de sa gueule, tu parles. Tout compte fait, on pourrait aussi bien se fiche de la mienne, quand je pelote les nouveaux ballons. Les gens peuvent pas comprendre une lubie, quand c'est pas la leur.

Depuis la formation à Lille, j'aime les petits détails. Les coutures des ballons en cuir. La graphologie des numéros sur le maillot. L'odeur du Kamol dans le vestiaire.

Le vestiaire, j'ai fini par m'y sentir mieux que dans ma propre chambre. En centre de formation, le vestiaire devient ton cocon, quelque chose comme la maison abandonnée que tu trouves à neuf ans avec tes potes, établie comme ta forteresse imprenable, où tu marques ton territoire en faisant des tags. Encore plus chez les pros, où tu as une place attitrée. À l'extérieur du vestiaire, les sollicitations s'amplifient, des oreilles traînent, des yeux guettent, tu joues ta partition sur scène, faut bien se tenir, et en même temps, se lâcher pour bien jouer au ballon. Ça épuise. Alors, rentrer au vestiaire, c'est... Les Esquimaux doivent éprouver ça, quand ils retournent dans l'igloo. Dehors, c'est froid et sauvage ; dedans, c'est la tanière pour l'homme.

Je suis plus heureux dehors, quand même. J'aime le jeu, la compétition. J'aurais pas pu faire des sports comme l'athlétisme, ou la natation, ou... le ski. Ces sports sans la confrontation directe. Ils ont l'adversaire à côté, mais... Dans le sport côte à côte ou les sports chacun son tour, il manque tout ce que j'aime. Feinte, dribble, coup d'épaule, contre-pied. Et yeux dans les yeux.

Y a des phases du jeu, je les aime d'amour. Les « une-deux ». Quand tu fais la passe, et qu'on te la rend sans contrôle. Surtout quand on te la remet en profondeur. Comme si tu entrais en télépathie avec ton équipier. Tu fais la passe, tu pars comme une flèche dans le sens qui te va bien, et tu retrouves le ballon dans ta course, comme par magie, dans ton élan, sans avoir attendu, ralenti ou accéléré. J'aime la fluidité du football. On parle plus de sport, là. Oui, c'est vrai, c'est une danse. Ils ont raison, en fait, les rugbymen. Une passe et une remise dans le timing, ça glisse comme du patinage artistique.

Et les petits ponts. Pas les petits ponts de la cour de récré, quand tu guettais que l'autre écarte les jambes. Non, je te parle des petits ponts intuitifs. Anticipés. Déclenchés avant même d'avoir la place. Tu sens qu'une jambe égarée de l'adversaire va ouvrir l'espace, et tu penses – avant même qu'il soit formé – à glisser la balle dans ce trou de souris. Sans calculer, sans même regarder. Pfiou… Quand tu fais ça, tu es bien plus qu'un poisson dans l'eau : tu marches sur l'eau. Un moment de grâce, le petit pont. Un dixième de seconde de douceur, en pleine tempête de guiboles. Tu as toujours des « olé ! » qui émergent des tribunes, au milieu d'un bruissement approbateur. Le kif.

Après, quand ça t'arrive à toi, crois-moi que tu as l'âme en peine. Devant soixante mille personnes, sans parler de derrière la télé, c'est la castration.

Mais c'est le jeu.

On a gagné la Coupe du monde, dans ces eaux-là. La France, je veux dire. En 1998. Je t'avouerai, c'était Ronaldo, mon joueur fétiche, à l'époque. J'avais voulu carotter un maillot du Brésil, au marché du port. Un faux sans le logo Nike, floqué Ronarid, mais à part ça, tu aurais dit un vrai. Finalement, j'ai pas eu l'occasion. Et finalement, la France a gagné et j'ai découvert Zidane. Ah, j'étais heureux, on a fêté dignement, j'ai plongé tête la première dans une fontaine, je criais, j'éclaboussais les passants. C'était la trêve, le club avait proposé qu'on voie la finale tous ensemble, mais j'étais resté à Boulogne. Déjà pour les demi-finales, on avait fait la fête. Mon père voulant pas qu'on aille klaxonner en ville avec le camion, on avait trouvé avec Walid d'aller secouer des voitures pour trouver des alarmes. J'étais mieux avec lui qu'à Lille.

Ils m'ont viré, soi-disant parce que j'avais cassé le bras d'une meuf à l'école.

C'est vrai, hein, que je lui ai cassé le bras. J'ai pas fait exprès. Mais j'ai même pas envie de parler d'elle. La vérité, c'est qu'ils aimaient pas 1) que j'aie que des mauvaises notes, et surtout 2) que je sois trop petit. Les clubs formateurs font des statistiques sur les joueurs qui deviennent pros depuis leurs rangs. Ils se réservent des quotas, ils gardent que la crème. Ils toucheront encore des sous sur les transferts futurs. Comme dans la fable de la vache à lait.

Il faut sentir qui sera probablement pro. On dit que c'est dans la tête du joueur que ça se joue, mais c'est dans son corps. À mon époque, ceux qui plaisaient, c'était soit les grands, soit les costauds, soit les grands costauds. Toi, tu arrives, tu es à l'âge où tu es pas fini, et tu perds contre ceux qui ont la chance d'être déjà terminés. Si j'avais été en Espagne... Mais en France, les centres de formation voulaient des physiques avec une certaine bâtisse. J'étais tout frêle. D'autres avaient déjà de la barbe, moi j'avais trois pauvres poils qui se battaient en duel. Y en a qui m'appelaient Samy, ces bâtards. Tu sais, de Samy et Scoubidou, le dessin animé, là. À cause des cicatrices, j'ai même pas les pattes le long des oreilles. À l'internat, des fois, ça partait en soirée mousse, comme on disait. On se mettait un paquet de mousse à raser sur la main, et on se mettait des claques. Moi, j'avais même pas ma propre mousse : j'empruntais. J'avais rien à raser, à part les murs quand je regagnais ma chambre, j'étais toujours le dernier à cesser le feu, et les surveillants débarquaient.

Allongé dans mon lit, j'essayais de tendre mon corps au maximum. Les pieds tiraient d'un côté, la tête de l'autre. Quand on veut on peut, soi-disant. Tu parles. Les membres du corps font ce qu'ils décident, sinon j'aurais trouvé comment les faire pousser.

Bref. Mon corps de moussaillon et ma tête de pirate, ils en voulaient pas, la voilà la vérité. J'avais beau avoir l'envie, la vitesse, la technique, ils en voulaient pas. J'avais la tête dure, mais sur corner, je prenais pas un ballon avec, dans le peloton de costauds.

Merci au revoir, ils m'ont dit. Ou juste au revoir. Même pas merci.

C'est à la télé, qu'ils me reverraient. J'ai fini par dire ça, le lendemain, à Walid.

5

Dans la seconde qui a suivi l'éviction du LOSC, j'ai pensé : mes carottes sont cuites.

Seize ans, l'âge des ingrats, l'envie de tout défoncer, les parties du corps qui poussent sans ordre établi, la voix qui sort de l'ordinaire.

Mes cicatrices mutaient, la couleur et la forme, je me scrutais dans le miroir et j'avais l'impression qu'elles me dessinaient le visage, qu'elles décidaient ce qu'elles en faisaient, qu'elles le tordaient, et pas le contraire. Elles déchiraient mon front et un côté de ma gueule, quand le reste était une constellation de chtars, putain j'étais pas beau à voir. Aujourd'hui, des fois, je passe du temps à comparer les deux moitiés de mon visage. Sur des photos, souvent. Avec la main, je cache une partie, puis l'autre : le côté gauche, qui est pas trop abîmé, il a l'air deux fois plus vieux que l'autre, l'œil pendouille un peu, on dirait qu'il vient bécoter le coin de ma bouche quand je souris. Va savoir si la cicatrice, à droite, me fait pas comme un lifting. Ado, c'était la chasse aux boutons. Si tu allais voir des meufs l'après-midi, tu peux être sûr qu'ils débarquaient de bon matin, comme si un indic les avait rencardés. « Arrête de toucher à tes boutons ! » Ma mère supportait pas. Une fois, elle a même ajouté, sans inadvertance : « Ça va te faire des petites cicatrices ! »

Elle m'a dit pardon dans la foulée et je suis parti dans une colère noire. Pas vexé de la remarque : énervé dans le fond d'avoir été exclu du LOSC, contrarié dans l'immédiat qu'elle se soit excusée. Je me suis cassé une semaine, j'étais chez Walid, chez lui c'était hyper tendu aussi, Bashir avait des emmerdes avec la justice, mais ses parents faisaient pas la différence que je sois là ou pas, on dérangeait pas, on mangeait rarement à la maison, on dormait à peine, y avait que Malika qui nous demandait d'ouvrir notre fenêtre.

« Vous puez comme des morts !

– Vas-y, dégage Malika, va aider Maman. »

Walid l'a jamais supportée, sa sœur. Il la surveillait, il prenait soin que personne l'emboucane, il faisait le gendarme avec elle, mais je pourrais pas dire que c'était par affection. C'était son rôle, disons. Quand elle s'habillait un peu court, même rien qu'un peu, et même que c'était pas tous les quatre matins, elle prenait une réflexion.

« T'es pas mon père !

– Je suis ton frère, c'est la même.

– Dans tes rêves. »

Et c'était parti pour un tour.

Pendant ce temps, je me faisais tout petit, je savais pas où me mettre. Quand tout allait bien dans ma vie, je m'en foutais, mais là, j'étais en exil et j'aurais voulu me replier comme on froisse une feuille. Je pouvais pas m'en mêler, en plus j'avais rien à dire, zéro point de vue. Aucun intérêt pour le débat. Ils aboyaient, ma caravane passait... J'arrivais pas à faire autre chose non plus : ça aurait fait trop le mec qui s'en fiche, comme si de rien n'était, alors que non en fait. Ils s'embrouillaient sévère, et longtemps. Jamais je les ai vus se taper, ils s'enflammaient face à face, à deux ou trois mètres, les jambes un peu écartées, avec juste un bras levé devant comme pour menacer d'une gifle, tous les deux figés dans cette pose, on aurait dit deux bonshommes verts pour traverser qui allaient se télescoper, sauf les bouches qui bougeaient, elles parlaient vite et fort, en même temps, ils écoutaient rien de ce que disait l'autre, et moi, spectateur du désespoir, j'assistais au carambolage, sans rien à faire, sans pouvoir vraiment les regarder ni voir ailleurs si j'y étais. Un soir, j'ai mis un peu de son, mais pas fort, vraiment pas fort, je voulais que ce soit rien que pour moi, tu vois, c'est bête, je le sais, mais j'ai pensé que moi seul entendrais, que la musique m'envelopperait ; si, c'est vrai, je m'étais mis tout près de l'enceinte, je me rappelle, c'était Assassin, je l'adorais cette chanson, je la connais encore, je suis sûr, « Quoi ? Tu ne savais pas que les vents étaient là pour veiller sur les voix qui émanent du monde froid, crois en toi, avant de croire en qui que ce soit ! » C'était une chanson franglaise, un *feat* avec Supernatural, et... à la première note... non, avant même la première note, rien qu'avec le son du CD qui s'enclenche dans le système, Walid et Malika ont stoppé net, ils m'ont fixé avec le même poignard dans le regard, celui de leur père, comme si j'étais la phase adolescente de Dark Vador. « Et qu'est-ce qu'il fait toujours là, lui ? a dit Malika, pendant que la chanson démarrait.

– Vas-y, laisse-le tranquille !

– Ça va, ça va, elle a raison, je suis pas chez moi. »

Ils s'attendaient ni l'un ni l'autre à cette réaction, à en croire comme ils m'ont regardé : stupéfiés.

La déprime m'avait gagné. Décidément, j'avais perdu une guerre. Viré du club, parti de chez moi, désaffecté, j'avais juste envie de calme. De m'enfermer avec... juste un peu de son. Je les ai regardés l'un après l'autre, bien d'en dessous, comme ils étaient debout et moi en tailleur, et bien lentement, comme ils étaient contractés et moi fatigué, et je suis parti en scred, écrasant les trucs qui traînaient au sol, fils des manettes de la Megadrive de Bashir importée chez Walid, feuilles à rouler, miettes de chips, boîte en plastique de CD, vieux *Entrevue* déchirés – Walid voulait toujours qu'on cache les magazines porno, pour pas que sa sœur soit pervertie, mais on laissait les *Entrevue*.

X, on disait X, à l'époque, pas porno. Je sais pas pourquoi « X ». Peut-être pour barrer quelque chose. Dire la censure pour les jeunes.

Mais qu'est-ce que je disais ? Oui, la chambre à Walid. Mon retour chez mes parents, comme si de rien n'était, après une semaine de fugue au Bloc W, la tour d'en face, chez les Marouk.

Fatalité, c'est là qu'on s'est rapprochés, avec Malika.

Elle est venue s'excuser, quand elle m'a croisé dans le hall, pas longtemps après.

Il pleuvait comme une vache qui pisse, et ça tombait bien que Hicham avait chouré un mini ballon chez City Sport, on pouvait jouer couverts, les petites portes du hall faisaient des cages sans gardien, on était sept ou huit là-dedans. Ça devait résonner, mais aucun voisin sortait, ils se rappelaient sûrement qu'ils avaient été jeunes. Mes parents non plus, ils tapaient jamais au mur ni à la porte des voisins, si y avait des travaux ou du folklore.

Malika portait ses semelles compensées, son froc troué aux genoux, son haut de survêtement Adidas rouge, un chignon pour couronner le tout. Ses mains s'enfonçaient dans ses poches comme avec l'espoir d'y trouver des biftons.

« Franck, tu as deux minutes ?

– Euh... Oui, oui, j'arrive. Les gars, attendez-moi deux minutes.

– Vas-y, on t'attend pas. »

J'ai ramassé le ballon sous les huées et j'ai suivi Malika.

« Je suis désolée pour l'autre jour. En vrai, j'aime bien quand tu viens à la maison. »

J'oublierai jamais comme elle a passé le revers de ses doigts sur mon visage. Sur ma cicatrice.

J'ai pas lâché le football. Lille me voulait pas ? Y avait d'autres clubs. Momo m'a fait reprendre à l'US Boulogne, le club principal de la ville. Tant qu'à faire. Une aubaine, pour eux, quelqu'un qui décroche de Lille. L'accueil était bras ouverts, même si je me méfiais. C'était ma dernière année en junior. L'école était plus obligatoire, j'avais purgé ma peine, mais tu sais, une fois que tu as pris un coup de gourdin, tu as peur du gourdin. Comme le LOSC, l'US Boulogne jouait en rouge et noir. Mais c'était pas le même standing. Pour rester poli, on va dire que si Boulogne avait des infrastructures, Lille avait des suprastructures. Sans manquer de respect, j'avais rétropédalé dans une pâle copie. Mais je jouais au foot. Je m'entraînais. Il m'a fallu quelques semaines pour me climater, et puis tout a plutôt bien roulé.

Y avait des bons mecs. Moins forts qu'à Lille, mais ambitieux pareil. Ils disaient qu'à Lille, tout le monde avait le melon, ils attendaient les confrontations pour leur faire des entorses aux chevilles qui enflent.

J'étais au chaud, dans ce bain ambiant. Je rigolais, aussi. Ça se chambrait bien, dans ce club. Mobylette, on m'appelait, un moment. C'était moqueur, mais ça disait une qualité. En défense centrale, on avait deux Noirs, on les appelait les Twix, ils disaient « non, on est les Bad Boys », rapport au film, mais ça prenait pas, en plus ils voulaient être Will Smith tous les deux. Aux cages, le mec était tellement long qu'il aurait complexé Coton-Tige ; on l'appelait Dhalsim. Le personnage qui étire ses membres élastiques dans *Street Fighter*. J'ai pas compris qu'il ait pas percé, lui. Il était véloce, en plus. Il nous avait quittés en cours de saison pour l'Italie, je sais pas ce qu'il est devenu. Son remplaçant qui est passé numéro un, il était plutôt petit, pour un gardien. On l'a surnommé Dhalsim aussi, en inversant la blague, pour la perpétuer. Je te dis, on se marrait bien. Quand on s'échauffait deux par deux à faire des transversales, je faisais genre je dévissais, histoire de viser, au loin, des mecs dos tournés. Ah ah ah ! Une fois, j'en ai choppé un en pleine tête, il s'attendait pas du tout, le ballon lui est retombé pile sur le sommet du crâne, il a fait un quart de tour les bras ballants, son corps a failli dégringoler, on aurait dit les bonshommes que tu fusillais au sniper dans *Golden Eye* sur la Nintendo 64, j'arrivais plus à m'arrêter de rire.

C'était tellement bon, de rejouer au foot.

La semaine cadenassée par les entraînements donne des raisons de résister aux tentations. La voie d'accès aux professionnels est semée d'embûches, d'abord posées par tes amis proches. Une bûche quand ils te disent : « Allez viens y aura des meufs ». Une bûche quand on te chauffe pour un caps ; tu veux pas boire, mais tu peux pas résister au jeu. Dégoupiller une capsule de bière posée sur une bouteille, avec sa propre capsule pliée en deux, c'est merveilleux, le bruit est trop beau, la sensation magique. Poc ! Et quand l'autre tape dans ta capsule, tu bois, même si tu bois jamais à part ça et même si le lendemain, tu as match. *It's in the game.*

Une bûche quand ils te proposent une latte.

Une bûche quand faut aller crever les pneus de la voiture du prof qui a mal parlé au petit frère de Hicham. Il était énervé, ce gamin. Tous les quatre matins, fallait que son frère aille punir quelqu'un.

Moi, mes petits frères et ma petite sœur, ça se passait à peu près, à l'école. Le nom de famille portait sa rumeur, mais, au bout du compte, ils étaient moins pires que prévu, c'est-à-dire que moi. Avec les garçons, on avait ce point commun qu'on préférait le foot. On est des sportifs, dans la famille. Fabrice a joué en National, à Calais. Après, le club a fait faillite, et... J'ai aidé pour le placer dans un autre club. On a trouvé l'Aviron bayonnais, une autre bonne petite équipe de National, un truc bien. Les agents connaissent les tuyaux pour s'engouffrer et circuler d'un endroit à un autre, et y a un agent qui m'a aidé. À Bayonne, d'abord, ils étaient à l'écoute, mais sceptiques sur le niveau de mon frère. Après, ils étaient OK, mais ils pouvaient pas lui verser un salaire décent, et... J'ai mis une clôture au débat, j'ai fait un don au club, comme ça y avait du budget pour un salaire minimum vital. Deux mille cinq cents euros par mois, qu'il requérait pour vivre, mon frère. Ça me paraît rien, mais il paraît que c'était assez. Bon, ben voilà, j'ai filé en douce quarante mille balles à Bayonne.

Fabrice a joué même pas dix pauvres matches, et... J'aurais peut-être dû lui en parler, à mon frère. Il savait pas du tout que j'avais payé, avant que le club lui révèle le montage financier.

Après, voilà, je peux pas payer pour lui augmenter le niveau.

Stef a eu l'opportunité d'un club en Suède, comme s'il avait pas grandi assez dans le froid.

Ils ont pas percé. Ils ont essayé, ils ont été courageux.

C'est pas terminé, pour Stef, mais ça sera dur. Des fois, j'ai essayé d'aller les voir, de les coacher un peu, mais y a des choses qui s'apprennent pas.

On a grandi ensemble, on est proches, mais... Je sais pas.

Je sais pas.

Je saurais pas dire si le foot nous réunit, ou s'il nous sépare.

Ma sœur gère un petit fast-food. Elle se débrouille, elle est maline, c'est la plus futée de la famille. Elle a pas voulu que je l'aide. Un Noël, je lui ai offert une belle petite bagnole, pour les trajets.

J'ai manqué la suite dans les idées : les pneus et les réparations d'une belle voiture, c'est trop cher pour elle. Pas grave, je prends en charge. Des fois, je sens que ça la gêne. Ça lui fait plaisir, mais c'est comme si ça lui faisait surtout plaisir... que ça me fasse plaisir. Je sais pas si tu vois.

Walid et Hicham, ils avaient mon âge, j'étais mieux avec eux à l'adolescence. Normal. Avec mes frères, je m'ennuyais un peu. Ils avaient leur complicité entre eux, ils ont qu'un an d'écart. Timon et Pumbaa, je les appelais. Stef était un peu gras. Avec Walid et Hicham, on était les trois mousquetaires. Ils s'étaient rapprochés en mon absence, quand j'étais à Lille, on les voyait plus l'un sans l'autre ; eux, je les nommais Cul et Chemise. « Chemise » ça ressemble à « Hicham », et « Cul » c'était Walid, il avait toujours des plans, il dégotait toutes les... Toutes les filles disponibles du quartier, mais on en parlait de moins en moins, parce que j'étais de plus en plus avec sa sœur. Les discussions sont revenues à la normale après le mariage.

On a refait le trio, quand je suis rentré jouer à Boulogne. Y avait les Inconnus, à la télé, quand on était gamins, et je disais : « Nous, on sera les Connus ! » Hicham, c'était un boxeur désormais, il nous faisait des démos tous les jours, pour une raison ou pour une autre. Il nous défiait. J'aimais bien me frotter à lui. Il avait une sacrée allonge, il me mettait des claques à distance, j'arrivais pas à le toucher. Finalement, je craquais, je m'accroupissais et je le plaquais, tant pis pour la règle, il m'énervait trop. Des fois, quand on marchait dans la cité, je lui faisais des petits croche-pattes en toute discrétion, il manquait de s'étaler et il me coursait...

Jamais il m'attrapait. Même quand Walid l'aidait, je leur filais entre les doigts, comme je faisais entre les jambes des adversaires de l'US Boulogne.

J'aurais pu devenir Yamakasi, tellement j'ai couru dans la cité.

Tout au bout d'une nuit, on a voulu mettre le feu au commissariat de Boulogne. On était une dizaine, je me souviens même plus pourquoi la moutarde nous était montée contre les condés. C'est parti en cacahuète, on s'est fait démasquer avant d'avoir causé le moindre dégât : les premiers cocktails Molotov qu'on a balancés ont manqué les fenêtres, ils ont rebondi contre les murs. Sans se poser de questions, on a déguerpillé. Chacun a tracé comme on s'était dit dans la préparation, le groupe s'est éclaté dans toutes les directions autour du commissariat, comme des rayons de soleil, d'ailleurs j'ai couru jusqu'à l'aube, comme si le jour qui se lève signalait que je risquais plus rien. Je contournais rien, je tirais droit pour aller au plus loin, au plus vite. Les bancs devenaient des haies à sauter, les grillages, des murs d'escalade, les grosses poubelles vertes qui avaient rien demandé prenaient un shoot au passage. Elles étaient sur le chemin. Je voyais tout comme dans la matrice, ou sur une aire de paintball : rien qu'une combinaison d'accessoires pour un terrain de jeu de massacre.

On en aurait tout de suite rigolé, s'ils en avaient pas attrapé trois parmi nous. Les plus mollassons. Rien ne sert de courir lentement.

Mais sinon, j'ai fait une grosse saison, pour ma dernière année en junior. Passe. Dribble et passe. Remise. Dribble et passe. Passe. Dribble. Tir. Passe, tir. Dribble, tir. Encore et encore. Tout feu tout flamme, ti'Franck, avec mes petites cuisses. J'ai toujours voulu mettre le feu aux adversaires, au ballon, au filet. Titulaire indiscutable, je brillais plus qu'à Lille.

Est-ce que j'étais quoi ?... Libéré ?

Où c'est que tu as appris à parler français, toi, au fait ? Tes études et ton premier poste en France ? Tu as bien fait de repartir, on est mieux ici, en Italie.

Je dirais pas que j'étais libéré.

Tout mon vœu de réussite dépassait la peur d'échouer, mais elle guettait, cette coriace de peur. Pas au loin avec des jumelles, non non, là, tout près, en embuscade. L'angoisse suivait l'espoir, comme une ombre. Alors voilà, il fallait que je tire plus vite que mon ombre. Dans les interviews, j'ai toujours dit que j'y avais toujours cru, que j'avais jamais lâché. C'est vrai, j'ai jamais lâché, je le jure, mais l'angoisse m'a jamais lâché non plus, surtout à l'époque. Avant Lille, j'étais sans peur et sans reproche. Après les reproches de Lille, mon aplomb était fêlé. La trouille et l'envie se baladaient main dans la main.

Aucune raison qu'on veuille me virer de Boulogne ! On m'y valorisait et j'y charbonnais bien, mais c'est plutôt moi qui aurais voulu virer : c'était un club amateur. Quand même, j'ai signé là-bas en senior. En l'an 2000. On avait eu zéro bug au passage, la France venait même d'emporter l'Euro contre l'Italie, c'était encore plus émouvant que face au Brésil, vu comme j'aimais Zizou et vu la physiologie du match. Le but en or de Trezeguet ? Un des plus beaux buts que j'aie vus. Une patate comme ça, sans calculer, même Hicham en mettait pas d'aussi belles sur son sac de frappe. J'étais chaud bouillant devant la télé, mais quelque chose d'autre cuisait sous ma peau : je voulais en être, mais je savais pas bien comment j'allais faire.

6

Ce que je retiens de ces années-là, en senior, à Boulogne ? Pas tellement le terrain. Mon pied avait atteint son 42 d'apogée, j'approchais du mètre soixante-dix, le quatre-vingts resterait à l'horizon pour toujours, mais je me sentais plus grand que le club.

J'avais que seize, dix-sept ans, j'étais préposé à l'équipe réserve, mais on me frottait souvent aux adultes dans l'équipe première. Ça se fait beaucoup, dans les clubs formateurs, de valoriser et d'endurcir des jeunots en les plaçant chez les aînés. Va pas croire que tu es accueilli à bras ouverts, qu'on te fait la courte échelle ou une joie de t'aider à progresser. Ce qui te forge, c'est un peu le contact de leur plus haut niveau, et beaucoup leurs coups de bâton dans les roues : mauvais œil, pression, peu de passes, chambrage pas très malin, très malintentionné. On se félicite pas qu'un génie sorte du lot, on le casse dans son élan. Faudrait pas qu'il prenne la place d'un autre.

Je critique pas cette éducation négative, c'est la nature humaine, la sélection naturelle, ça trie les surdouillés. C'est juste pour t'expliquer.

Je retiens mon premier but.

Dans les arrêts de jeu. D'abord remplaçant, j'étais rentré sur le terrain depuis quelques minutes, milieu droit. « Allez, fais-toi plaisir », m'avait dit le coach, comme si y avait une alternative. J'avais une grinta, tu as pas idée. Le ballon venait pas à moi, alors je tenais pas mon poste, j'allais le chercher. Sans parler des réticences coéquipières à te faire des passes, c'est un truc de gamin, de croire que pour avoir le ballon, tu dois t'en approcher. Quand mon fils a commencé à jouer en club, j'adorais voir ses matches et les équipes se déplacer sur le terrain, agglutinés à la poursuite du ballon, comme des animaux du zoo à qui tu jettes à grailler. À Lille, j'avais bien enregistré que j'aurais mieux le ballon en m'éloignant, en prenant les espaces. « Écarte ! » On me l'a dit, ça aussi... Mais là, j'oubliais tout. En qualité de remplaçant, j'avais pas une seconde à perdre.

Ça m'a jamais vexé, d'être remplaçant. C'est le jeu.

Attends, j'exagère.

Si, ça m'a toujours vexé. Mais... j'ai jamais montré. C'est ce que je voulais dire.

Remarque, si, je boudais, d'abord. Mais je tenais pas rigueur. Voilà. À l'annonce des titulaires, être en dehors des onze m'a toujours pincé fort, je rêvais pas, mais j'ai jamais crié à l'injustice, j'ai toujours pris le mal en patience, avec une seule envie : rentrer en cours de jeu et faire la diff. Dès l'échauffement, je prouve mon savoir-faire, mes sprints démontrent que je veux remplacer le premier mec fatigué ou contre-performant. Mon premier but en senior, il est comme ça. Je suis dans les starting-blocks, je déboule en fin de match, surmotivé, superéchauffé, excité comme une petite puce. Tactiquement, j'étais à chier. À mille lieues des consignes, j'ai amorcé un pressing comme si j'étais l'avant-centre, les adversaires surpris ont dégagé en catastrophe, mais pas en touche : l'arrière droit a surgi hors de la nuit, il s'est déchiré pour récupérer le ballon, il a centré en première intention, j'étais dans l'axe, j'ai devancé tout le monde, y compris l'attaquant de ma propre équipe, j'ai dévié juste à peine ; gardien aux fraises, petit filet, but. Ça va vite, le foot. Plus vite que le cerveau.

Oui, j'en trouverais plein, des bons souvenirs. Mais je jouais ma carrière, la majeure partie des moments est brouillée par le stress.

Je nageais entre deux eaux : dans un club correct, pas un très bon ; meilleur que les joueurs de la réserve, trop frêle pour m'imposer en équipe première, à cause que j'étais plus jeune.

J'ai toujours joué avec des plus grands. Enfant, avec les jeunes du quartier ; ado, avec les adultes du dimanche. Avant ma majorité, j'ai joué avec des seniors. Leurs boutades me boostaient. J'étais plus vif que tous. J'avoue, je me faisais bouger sur le terrain. Avec le ballon dans les pieds, je dribblais, je virais, je voltais, mais pour attraper le ballon, à la lutte avec les défenseurs adverses, sur les dégagements du gardien par exemple, j'avais beau montrer les dents, je mangeais des bons tampons.

J'en ai même voulu à ma mère, d'avoir transmis ses petits gènes plutôt que les grands de mon père.

Les choses étaient bien faites, là où j'étais. J'incrimine personne. Boulogne se démenait, c'est un bon club. Rien que des entraîneurs sérieux, un président tout ce qu'il y a de plus passionné, quelques supporters forts en gueule, jamais méchants. Tout le monde avait une bonne volonté. Des matches s'organisaient pour des repérages, en parallèle du championnat. À ces occasions, les clubs formateurs dépêchent des envoyés spéciaux pour hameçonner des petits jeunes, les équipes majeures s'intéressent aux mineures avoisinantes, les premiers journalistes régionaux pointent des bouts de nez. Tu te motives. Advienne qui pourra, pour te recruter. Tu as encore ta chance, même si les tournois sentent de moins en moins la merguez et de plus en plus le roussi pour ceux qui passent au travers des mailles des filets de recruteurs. Pour qui supporte la pression, c'est l'occasion en or d'être remarqué. Faut garder l'espoir, encore et encore.

Pas facile, au fil des semaines, d'y être presque mais d'y être pas. Pendant la saison comme pendant les quatre-vingt-dix minutes d'un match, faut être à la fois explosif et endurant.

Aujourd'hui, c'est encore plus brutal, chez les gamins. Tous les mecs des cités veulent être footballeurs, y en a plus que jamais des très bons ; tu as pas forcément plus de place dans le monde pro. Je sais pas dire, un sur combien y arrive. Ce qui est sûr, c'est que les clubs formateurs, petits ou grands, peuvent gagner beaucoup d'argent très vite, vu que tu as des grosses écuries qui achètent des joueurs à quatorze, ou treize, ou douze ans. Surtout en Angleterre.

Les clubs de jeunes passent plus facilement les écarts aux joueurs qui sont pas toujours sérieux. Tu parles qu'ils en ont rien à faire des résultats scolaires. Tu sais combien ils peuvent se faire, en vendant leurs protégés ? Fais-toi une idée, et ajoute un ou deux zéros.

Après, toi-même tu sais : petit frère veut grandir trop vite. Tu en as des paquets qui se montent la tête. À la maison, toute la famille mise sur l'apprenti sorcier du ballon rond. Plus ou moins au large autour des joueurs, des frères ou des cousins ou des anonymes entrent dans la danse et s'improvisent agents. Le moindre requin qui traîne prend directement contact sur Snap avec les jeunes footballeurs, il leur promet monde et merveilles, sans passer par l'entraîneur ni la famille. Les réseaux sociaux s'en mêlent, les juniors font de l'autopromo, des montages de leurs meilleures actions, c'est la guerre des branchés.

Moi, d'avoir galéré, ça m'a épargné de me prendre pour un autre. Même à mon époque, fallait se méfier des agents qui rôdent comme des vautours et te soufflent tiède dans le creux de la nuque. Tu te vois beau, dans le miroir aux alouettes. Ils compétitionnent pour sortir du lot, eux aussi. Ils te complimentent à qui mieux mieux. Ils ont tout à gagner, en prenant un pourcentage à tes signatures ; et rien à perdre, si tu es recruté nulle part. Ils auront investi zéro maille, juste un peu de temps, c'est-à-dire pas grand-chose. À Lille, on m'avait prévenu des mécaniques du jeu.

À Boulogne, faut dire ce qui est, je suivais un chemin de traverse. À mon âge, les très prometteurs étaient déjà dans les centres de formation – ils étaient assez grands, eux, avec un joli visage lisse – en train de signer leur premier contrat ; moi, je prenais plutôt la voie de la carrière honorable dans les divisions inférieures, ce qui signifiait de trouver un truc à côté pour gagner sa vie. Je l'ai fait, à un moment, je suis allé au chantier. Oui oui.

C'était pas rien, de jouer en CFA à dix-sept ans, mais c'était pas le tout. J'ai fait mon trou dans ce club, je prouvais sur le terrain, je mettais l'ambiance dans le vestiaire. J'aime trop les chansons et balancer l'eau, quand on a gagné, et de gueuler à la mi-temps pour mettre tout le monde à bloc, et puis j'ai toujours un petit mot pour les uns et les autres. En équipe une, je me contenais un peu, j'étais comme l'éleveur d'abeilles qui va chercher son miel, sans crainte mais sans faire le malin, alors qu'en réserve, avec ceux de mon âge, je prenais mes responsabilités. En meneur d'hommes. J'étais pas capitaine, je perdais trop facilement mon sang-froid soi-disant, mais c'était tout comme. Je motivais les escadrilles comme un chef, dès l'échauffement, je mettais des petits poussons à chacun en disant : « Allez, les gars, on va les démonter. » Je lâchais rien ni personne. Je blaguais pour détendre l'atmosphère. Je gardais jamais le silence quand l'entraîneur demandait le silence, mais c'était pas pour chercher la merde, c'était pour trouver un sourire. Y avait intérêt qu'on gagne et ça passe par l'esprit d'équipe. « Tu sais par où on caresse le poil », il me disait, l'entraîneur, quelque part entre le compliment et le reproche. Eh bien sûr que je le sais. Peut-être que ça vient de mon père, tout le monde l'adorait au chantier, j'ai halluciné quand j'ai travaillé avec lui – un autre homme qu'à la maison ; invraisemblable.

En surface, je riais toujours. En profondeur, je me rongeais les sangs.

Ça m'a pas privé de fêter mes dix-huit ans dans la joie et la bonne humeur. Mes parents m'ont offert un survêtement magnifique, un Puma, tout blanc, ma mère a bien précisé qu'il était pas pour jouer au foot. « T'inquiète pas, Maman.

– Je m'inquiète pas, mais c'est pour te dire.

– Merci, Maman. »

Mon père a découvert le cadeau en même temps que moi, ajoutant aux précautions de ma mère que j'avais de la chance que lui-même soit trop costaud pour me l'emprunter. Sacré Papa.

J'étais toujours chez eux. Je voulais partir, pour avoir de la place, vivre avec Malika. Avec le foot, je gagnais quatre ronds, trois fois rien. Pas encore assez pour m'installer. Malika étudiait la vente. Y a des techniques, des tâches administratives, ça s'apprend.

Mes potes m'ont organisé une soirée des grands-ducs. On est descendus à Paris. Walid, Hicham, Youssouf et moi. Quatre galériens à Châtelet-Les Halles. Même ce taiseux de Youssouf s'ambiançait, il avait trouvé une belle bagnole, on avait fait la route depuis Boulogne, sans point de chute à l'arrivée : ils avaient organisé le départ, c'est-à-dire fixé une heure de rendez-vous à la bagnole, et puis c'est tout. L'improvisation nous a menés nulle part. Gagner le centre-ville et se garer au cœur de Paris a ajouté une heure aux trois d'autoroute. Après qu'on est descendus de la voiture laissée sur une place livraison, on s'est fait refouler de partout où on voulait aller vu qu'on était sans meuf. Finalement, un videur nous a conseillé Pigalle, soi-disant là-bas on nous inciterait à rentrer plutôt qu'à partir. La flemme de reprendre la voiture, on a voulu faire à pied, on a trouvé un excellent kebab, mais on s'est perdus vu qu'on avait pas les téléphones à l'époque. Les gens nous répondaient pas quand on demandait. On a envisagé le taxi. Tu en trouves pas plus de libres que d'aiguilles dans une meule de foin. On a fini par s'embrouiller avec des bourgeois. Des flics tournaient, ça s'est pas terminé en bagarre. Walid insistait pour trouver une boîte, on a poussé jusqu'à Pigalle, on est entré dans un sex-shop grand comme un Carrefour, ça donnait la folie des grandeurs, on s'est fait virer de là-bas aussi parce qu'on touchait tout. Oui, tout ce que je pouvais prendre en rayon, je m'amusais à le mettre dans le cul du pote le plus à proximité. Après, on a fini dans un bar à strip-tease, et... Je sais plus trop, rien de spécial, un peu décevant je crois, je me rappelle juste qu'on a mis des années-lumière à retrouver la bagnole, sous la pluie en prime, et c'est des flics, comme quoi, qui ont fini par bien nous indiquer la rue, on avait quand même noté la rue, et puis Youssouf a voulu dormir un peu dans la bagnole avant de repartir. On a essayé, c'était impossible. Et puis j'ai pété et le fou rire qui nous a fait repartir direct a duré à peu près jusqu'à Boulogne. J'étais à l'heure pour le match l'après-midi.

C'est drôle, je réalise qu'on a fait une sorte de copier-coller de cette soirée, trois ans après, pour mon enterrement de vie de garçon, mais à Bruxelles. Avec un sandwich qu'ils appellent « mitraillette » à la place du grec, avec un bar de baby-foot à la place du sex-shop, avec Jean-Charles à la place de Youssouf.

Oui, je me suis marié à vingt et un ans. C'est un bond dans le temps, mais je te raconte maintenant, tant que j'y suis.

Le choc des cultures entre la famille musulmane de Malika et Walid, et ma famille de Ch'tis... Mon grand-père est resté les yeux écarquillés, comme s'il était pas sorti de sa mine depuis cinquante ans.

Toute une histoire, pour se marier avec une musulmane, quand tu es autre chose ou quand tu es rien. Tu en as qui disent c'est possible, d'autres c'est pas possible, moi j'étais un peu la famille, alors peut-être que ça a aidé. J'étais pas encore converti, à l'époque. Walid arrêtait pas de me dire que je le serais un jour, je faisais déjà le ramadan avec lui depuis des lustres, et je savais déjà que rien n'est bon dans le cochon, il faut de la viande blanche, surtout pour les sportifs. Malika estimait que c'était mieux si j'étais musulman, mais je faisais comme je voulais. Elle me parlait du rôle de l'homme et de la femme dans l'islam, les missions du mari, de subvenir aux besoins de la famille, les vertus de l'épouse qui s'occupe du foyer. Ça ressemblait pas mal à ma famille, et j'imaginais pas du tout que Malika gueulerait moins que ma mère, vu comme elle tenait tête à son frère et comme elle s'affirmait avec moi.

Moi, petit, je pensais d'abord que l'islam c'était la religion des Arabes, tout connement. Quand j'ai compris que non, et que j'avançais vers la religion du Prophète, quelque chose me tirait fort en arrière, comme si j'étais une balle de Jokari. Comme si je trahissais mes parents. Ils disaient rien, c'est moi qui projetais. D'ailleurs, je me suis converti quelques années plus tard et ils m'ont pas reproché. Ils étaient pas super à l'aise avec l'idée, déjà au mariage je les sentais stressés.

« Armonte ton pantalon », répétait ma mère. Il tombait un peu, j'avais pas la ceinture. Je portais un beau costume gris et une belle cravate orange.

Mon père souffrait du manque d'alcool.

Ils ont fini par mettre du miel sur leur tarte au libouli, aujourd'hui tout se passe bien, Mashallah.

Mon père aimera toujours ses bières tièdes, il comprend pas que l'islam l'interdise. « C'est mauvais pour la santé, Papa. Tu trouves pas bizarre que l'Occident l'autorise, plutôt ? Comme la cigarette. Regarde bien qui ça arrange.

– Mouais. Bah moi ça me fait du bien. »

Le jour du mariage, mes proches voyaient que j'étais heureux. Tous les invités avaient plus ou moins grandi ensemble, dans le même pâté d'immeubles, pourtant les familles se connaissaient pas. J'imaginais que nos pères parleraient bâtiment ou ballon ; ils ont pratiquement pas causé.

Mon beau-père m'a attrapé par l'épaule, il m'a souri pour la première fois. Rien qu'un micromouvement sur le visage, une minuscule modification des traits, choquante comme s'il avait mis un piercing sur sa lèvre.

Ma conversion, je l'ai faite avec Walid et Malika. Ils ont réussi à se tenir, à pas s'engueuler. La pression de l'enjeu, le regard d'Allah, le respect pour moi, ou la fatigue de s'engrainer ? Va savoir. La foi dans le cœur, j'ai prononcé la chahada.

« *Achḥadou an lâ illâḥa illa-llâḥ, wa-achḥadou anna Mouḥammadan rassoûlou-llâḥ.* »

Mais attends, j'ai pas fini avec les galères en amateur. J'avais annoncé à l'entraîneur que je resterais à Boulogne, mais... le club est descendu en division inférieure, et j'ai eu une proposition d'Alès, dans le Sud. Un petit club, mais moins que Boulogne. Ils l'ont mal pris, un peu. J'avais encore rien signé pour l'année d'après, alors bon. « Un grand club, on n'aurait rien dit, mais Alès, oh ?! »

Boulogne me proposait mille deux cents balles, sachant que c'était des balles en francs, des petites balles de tennis ; et Alès, un peu plus. J'avais pas d'agent, à l'époque. Je savais pas négocier, mais je savais tenir bon : Boulogne s'est pas aligné, je suis parti. Pour me convaincre, le club m'a contourné par mes parents. Qu'eux aussi, ils voulaient que je reste. Rien n'y a fait, j'ai filé.

C'était pas tellement pour l'argent, en vérité. Et c'est vrai qu'Alès c'était pas plus lourd, d'ailleurs le club a déposé le bilan à la fin de la saison que j'y ai faite. Tu parles d'une embuscade. Mais il fallait que je parte. Le club de ma ville, c'était trop chez moi. Trop commode. Trop fixé. Et trop dans l'ombre de Lille. J'avais l'impression qu'une année de plus à Boulogne, ça aurait été Boulogne pour toujours. Je gagnais un peu ma vie, en parallèle je faisais des missions pour la mairie, transmises par le club : accompagnement des jeunes, assistant pour les entraînements de foot, tout ça. Le président avait des perspectives à long terme, des vrais espoirs de remonter les divisions, j'étais avec mes proches et mes potes du quartier : tellement sympa, que toutes ces consolations m'indiquaient que ma carrière entière se serait passée là, sans jamais décoller. Quasi pro, c'est-à-dire moitié satisfait, c'est-à-dire frustré à vie. Faut se méfier du confort.

Malika, je sais pas si c'était sa place de fiancée, la religion ou quoi, mais elle me disait de suivre mon intuition.

Mon intuition me sifflait de m'éloigner. Alès est venu à moi, j'ai pris ça pour un signe. Je voulais prouver à la famille, partir comme dans les films.

Mon père m'a mené en camion pour signer le contrat. On est allés tous les deux. D'homme à homme. Ma mère avait préparé des sandwiches parce qu'on bouffe trop mal sur les aires d'autoroute. J'ai voulu payer le péage, mon père a dit : « Laisse. »

Sur son retour sans moi, le fourgon a lâché à cent bornes de l'arrivée. Je l'ai su y a pas longtemps, ma mère en a parlé à Noël : « Tu te rappelles, la galère sur l'autoroute, quand ton chariot a lâché ?

– Pas très bien, a dit mon père.

– Quel chariot, Papa ? Le noir qu'on était descendus à Alès ?

– Évidemment, a dit ma mère, il en a pas cassé cinquante !

– Attends, tu m'avais pas dit que tu l'avais vendu à bon prix ? »

Il m'avait dit qu'il l'avait vendu à bon prix.

J'avais vingt ans. Tous les pros l'étaient déjà, à cet âge-là. Ou en passe de l'être. Moi, j'ai passé mon été avec mon père au chantier, quand Alès a fermé boutique. Queue basse, tête haute. J'allais pas rester à me tourner les pouces. Il fallait des revenus pour Malika et moi. De l'argent, aussi, pour aller à droite et à gauche, faire des essais. C'est au pied du mur qu'on voit le garçon : je refusais la situation, des clubs y en avait plein.

C'est dur, tu sais, le bâtiment. Tu sais ce qu'il fait, un terrassier ? Il prépare le chantier de construction. Ou pour la voirie. Creusements de route, excavations, fondations, tranchées. Je voyais mon père épuisé depuis toujours, sans y réfléchir. Dans ma tête, tout le monde rentrait fatigué de sa journée, alors lui comme les autres. Mais là, comment te dire. C'était pas comme les autres. Pour les petits chantiers, c'est la pioche, la pelle et la pirouette, et zou ! Les seules choses qui te différencient des prisonniers des films américains qui turbinent le long des chemins de fer, c'est ton pull pas rayé et un casque sur la tête au lieu d'un boulet à tes chevilles. Quand j'ai démarré, j'ai vu l'opportunité : j'allais m'étoffer. Peut-être grandir, va savoir. Je tapais d'un côté, puis d'un autre, pour équilibrer la musculation des deux épaules. Me faire un joli dos et des gros bras.

Il m'est moins venu du volume aux pecs qu'une barre aux lombaires.

J'étais le plus jeune du chantier, j'allais le plus vite, je les trouvais même qui traînaient. Le chef de chantier avait beau mettre la pression sur les délais de livraison, ils restaient tous imperturbables.

Crois-moi qu'au troisième ou quatrième jour, tu prends leur rythme, et c'est le bon. Tu te hâtes avec lenteur. Le chantier va à son train. Mes rêves de carrière, c'est devenu l'angoisse des pierres qui en étaient extirpées à quelques kilomètres de là.

J'ai démarré quand l'entreprise terminait le terrassement pour une petite baraque. Sans transition, on a enchaîné avec le gros œuvre d'art : pelleteuse chenillée, bulldozer, travaux de voirie au cœur du centre-ville. J'ai presque tout oublié, sauf mon père qui déconnait. Il mettait des lunettes de soleil pour imiter Schwarzenegger, avec marteau-piqueur en guise de mitrailleuse : « Je reviendrai ! » qu'il disait, et il mitraillait le sol comme un GI Joe, en faisant les muscles.

« Francis, tu confonds *Predator* et *Terminator*...

– Sarah Connor ? Sarah Connor ? » Il gueulait comme un joyeux drille.

Il se marrait avec ses potes, je l'avais jamais vu comme ça. Même quand il venait me voir au stade, il restait plutôt discret. Au turbin, il se muait en drôle de bonhomme. « Des fois, il pète un câble, ton père. Tous les quatre matins ça lui prend, il nous fait un film. Il dit rien pendant une semaine, et sans crier gare, il débarque avec son camion noir en faisant quelque chose. L'autre jour, il est sorti de son char avec des chaînes autour du cou et de la graisse sur la gueule, on croyait qu'il devenait fou : “Bah les gars : Mister T ! *L'Agence tous risques* ! Roh !” »

J'aurais donné cher pour voir ça.

J'aurais surtout donné cher pour troquer l'odeur du béton coulant contre celle des pelouses arrosées. Je suis fier d'avoir préparé du mortier, mais j'aimais mieux préparer mon sac pour aller à l'entraînement.

Pendant la saison, avant que la piste d'Alès s'éteigne, on m'avait pris à l'essai à Guingamp… Et on m'a laissé repartir. Le plus dur, c'est que j'avais l'impression que ça s'était bien passé. Je savais pas si c'était tous des hypocrites ou si y avait eu autre chose. Au vu de l'entente avec les pros, au vu de mes prestations à l'entraînement, je m'attendais pas du tout à ce qu'on me remercie au bout de quelques jours. Tu le vois, à l'entraînement, ce que tu vaux. Tu as été plus vite que l'un, tu as mieux cadré ta frappe que l'autre. C'est pas forcément les meilleurs à l'entraînement qui sont les meilleurs en match, mais ça reste un indicateur. J'ai éclaboussé personne, sûrement. Mais j'ai performé, j'en suis sûr. Et j'avais bien rigolé avec les joueurs.

Ils auront eu peur de quelque chose ? Mon petit corps ? Tu vas dire que je fais une fixette, mais c'est par élimination : c'est le seul critère où je voyais l'écart avec la norme du reste. Et mon faciès, aussi, mais c'est pas censé être un délit.

Est-ce que ça parle, d'un club à l'autre ? Je soupçonnais tout le monde, je me vouais à plus aucun saint.

Le chantier permettait pas complètement de me vider la tête. En cassant les cailloux, je pouvais pas m'empêcher, si je tapais d'un côté ou de l'autre, de m'imaginer que je frappais avec l'intérieur ou l'extérieur, comme un ballon avec le pied.

Ça restait commode : mon père me laissait m'absenter, pour aller faire des essais à droite et à gauche. Encore et encore. Jusqu'à ce que je trouve.

7

À quel point je m'aveuglais, sur mon haut niveau ? Caen m'a pas recruté non plus. De retour de Normandie, j'ai assisté à un combat amateur de Hicham. En boxe, c'est déjà fort, « amateur ». Hicham a perdu aux points. Quand l'arbitre a levé le bras de son adversaire comme dans *Rocky*, Hicham s'est offusqué, et nous dans la foulée et dans le public ; on gueulait, on portait réclamation. Une bonne dizaine de gars avaient fait le déplacement. Un beau gymnase. Ils avaient installé des chaises autour du ring, on a préféré debout, comme en virage. Intense, le combat. C'est passionnant la boxe. Peu de flèches à ton arc, trois coups seulement, direct crochet uppercut ; deux zones, tête ou corps ; deux bras ; et puis voilà. Faut combiner rien qu'avec ça, en s'abritant derrière sa garde, tant bien que mal. Si tu avances pas, tu touches pas. Si tu avances, tu te mets à portée de l'allonge de l'autre. Quand tu attaques d'un bras, tu découvres la mâchoire qu'il protégeait. C'est simple, tu vois. C'est pur. Au foot, pour faire un distinguo, les entraîneurs espèrent que tu pourras attaquer à quelques joueurs, sans t'ouvrir trop la défense. Surtout Deschamps. Il veut attaquer et défendre en même temps, lui. Allah lui a envoyé Mbappé qui va seul. En boxe aussi, y a des astuces. Avec l'épaule, ou je sais pas, je suis pas assez expert. Et bref, Hicham cognait vite et beaucoup, il mitraillait comme un paparazzi, il enchaînait, mais brouillon, inefficace, touchant rien que les gants de l'adversaire. Lui, il parait les coups, il esquivait, il tournait, il laissait venir et il contre-attaquait sévère, précis, puissant. Il touchait. Hicham s'épuisait, son souffle court s'entendait au loin, il mettait quatre coups quand l'autre se contentait d'un. Hicham s'éparpillait, l'autre était serein, appliqué. Vif et robuste. Et re-bref, Hicham s'est scandalisé au verdict. On a hué, on a insulté l'arbitre et tout. L'entraîneur de Hicham nous a dit de respecter. On est sortis de la salle pour se calmer difficilement. On se répétait que Hicham en avait voulu plus que l'autre, qu'il méritait mieux... L'adversaire avait fait que reculer, subir... Et j'étais solidaire du groupe qui s'engrainait tout seul sur le parvis du gymnase, sous le crachin, autour d'une grille de voirie, comme j'avais appris qu'on disait. J'étais avec tous en chœur, mais j'avais vu autre chose. J'ai l'œil sur les corps, moi. Le foot te fait bien voir les parties pour le tout. Pas autant que la breakdance que j'ai essayée avec des figurants des clips de rap où j'ai eu des apparitions, mais quand même. Pendant le combat, de mon côté des cordes, j'avais vu : la défense active de l'adversaire, les esquives en plaçant un coup au corps dans le mouvement en rotation, la patience derrière les gants et sous une pluie de coups. Il profitait chaque fois que Hicham baissait sa garde, sans céder jamais le moindre bout de corps sensible.

Rentré chez moi, je me suis demandé : je suis peut-être comme Hicham, je jauge mal mon niveau ? Et mes potes s'emportent avec moi parce que c'est mes potes ? Je crois que je fais tout bien, que ça se passe nickel aux essais, que j'ai rien à envier aux concurrents, alors qu'en vrai, je m'épuise dans le désert ?

À Caen, ils semblaient même pas avoir réfléchi, même pas avoir étudié mon cas.

J'ai toujours déduit des échecs que j'étais assez bon, mais trop frêle. Même sans qu'on m'en parle explicitement. On me l'avait trop signalé par le passé, c'était gravé au fer rouge. Les blagues des uns, les grimaces des autres, les maillots toujours un peu larges : j'étais condamné à me voir en manque de volume. Peut-être, j'étais trop moyen ? Trop nul pour voir que j'étais trop nul ? Merveilleux pour un club comme Boulogne, où on tarissait jamais d'éloges, mais où ça jouait pas en première division ? Valable à Alès, club sans fondations, mais transparent au contact des vrais pros ?

J'avais des bonnes sensations, pas le sentiment d'avoir le trac, l'envie de jouer comme en bas de chez moi. L'envie de jouer, quoi. Faut autre chose, pour faire bonne impression. Il faut la performance, point barre. Je croyais l'avoir. Peut-être que non.

« Tu es le meilleur, Franckou.

– Arrête, Papa. Arrête. »

J'en arrivais au point que je me vexais si on me passait la pommade.

Heureusement, les doutes m'ont pas embourbé. J'avais rompu avec le centre de formation, mais j'ai jamais plié. J'acceptais pas d'être refusé. Foireux. Insuffisant. J'aimais trop le foot.

La « volonté », le « mental », je sais pas ce que ça veut dire. J'emploie les mots, je les rabâche à mes fistons, je m'énerve si les coéquipiers lâchent et se rebellent pas quand on est menés au score, mais je sais pas expliquer. On a un spécialiste, au club. Un mentaliste. On te dit que c'est le progrès, qu'ils en ont en Angleterre depuis des lustres, et wallah, je veux bien y croire. Juste, je comprends pas comment des cours de mental peuvent entraîner ou réparer quoi que ce soit. Toi, je vois bien ce que tu fais. Tu masses, tu appuies autour d'où j'ai mal. Tu étires, tu étales, tu presses. Tu as mes radios, tu vois des taches, tu sens des os, tu cibles des muscles, tu remets les choses en ordre. La kiné, c'est de la médecine. Le corps, c'est de la mécanique, comme de réparer un scooter, mais élastique et qui cicatriserait tout seul. Comment on me travaillerait la mentalité ? On malaxe où, on touche à quoi ? C'est de la connerie, tout ça.

Pour moi, la gnaque de vouloir un club encore et encore malgré les échecs, ça a toujours été que de la logique de bas étage. Mes pieds voulaient marquer ou faire la passe décisive, pour ça je voulais dribbler tout ce qui se présentait sur ma route, pour ça je voulais le ballon, pour ça je voulais être titulaire, pour ça je voulais être dans un club, pour ça je voulais un contrat, pour ça fallait que ce soit mon métier. Voilà, c'est tout. Une réaction en chaîne. Et comme je me voyais, dans mes clubs et même dans mes essais ici ou là, réussir le bout de la chaîne en délivrant des belles passes, et comme j'avais l'énergie à revendre pour essayer encore et encore, je voyais pas pourquoi toute la chaîne viendrait pas avec, à force de tirer dessus.

Eh ben, hamdoullah, j'avais raison. Je pensais pas que j'irais si loin, mais j'avais le rêve d'aller quelque part.

Les aléas de la route m'ont poussé à Brest. C'était le dernier indice de la liste de contacts fournie par le staff à Boulogne.

J'avais pas d'agent, j'avais plus d'autre choix, j'avais peu d'exigences. Juste celle de signer. Après des essais concluants, je suis monté voir un président nerveux, tout maigre, on aurait dit qu'il était mal à l'aise d'avoir un bureau trop grand, ou qu'il avait chaud dans son costume, ou qu'il fallait absolument qu'il pense à un truc important ce jour-là, mais qu'il savait plus quoi. Après qu'on a été assis tous les deux, il s'est senti mieux. Il a laissé un blanc, il m'a pris entre deux yeux, il a pas tourné sept fois sa langue dans sa bouche, il m'a fait savoir qu'il me connaissait. Mon historique. On l'avait informé des hauts et des bas. Il me prenait au premier échelon, au salaire le plus bas, et « rien que pour les hauts », sinon au revoir. Il a souligné, du signe des doigts des plongeurs en apnée qui sont OK, que je lui coûtais rien, qu'il avait rien à perdre, que c'est moi qui avais tout à perdre. Il a parlé de la bonne ambiance de son club, de l'esprit de la Bretagne, du beurre salé, des quatre vents, des valeurs des pêcheurs. En gros, la tournure de la discussion tournait de plus en plus à mon exclusion probable du club, vraiment ça en avait toute la morale, au point que quand il a sorti la liasse de feuilles à signer, j'ai été surpris, je suis sorti des vapes où je m'étais réfugié, je me suis redressé comme si je voulais prouver que je m'endormais pas. Ça t'arrive, des fois, de conduire sur l'autoroute, et de revenir tout à coup à ce que tu fais, comme si tu avais piloté automatique depuis un quart d'heure ? Eh ben, ça m'a fait ça. J'y croyais plus, à l'écouter. Tout juste si je calculais pas déjà le temps pour rentrer à Boulogne, la possibilité de manger avec Malika si elle dormait pas.

Et pourtant, c'était réel.

Brest jouait en National, la troisième division, juste en dessous de la deuxième division des pros. Encore loin de l'élite, mais un peu moins loin qu'avant, et avec une ambition affichée de monter.

Mon salaire... Je sais plus combien c'était, mais c'était celui d'un métier. Quelque chose comme six mille francs ? Ou peut-être deux mille euros ? Putain, je me rappelle ni le montant ni la monnaie. Juste que j'avais plus besoin d'aucun complément alimentaire. Juste que j'étais footballeur, ce qui était différent de jouer au foot.

Je te passe les répétitions sur les temps d'intégration, de me mouler dans le vestiaire, de m'y faire des potes, de chambrer à l'entraînement, de tout donner sur le terrain – pour résumer, j'ai vite trouvé mes marques et mon naturel.

Le game a commencé à ressembler à une vie d'adulte.

C'est là que je me suis marié. Malika m'a rejoint, je découvrais des nouveaux plaisirs de la vie : s'installer, le quotidien, l'au jour le jour. Elle aussi était soulagée, elle a eu son diplôme, elle pouvait chercher du travail, mais sans stress, je couvrais les petits frais qu'on avait. Son bonheur, c'était d'en finir avec les devoirs. « Tu peux pas savoir la douleur d'avoir fini sa journée, mais qu'elle soit pas vraiment finie à cause des devoirs. » C'est vrai, je savais pas. Ma seule tension le soir, depuis que j'ai des souvenirs, c'était les nerfs de rejouer des actions en boucle, soit qu'elles étaient belles, soit qu'elles étaient ratées.

Ça allait, comme soucis. Il m'est venu d'autres gamberges, avec la professionnalisation. Des vertes et des pas mûres, tu vas voir.

Dans ce temps-là, je me couchais serein. Le turbin du lendemain matin, c'était le centre d'entraînement : j'avais même pas besoin de mettre mon réveil. L'après-midi, Malika me débranchait de la console et me traînait avec elle dans le centre-ville, pour acheter ceci ou cela. J'ai découvert la notoriété loin de chez les miens. Quand tu as une gueule reconnaissable, la conséquence, c'est qu'on te reconnaît. Pas grand monde, juste les habitués du stade Francis-Le Blé, mais tu vois que des gens sont contents de te croiser. Tu es quelqu'un. Faut dire, la saison se passait bien.

C'est sympa, Brest. Contre toute attente, c'est très en pente. Je sais pas pourquoi, j'avais anticipé du plat. Le port, les grues, les poissons, ça me rappelait la maison. Façon de parler : la première vraie petite maison que j'ai eue, c'est là-bas. Une discrète, sans étage, sans étalage, sans jardin. Avec une terrasse. Tu y rentrais par deux marches d'escalier, pas sept étages d'ascenseur. Porte en bois, petite sonnette comme à la boulangerie. Et y avait… Comment ça s'appelle. Devant les fenêtres, les petits rebords, pour poser des plantes… Des balconnets ? Bref, des trucs que j'avais jamais vus de ma vie. Jamais j'avais fermé des volets. Le premier soir, j'ai cherché la perche pour descendre le store, Malika s'est prise d'un fou rire, je l'arrêtais plus. Et d'abord, elle avait connu ça où, elle, des volets ?

Elle a tenu à ce qu'on s'offre des tapis, des lampes, des rideaux. Elle m'a offert une belle chaîne et une belle enceinte pour mon anniversaire. Mais on roulait pas sur l'or, oh ! On roulait même sur rien du tout, d'ailleurs : c'est Elouan, le défenseur local, qui passait me prendre en voiture pour aller au centre d'entraînement.

À Brest, j'ai trouvé une nouvelle mesure de ma valeur. Faut toujours des chiffres, pour prouver la valeur. Quand tu es petit, c'est combien de jongles, et puis en club, à l'entraînement, combien de temps à faire une distance avec ou sans ballon, en match combien de buts, ou d'arrêts, etc. En championnat, combien de victoires, et… Et cette saison-là, j'ai fini « meilleur passeur du championnat » : vingt-trois passes décisives pour mes attaquants. J'ai plus jamais refait ce total, je crois bien. Je prenais une valeur « statistique ». Des vrais chiffres, la vérité du terrain, pas les notes d'un journaliste qui connaît pas les consignes de l'entraîneur quand il juge que tu as trop défendu ou trop attaqué.

Petit à petit, la valeur sera en euros.

On a fait une sacrée saison. J'en oubliais même, des fois, que j'étais pas du tout en première division, que mon salaire était bas de plafond. Je voyais mon verre à moitié plein : j'avais des primes, des bonnes sensations, un public content, je voyais du pays avec les déplacements. Après les matches, on sortait un peu avec les potes. Tu avais ceux qui aimaient le rap et ceux qui aimaient la dance, et quelques vieux qui aimaient la chanson française, ça recoupait avec les groupes d'entente, presque avec les couleurs de peau, sauf que je confirmais l'exception en penchant pour le rap. La seule tension venait d'un petit milieu de terrain, à qui j'avais pris la place, ou plutôt, qui avait perdu sa place parce qu'on avait changé de dispositif pour me mettre à mon avantage. Il me remplaçait quand on menait au score, pour jouer plus bas, pour défendre. Dans le système d'avant, il était clé. Dans le système avec moi qui carburais, il était second couteau. Pour cette raison ou pour une autre, mes blagues le faisaient pas rire. Des fois, dans les vestiaires, je le voyais me regarder en coin. J'ai dû en arriver à lui demander s'il voulait ma photo, ou quelque chose. Il a rien répondu, il a tenu le regard, je me suis levé, j'ai demandé qu'est-ce qui y a et, fatalité, y avait rien, il a reposé les yeux sur ses chaussures. Mais à part ça, et à part le fait que j'aie dit au président que je comprenais pas pourquoi ce joueur était mieux payé que moi alors que je l'avais supplanté à l'aile droite, tout coulait de source.

Copains ou pas, les coéquipiers s'emboîtent bien le pas, si l'équipe carbure. Même si ton vieux numéro 9 méprise ton hip-hop et tes expressions de banlieusard, il sait que tu vas lui faire la passe au premier poteau comme il affectionne.

On s'est même permis un peu d'ambition en Coupe de France, et des passages à la télé nationale.

Pour ma mère, mon métier est devenu réel quand je suis passé à la télé, je crois. Peut-être, pour moi aussi.

Tu sais que Jean Fernandez m'a découvert sur une cassette ? Y avait pas YouTube. Il a vu une VHS. Tu sais ce que c'est, une VHS ? Ta mémé en a encore ? Eh ben, il a regardé une cassette de moi, et il a fait le déplacement en personne pour me voir jouer en vrai.

Il s'est trouvé que je jouais pas, pour cause de mal au genou et de repos. Mais on a pu parler.

Ah, je l'ai aimé tout de suite. Sa tête de brioche, ses yeux qui calculent, sa voix qui s'applique. Il me voulait sans détours. Sans stratagèmes dans la proposition, sans les réserves, sans la mise en concurrence. Il m'a dit un mot pour me décrire, je sais pas si je l'avais déjà entendu : « l'audace ». J'ai compris le sens en voyant ce qu'il voulait dire, ce qu'il recherchait, quelque chose comme la locomotive en marche, le naturel au galop, l'assurance tous risques. Il racontait ça comme si c'était des armes dont j'usais. J'en avais pas d'autres à disposition !

« Je choisis pas...

– Mais c'est ça ! C'est ça que je veux. Je veux un joueur qui se pose pas de questions. »

Alors ça, ça tombait bien.

Les seules questions que je me pose, c'est comment faire mieux. Je creuse dans ma direction. Les choses que je fais, je veux les faire plus vite, plus fort, plus précises.

Des clubs se manifestaient, et même des grands, et même à l'étranger. L'Ajax d'Amsterdam. Mais Jean Fernandez, entraîneur de Metz, avait la clé pour mon verrou : « Avec moi, tu seras titulaire, tu as ma parole. »

J'ai entendu « titulaire », j'ai entendu « parole » : c'était bon pour moi.

Tu vas être surprise : j'ai pas ressenti la justice du sort. En premier, il pourrait te le confirmer, j'ai eu des doutes. Je lui ai demandé en personne si pour de vrai, j'avais le niveau pour la première division. « Monsieur Fernandez, je suis vraiment capable de jouer en première division ? »

Je suis un timide, moi, en vrai.

8

« Non seulement j'en suis sûr, mais tu vas faire quelque chose de grand. » Voilà texto ce que Jean Fernandez m'a répondu.

Dans le bureau du président du Football Club de Metz, j'ai eu un peu la joie éprouvée quand tu as envie de pisser depuis une heure et que ça y est tu peux enfin.

« C'est bien la première fois que quelqu'un rit quand il signe un contrat ! » a affirmé le président Molinari. C'était plus fort que moi, je m'arrêtais plus de rire. J'étais désolé, mais qu'est-ce que tu veux, j'arrivais pas à réprimander le rire. Il s'est propagé, tout le monde se fendait la poire. Le contrat s'est signé... paranormalement. Dans la joie et la bonne humeur. Mon père et Momo m'attendaient en bas.

Voilà, j'allais jouer en Ligue 1, comme un vrai pro.

Ligue 2, j'ai jamais considéré que c'était les vrais pros. C'est pas très respectueux, mais c'est comme je le ressentais.

« Ça y est, ça va être ton métier ?

– Eh oui, Maman. »

Elle a eu la moue sceptique.

« Ils vont te garder, hein ?

– Ils voudront plus me laisser partir, Maman. »

Mon père avait les yeux mouillés. Malika m'a dit qu'elle avait jamais douté. Qu'elle savait. Et c'est vrai. Malika a toujours tout su.

Walid était fier comme un époux. « Normal, Franck. Tu as mérité. » Il m'a attrapé comme un catcheur et m'a brossé les cheveux avec son poing.

Y avait une petite prime à la signature. Le coach m'a dit : « Pars en vacances, repose-toi avant la reprise. » J'ai pris des vacances, et l'avion pour la première fois. Hôtel, club et méga piscine aux portes du désert tunisien ; je me rappelle pas avoir vu le moindre grain de sable de tout le séjour.

J'avais vingt et un ans quand j'ai débarqué à Metz en juin 2004. Je suis pas exemplaire des façons d'y arriver. Le parcours normal des footballeurs professionnels, c'est le centre de formation. Comme j'ai failli faire. On est quelques perles rares à être passés par l'amateur, à être recrutés en Ligue 1 depuis les championnats inférieurs, d'où normalement tu sors plus jamais. Y en a même, ils ont percé encore plus tard que moi, en émergeant depuis des clubs encore plus amateurs que Brest. Des belles histoires. Y aurait des séries Netflix à faire.

Pire encore, quand tu arrives en équipe de France : les internationaux se connaissent déjà depuis les sélections en jeune. Karim a des souvenirs de l'équipe de France junior, ou même d'avoir fait des finales de championnats de clubs formateurs. Il a traversé toutes les étapes logiques avec Lyon. Un pur produit du schéma classique. Moi, tu as vu tous ces clubs que j'ai faits ?

Finalement, arrivé en pro, j'en ai plus fait tant.

La norme, c'est fidélité au centre de formation, et carrière en mercenaire. Moi, j'ai fait un peu l'inverse. Même si j'ai mis du temps à trouver l'âme sœur footballistique. J'ai un peu fricoté, d'abord, on va dire.

Le FC Metz, c'était l'intermédiaire parfait. J'ai multiplié mon salaire, j'arrivais à sept mille euros et des poussières et des primes. Titulaire comme promis. Je suis monté en puissance. Jean Fernandez m'a fait un autre don du ciel : il m'a mis à gauche. C'était pas la plus grande originalité, un droitier à gauche. Simplement, ça se mélangeait parfaitement dans son système de jeu et ma palette de footballeur. Sans changer grand-chose à mon style, ça m'a ouvert des perspectives. Les mêmes crochets me rapprochaient de la cage au lieu de m'en éloigner. Mon pied gauche progressait encore. Je courais sur toute la largeur du terrain, moins le long de la ligne de touche. Avec les salles de muscu et les soins des professionnels – ou alors avec l'âge ? –, je me musclais, mes abdos se dessinaient, mes cuisses se renforçaient. Je me regardais beaucoup dans la glace, je me montrais à Malika dans la salle de bains.

Ce qui importe, ça reste le terrain. Je tenais la longueur et bon sur les jambes.

Tout compte fait, avant Metz, je crois que mes qualités ont toujours été minimisées, même par ceux qui les voyaient. Oui, aujourd'hui, je dirais ça. On soulignait que j'étais rapide et technique, mais en même temps qu'on me flattait, on faisait une fine bouche, comme si on se disait que oui, en amateur, ou en troisième division, ou de temps en temps, je pouvais bien réussir ça ou ça... mais que face à des vrais pros puissants, ça marcherait plus du tout... La durée d'un match, le niveau des adversaires, la fin du hasard dans les grands clubs de Ligue 1, peut-être la pression du stade : on anticipait, sur la base de je sais pas quel indice mystère, que tout un tas de choses m'écraseraient. Même Momo, et Dieu sait que j'ai des dettes envers lui, mais même Momo, il aurait pas mis sa main au feu que je jouerais en finale de Coupe du monde. J'impressionnais, mais pas complètement.

« Pour un physique comme le sien, il s'en sort drôlement bien. » C'était un peu ça, l'idée. Pleine de précautions.

J'impressionnais, *pour quelqu'un comme moi*. Tu vois la réserve ?

Je faisais naître en même temps des espoirs et des doutes.

L'accélération à partir de Metz, c'est intense. Enchaînement d'instants décisifs. Y avait plus aucun cours des choses, rien que de l'exceptionnel. Élu meilleur joueur du mois d'août en championnat. Objet de la curiosité des journalistes. Taquiné par d'autres clubs dès septembre. Y avait tout juste la rentrée des classes et des médias que j'étais sur une autre planète.

À la fin de l'été, Metz jouait à Marseille, au Vélodrome. J'ai fait un match d'anthologie. Des courses et des courses. Dribble, percussion, coups de pied arrêtés. J'ai fini le match par terre, épuisé, les collègues m'ont demandé si je voulais de l'aide pour me porter au vestiaire – mais ça allait. Si on avait perdu, je dis pas, mais quand tu as gagné, tu as une rengaine d'énergie. Des analystes ont compté : j'ai couru plus de treize kilomètres, dont deux cents sprints.

Tu me croiras ou pas : le stade m'a applaudi à la fin du match. Les supporters de l'OM ont célébré un adversaire, oui, madame.

J'avais abordé ce match pas comme un autre, tu t'en doutes. Stade le plus chaud de France. Club historique avec des champions du monde. Lizarazu au marquage sur moi, Barthez dans les cages. J'avais ma place dans la même télé qu'eux ! Mon métier, c'était plus seulement de jouer au foot. C'était de jouer au foot *à la télé*. Ça change beaucoup de choses. Le métier est plus vrai que jamais. Plus vrai que sans la télé.

Je sais pas pourquoi.

Oui, le monde te voit, ça compte sûrement. Tes proches. D'ailleurs, ton téléphone vibre à répétition quand tu es passé quelque part ; j'ai découvert que des potes regardaient *Stade 2*. Toute la société peut te voir. Et toi aussi, tu peux. Ça finit par être banal, mais la première année, c'est comme si les médias confirmaient que tu es dans l'élite, au cas où tu en doutais. Avec les caméras braquées, le spectacle est complet. Quand je m'arrêtais pour qu'on m'interviewe, j'entrais comme dans une danse. Ma tête tournait.

C'est fou comme la télé donne envie d'y être. Un peu comme les décors de film donnent envie d'y aller. Tu as vu, *Heat* ? J'adore, sauf la fin qui pique. Zlatan a joué à Los Angeles et lui aussi il aime le cinéma américain et il m'a dit : « Partout où j'allais, c'est comme si j'étais déjà venu, à cause des films. C'est pas un pays que tu visites, c'est un pays que tu vérifies. »

C'est sur le terrain et dans la télévision que j'avais la mission de mener la vie dure à des champions du monde.

Eh ben, je l'ai fait. J'ai pas marqué, mais j'ai donné deux passes décisives et j'ai fait mal à la défense toute la rencontre.

Et puis, toujours le mektoub. C'est Greg qui tirait les coups francs depuis les matches de préparation. À Marseille, il est blessé, alors c'est pour moi. Dixième minute de jeu, coup franc à gauche, j'enroule mon centre, tête de ce bon vieux Tum, et but. Qu'est-ce qu'on rigolait avec lui. Il chantait encore plus mal que moi, mais beaucoup plus fort : on retournait le vestiaire. Il me rappelait mon pote en centre de formation, un autre Camerounais. Celui qui s'est blessé. Et... Qu'est-ce que je disais ? Oui, coup franc, passe décisive. Ça pouvait pas mieux renforcer ma confiance que j'avais déjà. Marseille a dominé, mais on a tenu bon et on les a punis à la fin du match, avec des contres rondement menés par votre serviteur. La toute dernière occasion, parti de mon camp, j'ai du champ à droite, toute la place pour avancer, et putain, j'étais cuit, presque j'aurais préféré avoir des adversaires en face, pour m'empêcher de sprinter – pour pas avoir à le faire, je veux dire. Mais Marseille poussait pour égaliser, il leur restait plus grand monde en défense, un couloir s'ouvrait devant moi – il a bien fallu carburer encore !

J'ai pas eu la force d'aller frapper, le mental et le corps luttent pas à armes égales, en fin de match. J'ai trouvé l'énergie quelque part pour une énième passe à Tum, il a joué le coup comme un chef, but, victoire assurée ; je me suis écroulé de fatigue, j'ai même pas pu aller célébrer avec lui.

Sur cette action, un autre joueur que moi serait allé s'enfermer au poteau de corner pour jouer le temps, perdre des précieuses secondes avant le coup de sifflet final, et c'était sûrement la chose à faire. Imagine, mon centre il est repris par l'OM, qui repart en contre et qui égalise ? Mais là, non. Moi, je suis pas comme ça. Hamdoullah mon centre est arrivé à bon port, but, 2-0.

Tu sais ce qui est difficile, au foot ? C'est qu'après des grandes chevauchées, tu dois être lucide pour la finition. Quand tu es le plus épuisé de la course et des dribbles, tu dois avoir l'énergie en réserve pour tromper le gardien ou faire la bonne passe. Comme ils disent les commentateurs : le « dernier geste ». Comme si après tu mourais.

L'équipe célébrait. Je me relevais plus du sol. J'étais collé. Allongé, bras écartés, jambes raides, je découvrais les crampes en plein match et je respirais fort comme jamais avec la bouche, mes poumons étaient comme des lions en cage thoracique. Mon maillot numéro 10 écrasait la pelouse dans mon dos, c'était doux. Les ultras messins qui avaient fait le déplacement chantaient dans leur coin du stade réservé. Les supporters marseillais ronchonnaient ou sifflaient leur équipe, on entendait le dépit, l'ambiance de fond s'éteignait, le stade se vidait avant même le coup de sifflet final. Il faisait peut-être vingt-cinq degrés. J'ai regretté que mes parents soient pas au stade et puis je me suis rappelé qu'on était passés à la télé et que c'était super.

Et j'ai vu des étoiles. Des vraies, dans le ciel, malgré les projecteurs du stade. Je me suis dit : là, quelque part, y a la bonne mienne. Je serais resté toute la nuit comme ça, si le match avait pas repris.

Metz nous a intimidés, ma femme et moi. Pas la ville, mais tout le dispositif de la première division. Les dernières années au Bayern de Munich, je gagnais ça peut-être en un jour, ou... Je sais même pas, peut-être moins d'un jour, mais au début de ma carrière professionnelle, toucher sept mille euros, c'était un saut dans l'inconnu. Un responsable du club, Monsieur Zénier, un proche du président Molinari, avait repéré des maisons et des appartements avant même qu'on arrive. Il nous a fait visiter, on a pris un petit trois-pièces sans prétention, pas loin du stade. J'aimais bien être proche du stade.

On a fait un long trajet en voiture, un jour, avec Monsieur Zénier. On revenait de je ne sais plus quelle rencontre amicale. J'avais trop rien à dire, passé les discussions sur le match. Le blanc était pesant, dans sa Volkswagen. La voiture traçait comme une fusée, pourtant le temps me paraissait lent. On bombardait, mais il restait pas tranquillement à gauche. Fallait toujours qu'il revienne sur la voie de droite et il doublait au bout de quelques minutes. D'après les panneaux, il fallait laisser deux grandes lignes blanches d'écart avec le véhicule de devant. Je comptais si le compte y était. Il y était pas toujours. Je me demandais combien de mètres on ferait encore si on devait piler. Est-ce qu'on percuterait le poids lourd devant. Je me rassurais en me disant que le véhicule aussi, devant, s'il pilait, il ferait encore des mètres à cause de son élan.

Je lui jetais un œil de temps en temps : Monsieur Zénier regardait la route comme un visionnaire. Il écoutait je sais pas quoi à la radio. À un moment je lui ai demandé : « Monsieur Zénier, on peut mettre Skyrock ?

– Certainement pas, personne touche à ma radio. »

J'aurais voulu me cacher derrière ma ceinture de sécurité.

Et là, il rigole. Il blaguait, le con. Il a cherché Skyrock. On captait mal, alors on a remis son blues, mais je me suis détendu. Il m'a parlé de Fernandez, combien il croyait en moi. De l'histoire du FC Metz. De Pires. Des exigences du monde professionnel.

« Je suis sérieux, à l'entraînement, Monsieur Zénier.

– Je sais, Franck, je sais. Je te raconte pas ça pour dire que tu travailles pas assez. »

À l'arrivée, je lui ai donné mon maillot pour son fiston. Il aurait pas souri avec des yeux plus grands si je lui avais organisé un anniversaire surprise.

Chaque match avec le FC Metz était un régal. Y a un confort, d'être en embuscade, dans un club que personne attend, au sein d'une équipe qui prend du plaisir, qui veut créer la surprise.

Mon agent, aussi, m'a fait franchir un cap. Ça y est, j'en avais un.

L'eau a coulé sous les ponts, ça s'est mal fini entre nous. Mais à l'époque, il m'a donné une autre dimension. Je l'appelais en cas de pépin, on parlait des clubs où je pouvais prétendre, on allait dans les restaurants branchés. Si j'étais inquiet d'un truc, il me rassurait.

J'ai fait cinq bons mois à Metz. Ça s'est super bien passé. Après un match, je suis sorti en boîte avec quelques potes, ça s'est moins bien passé. Juste après Lens-Metz. J'étais pas loin de la maison, je suis reparti avec Walid et quelques potes à Boulogne, on est sortis un peu, je les avais pas vus depuis longtemps, j'avais envie de rincer tout le monde. J'étais sorti à la mi-temps du match, j'avais pris un coup, personne avait voulu prendre de risque, l'entraîneur m'avait dit : « Va voir ta famille, repose-toi. » Les radios ont rien montré, j'avais pratiquement plus mal : j'ai viré en soirée et pas pour me reposer.

Une boîte sans prétention, d'après ma mémoire. Est-ce que c'était pas Le Pharaon ? Peu importe. Walid était là : « C'est Ribéry, oh ! Le joueur de foot, c'est mon frère, il nous fait l'honneur de sa visite, poussez-vous, poussez-vous. » Le videur m'identifiait – tous ceux qui suivaient le foot commençaient à me connaître, depuis le match à Marseille. On a pris une bonne table en haut de la mezzanine, des bouteilles et des softs – c'est moi seul qui buvais les softs. Y avait du bon son, des gros lasers verts comme dans un clip de Usher, y avait des meufs, et même deux qu'on connaissait, qu'on a fait s'asseoir avec nous. On allait pas sur la piste, on dansait autour de notre table.

Un mec est venu me voir à l'oreille, un vieux daron, quarante balais.

Putain, dire que c'est bientôt mon âge.

Des plombes qu'il me regardait comme une fumée à l'horizon. Finalement, il vient, il me dit un truc ; j'entends pas. Il se rapproche. Il me colle. Sa sueur m'a rappelé le vestiaire à la mi-temps, c'est dire. Déjà, qu'est-ce qu'il vient me scotcher et interrompre la discussion que j'avais avec ma voisine ? Je m'applique, je tends l'oreille aussi fort que je peux... tout ça pour entendre : « Maintenant qu'on est une star, on se mêle plus à la foule, on danse loin des gens ?

– Je reste avec mes potes, ça te pose un problème ?

– Non non, il me fait. C'est pour dire. »

Il repart, mais ses yeux restent sur moi, et le voilà qui se ramène comme la marée montante.

« Maintenant qu'on passe à la télé, on fait le beau gosse. »

J'ai laissé courir mais ça m'a fatigué et ça annonçait rien de bon.

J'aurais dû rentrer à ce moment-là.

Je suis resté, plus tard dans la nuit y a eu des embrouilles avec des mecs, c'est salement monté en pression, c'est parti en sucette et bien sûr c'est sorti dans la presse.

Je te raconte ça parce que le président s'est un peu servi de cette histoire. Je devais prolonger à Metz, normalement, mais suite à ce prétexte, d'être sorti un soir de blessure et de défaite, on m'a fait comprendre que j'étais trop turbulent : on m'a vendu au mercato d'hiver pour me faire les pieds. Ils allaient très bien, mes pieds ; que le club fasse comme bon lui semblait. J'ai enregistré que je lui appartenais, et du moment que je progressais sur les grilles salariales en partant, j'acceptais la règle. Ça me suffisait plus, Metz. Jean Fernandez aussi avait de l'eau dans le gaz avec le président Molinari. J'avais des envies d'ailleurs et mon agent me confirmait que je valais mieux que ça. On m'a parlé d'une proposition de la Turquie – et pourquoi pas la Turquie ? Je voulais voir du pays. Musulman, tant qu'à faire ! Je me suis senti l'âme turque, c'est pas plus compliqué que ça. « Galatasaray, un public chaud bouillant, et comme ça tu te fais un peu oublier. Tu vas progresser, à l'étranger. » Il avait raison, mon agent.

J'ai changé d'agent en Turquie, quand même, parce que ça s'est tendu.

Après un semestre en Lorraine, court et intense, Malika a fait les valises un lundi et le jeudi je m'entraînais en Turquie. J'ai fait Erasmus !

On dormait d'abord à l'hôtel, on avait pris que le nécessaire. Ensuite, ils nous ont mis dans ce qu'ils appelaient « un penthouse ». J'ai cru que j'avais mal compris : c'est le même nom qu'une revue X que Walid achetait et faisait tourner dans la cité ; j'aurais jamais deviné que ça voulait dire « maison ». Une putain de baraque. C'est simple : une maison en vitres. Elle est pas dans *Les Trois Petits Cochons*, celle-là. J'avais jamais vu ça. Les escaliers pour monter à l'étage avaient pas de rampe, tu aurais cru que les marches flottaient dans l'espace. Tout était... blanc. Blanc et transparent et grand. Meubles où on se reflétait dedans, jacuzzi où on baisait dedans, salle cinéma où on allait jamais dedans, je préférais m'affaler sur le canapé d'angle devant la télé, m'égarer parmi les coussins blancs.

Quarante mille euros par mois, je touchais.

Sur le papier, en tout cas. Ça a un peu merdé, sur ce plan-là.

On est restés que six mois. Je vais pas te faire le détail. D'abord, je m'en souviens mal. Ensuite, Malika s'y est pas plu, malgré la maison. Même pas six mois. Cinq. Maximum. J'ai quand même compris beaucoup de choses du sportif professionnel.

J'ai appris quelques mots de turc. Rien à voir avec l'arabe, sauf quelques mots. C'est pas que je parle arabe, mais j'ai un peu l'oreille et du vocabulaire minimal. Pour être footballeur professionnel, tu as pas forcément besoin d'apprendre la langue. Tu le sais bien : ici, au club, tout le monde parle pas italien, même si cette langue vient vite. Je dis ça, c'est peut-être surtout pour moi, un Français. Kastanos en dit sûrement pas autant. Mais sinon, pendant les entraînements, les coaches montrent, tu laisses passer un ou deux joueurs pour voir, et en voiture Simone, tu reproduis. En match, les mots dont tu uses, c'est « eh ! », « oh ! » Et puis tu apprends vite fait à dire « laisse ! », « j'ai », « passe ! » et deux ou trois bricoles, et ça suffit.

Pour t'intégrer à long terme, vaut mieux posséder la langue locale. À Munich, au bout d'un moment donné, j'étais fluide en allemand, je répondais aux interviews tranquillement. C'était la langue majoritaire, au club, même si des joueurs prenaient l'anglais en première langue, et même si des entraîneurs prenaient des traducteurs. Comme j'ai signé encore et encore des prolongations de contrat là-bas, je me suis amélioré sans cesse.

J'aime parler, c'est pas la barrière d'une langue qui va m'empêcher de chambrer ou de jeter des seaux d'eau sur des figures.

Pour s'exprimer en langue étrangère, pas besoin de tous les petits mots, les liaisons de coordination, là, pour faire une bonne phrase. En France, tu apprends l'anglais par des verbes irréguliers... C'est bien la France, ça. Quand tu vois du pays, tu uses les mots réguliers ; faut apprendre les verbes réguliers ! Ici, j'ai vite assimilé l'italien, ça va. Luca Toni m'avait déjà indiqué des expressions, au Bayern, même si c'était surtout des choses comme *rompi balle* ou *fanculo tua madre*, les règles fondamentales de politesse, tu vois. Mais en Turquie, j'ai pas pris cette peine. J'ai senti le vent tourner, j'allais mettre les voiles. Des clubs en France m'ont fait les yeux doux – on parle de Marseille et Monaco. Malika se déplaisait et se désespérait, elle fichait pas grand-chose de ses journées. La maison était loin de tout. On avait les moyens pour qu'elle sorte, mais elle a pas trouvé de copines. On rencontrait pas les femmes des autres joueurs, là-bas. Moi-même, je les voyais pas tellement en dehors des matches, les coéquipiers. Sauf Rigo. Rigobert Song. Un sacré lascar, celui-là. Super mec. Je me suis embrouillé avec mon agent et j'ai suivi les conseils de Rigo pour le remplacer. Ma femme fréquentait pas grand monde. La maison était luxueuse, mais elle se sentait pas chez elle. Elle allait aux bains. De pas savoir quoi faire ensuite, elle s'éternisait jusqu'à ce que sa peau soit fripée. Pour couronner le tout, à un moment, le club avait des problèmes de trésorerie et on me payait pas en temps et en heure.

Sur la pelouse, je kiffais. Les joueurs comme moi plaisent aux supporters. Eh oui, bien sûr. Tous les ultras du monde entier aiment la même chose. À part les enfants du pays, les génies ou les mégastars, je veux dire – ce que j'étais pas, à l'époque. Ils demandent les joueurs qui mettent le feu, qui donnent du rythme. Des « accélérateurs de jeu », comme dit Jean Fernandez. C'est ça que je suis, c'est ça ma flamme. « Ferraribéry », ils m'ont surnommé, les supporters turcs ! C'est bien trouvé, non ?

Ils sont chauds, là-bas. La finale de la Coupe de Turquie contre Fenerbahçe, c'est un grand souvenir. J'ai mis une belle patate du gauche pour l'ouverture du score ; fumigènes dans les tribunes, chansons joyeuses avant les deux minutes de la haine de l'adversaire, comme il se doit. Tu te demandes si les mecs vont pas envahir le stade à chaque but. Ils gueulent tout le match sans interruption, on aurait dit qu'ils étaient privés de la parole le reste du temps. Faut dire qu'on a gagné 5-1 en finale contre l'ennemi juré, ça faisait des motifs réguliers d'explosion. J'ai ajouté deux passes décisives à mon but, c'était la fête.

Les supporters veulent des joueurs qui mouillent le maillot, point barre. Défenseur qui s'arrache, ailier qui déborde, attaquant qui multiplie les appels. Ils payent leur place pour qu'on se paye pas leur gueule. Des joueurs qui se démènent, c'est ça l'exigence. Je les ai toujours servis.

Des supporters font des caprices, aussi, dans tous les clubs, mais c'est surtout à Marseille que j'ai vu ça. Les foules à la sortie du centre d'entraînement, à la Commanderie... Qu'une fois, j'ai dû sortir de la voiture, tellement y en a un qui me chauffait. Ils avaient montré, aux infos. Le soir, je m'étais revu, présenté par cette... Par la journaliste, là, pour qui le supporter n'avait « rien dit de mal ». Il avait dit le pire ! Posément, le mec avait dit : « Attention à la fin de la saison, hein... », sur un ton, comme si j'étais son gamin qui devait ranger sa chambre avant qu'il compte jusqu'à trois. Attention quoi ? On avait perdu contre Paris la veille, d'accord, tout le monde avait les boules – moi le premier ! Et l'autre, il m'interpelle pendant que j'étais en voiture avec ma famille, il me dit de faire attention ? Je suis sorti lui demander s'il voulait pas plutôt que je lui nique sa race. Ma belle-mère, la pauvre, dans la voiture, elle me criait : « Bilal, les caméras ! » Elle est gentille comme tout. Y avait les télévisions françaises, les radios, tout un tas de micros et de personnels mêlés aux supporters. Tout le monde était tendu dans la voiture. Moi, encore, j'ai l'habitude des attroupements autour de ma caisse aux abords des stades, mais la famille, non, et c'est impressionnant, de l'intérieur. Y a pas longtemps, j'ai plongé au milieu des requins, en Afrique du Sud, dans une cage qui protège. La sensation, c'est un peu la même que la scène que je te décris. Sauf qu'à l'extérieur de l'eau, en ville, au milieu de la foule, c'est mon élément, c'est moi qui montre les crocs, et l'autre, crois-moi qu'il a eu de la chance qu'on vienne s'interposer.

Bilal, oui.

C'était d'abord la grand-mère de Malika, elle a jamais réussi à prononcer Franck, elle m'appelle Bilal depuis toujours. Sa famille a fait pareil. C'est le nom que j'ai pris après la conversion, mais je le portais déjà. Y a que Walid qui a gardé Franck. Ma femme, elle m'appelle des fois Bilal, surtout en famille, et des fois Franck. Pour elle, je sais pas dire lequel des deux est le surnom de l'autre.

Les embrouilles avec les supporters, c'est les aléas du métier. Et le chantage qui va avec : au salaire qu'on est payés, on peut bien encaisser les coups de pression, les sifflets, les insultes... Les banderoles dans les virages des stades... On m'en a adressé quelques-unes, de banderoles. Après la Coupe du monde, surtout. Comme pour faire la contrebalance.

Ils marquaient quoi ? Oh, ben y a eu... « Ribéry fait peur aux enfants », « Carglass répare votre visage », « Maman achète-moi le masque de Ribéry pour Halloween »... C'est leur humour, qu'est-ce que tu veux. Je peux pas leur enlever que j'ai un peu le même. Y a quand même des stades où c'est pas pour rire. Les bâches font pas remonter les meilleurs souvenirs. Quand tu es en jambes, tu transformes tout ça en motivation. Quand tu doutes... les supporters, tu les redoutes.

On gagne des sous plus qu'eux, c'est la vérité. Ils peuvent bien s'exprimer sur des bâches. J'ai pas envie de leur interdire.

Ils auraient pu changer de disque. Sortir de la facilité.

C'est peut-être aussi qu'ils étaient envieux ? Malika disait ça. Moi, je crois pas. Si c'était ça, pourquoi ils viendraient se faire du mal ?

Arrivé à Marseille : quatre-vingt mille balles par mois, allez bim. Plus les primes. Ça m'a fait tout drôle, j'avais jamais vu autant de zéros derrière un chiffre.

J'ai grandi dans un quartier au milieu de trente blocs, j'ai appris à partager une canette de Coca et un paquet de chips à six, tout ça j'oublie pas, c'est en moi. Mais j'ai pas complexé de toucher mon salaire. Avant même ma première paye, j'ai touché la prime à la signature. Ils pouvaient bien faire ça, j'arrivais gratuit, l'OM a rien déboursé pour me recruter – et plus tard ils me vendront trente millions, la belle affaire –, j'ai dit à mes parents de chercher un nouvel appartement. Où ils voulaient, je payerais le loyer. Et j'ai acheté une belle grosse bagnole à partager avec les potes.

Après, j'ai passé mon permis, en deux temps trois mouvements, le club a tout géré, je crois même qu'ils avaient payé. Ils me prenaient les rendez-vous après les entraînements.

Ensuite, j'ai loué un appart à Walid et Hicham dans les environs du nôtre, qu'ils viennent prendre le soleil, ces crevards.

C'était beaucoup, beaucoup d'argent, à mes yeux. J'étais pas le plus riche du vestiaire, loin de là, mais l'OM c'était plus la même vie. En Turquie, c'était une parenthèse, je claquais comme en vacances, je m'y projetais pas vraiment. J'avais juste remarqué un truc qui s'est confirmé partout : c'est fou comme on prend soin de toi, comme on est poli, comme on s'applique, quand tu as de l'argent. Les personnes côtoyées au quotidien, je veux dire. Je me sentais dans la peau d'un ballon neuf, après avoir grandi comme ballon usé.

À Marseille, je m'installais. J'ai passé une première année tonitruante. Avec un vrai salaire, fini les petits tracas de la vie. Un truc est cassé ? Tu changes. Pas envie de t'enfermer dans les embouteillages ? Tu commandes un taxi. Tu galérais pour voir un médecin, un coiffeur ? Les meilleurs viennent à domicile.

Plus vite que prévu, j'ai dû calmer un peu les dépenses. J'étais dans le rouge au troisième mois. « Le rouge », façon de parler. Elle arrivait assez vite, la fin du mois, sans compter que les primes se sont additionnées quand les matches de coupe se sont ajoutés à ceux de championnat. J'ai repris mes esprits, j'ai regardé un peu ce qu'on faisait.

« La fin de mois arrivait vite. » Si ma mère m'entendait dire ça...

J'ai mis du temps à considérer les prix en proportion de ce que je gagne. Aujourd'hui encore, je jauge en premier la somme en elle-même. Souvent, je me dis d'abord que c'est cher. Eh oui, c'est cher, les produits et les activités haut de gamme, crois-moi, les lieux chics s'emmerdent pas. Je me dis, du genre : « Quinze euros pour une Évian ?! » Je suis tenté de prendre une carafe d'eau... Et puis je me souviens combien je gagne, et je prends autant d'Évian qu'y a de convives.

C'est comme si mon cerveau finissait par s'adapter à ma situation, mais que je gardais mes yeux d'avant.

Quand on habitait au Chemin Vert, on cherchait ce qui nous plaisait, et on regardait le prix ; alors, on prenait pas. Aujourd'hui, il m'arrive de faire le contraire. C'est même plus que je regarde pas le prix : je regarde les prix, je trouve le plus cher, et du coup, je prends ça. Surtout quand je connais mal le produit en question. Le vin, par exemple. J'en bois pas, mais quand j'invite des gens au restaurant, je veux qu'ils boivent ce qu'y a de meilleur.

Y a des attitudes qui viennent tout de suite. Business class en avion. Embarquer les deux fringues quand tu hésites entre deux fringues. Choisir la plus grosse télé et la meilleure installation de son. Rincer la table en boîte... Ça te vient dès la première paye d'un gros contrat. Comme un vieux réflexe. Comme si c'était pas les moyens qui donnaient l'envie. Comme si l'envie était déjà là, qu'elle attendait juste d'avoir les moyens.

9

Je m'en veux, d'avoir commencé Marseille par l'embrouille avec le supporter. « Ma foi », comme ils disent : ça vient comme ça vient.

L'OM, en tout premier, c'est les copains. Samir, Mamad, Djibril : des frères. On est arrivés en même temps au club. Mamadou Niang était le gros transfert, pour des millions d'euros. Un Sénégalais, comme le président Pape Diouf. On le chambrait avec ça, on lui disait qu'il était de sa famille. « Le pistonné », on l'appelait.

Qu'est-ce qu'on a rigolé. Et complices sur le terrain, en prime. La nature fait bien les choses.

On avait Fabien Barthez aux cages, que mon père me demandait tous les quatre matins si je lui faisais les bisous sur la tête.

« Bonjour, Monsieur Barthez », je lui ai dit, quand je l'ai rencontré. Pas pour blaguer : pour le respect. Eh bien sûr. Il est resté bête, il a rigolé. « C'est Fabien », il m'a dit, mais je lui devais bien ça, on parle de Barthez. J'allais partager son vestiaire, le choc des cultures.

Le sérieux du mec ! J'aurais pas parié. J'avais entendu dire qu'il bédavait à la mi-temps, qu'il avait un pète au casque, des choses comme ça. Est-ce que c'était l'âge qui l'avait formé ou les rumeurs qui l'avaient déformé ? C'est un des sportifs les plus sérieux que j'ai croisés. Il nous gueulait dessus, quand on se comportait mal aux entraînements. Je dis « nous », mais c'était surtout d'autres. Moi, il me disait d'arrêter de rester avec les remplaçants, qui travaillent entre eux, le lendemain des rencontres officielles ; pour les titulaires, c'est décrassage, au lendemain des matches, en toute rigueur.

On s'amuse pas, au décrassage : c'est sans ballon. Alors oui, je préfère souvent les petits matches avec ceux qui ont pas joué la veille, qu'est-ce que tu veux.

Des fois, je tapais un peu le ballon avec les jardiniers, aussi. Y avait un mec pas mauvais, qui travaillait pour le club. Il avait joué à l'OM, gamin. Et puis il s'était fait les croisés. Neuf mecs sur dix qui ont pas percé disent ça. Les croisés ou autre chose ; une mauvaise blessure, en tout cas. Je connais les centres de formation : j'ai vu tellement de mecs qui se sont pété un truc et la carrière dans la foulée, que je pars toujours du principe que c'est peut-être vrai. Je dis pas qu'ils auraient tous percé sans la blessure, mais ils ont pas eu leur chance, en tout cas.

Faut bien que le tri se fasse. Le corps inadéquat des uns, les blessures des autres, les mauvaises rencontres, les jours sans quand il aurait fallu un jour avec... Je peux pas m'enlever de l'idée que le sort est manigancé.

Y a trop de joueurs qui se bousculent au portillon, le destin doit filtrer.

Ce jardinier, encore un Momo, tiens – mais un vrai Momo, lui, pas un Ch'ti – il a fini par fouler le Vélodrome par un autre moyen : un CAP jardinier. Il avait l'air heureux.

On avait des gens de tous azimuts, au club. Albanie, Nigeria, Brésil, France...

On avait Taye Taiwo, en défense. « Taaa, Taye, Taiwooooo... » On lui chantait ça, dans le vestiaire. « Qu'est-ce que t'as, sous ton grand chapeau... » Il rigolait sans la référence, comme un témoin de la chute d'un inconnu dans la rue.

Y avait le capitaine Cana. Il rigolait pas, lui. Un beau gosse, le corps toujours droit, le regard comme s'il avait le soleil dans la gueule, un vrai qui esquivait pas la castagne, quand ça chauffait sur le terrain.

Pardon, Djibril Cissé, c'est l'année d'après, la deuxième année à l'OM, il est arrivé en même temps que Valbuena. Mais Samir Nasri, c'était en même temps que moi et Mamad. Depuis le centre de formation du club, il débarquait tout juste dans l'effectif pro, il était à peine majeur, nouveau en équipe une. À l'OM depuis qu'il avait neuf ans. Un enfant du pays. Toujours dans les bons coups, avec ses yeux en forme de Kinder Schoko-Bons et son rire plus fort que lui. Toujours joyeux. Un arc-en-ciel. Il finissait pas une phrase sans se marrer, avec son petit accent mi-racaille mi-marseillais. Il faisait pas une passe, à l'entraînement. Les reproches des anciens glissaient sur sa peau grasse.

Elle est marrante, la ville. Tout le monde a le même accent. Dans le Nord d'où je viens, les Arabes ont pas pris l'accent ch'ti. À Marseille, si tu vois pas qui parle, tu as un doute. Tu es sûr qu'on entend un Méditerranéen, mais d'où exactement ? Faut l'image en plus du son.

Sur le terrain, on a fait le pire comme le meilleur. Parcours héroïque en coupe Intertoto (une pauvre coupe qui se joue avant le coup d'envoi officiel de la saison, pas très glorieux), et dans la foulée, zéro victoire en cinq matches pour le début du championnat. Lanterne rouge du classement en septembre, ambiance des mauvais jours, crise au club.

Jeune prometteur, j'étais scruté comme le lait sur le feu, et le coach était menacé avant l'automne. « Je vais tomber avant les feuilles », il disait. Jean Fernandez. Eh oui, c'était lui qui était là, ça a compté dans mon choix, tu parles. Je l'avais appelé à la fin des transactions. « Coach, m'en veuillez pas, j'ai choisi Monaco. » J'ai cru qu'il m'avait raccroché à la gueule tellement le blanc au téléphone a été long. « Mais non ! Je suis en route pour Marseille, là !

– Putain, Franck, me fais pas des frayeurs comme ça, je suis fragile. »

En cours de saison, quelques mois plus tard, il a eu des problèmes au cœur. Y a pas beaucoup d'autres joueurs que moi qui l'ont visité à l'hôpital, soit dit en passant.

Personne a regretté que Jean Fernandez pousse en ma faveur. Y a pas longtemps, il m'a avoué que Pape

Diouf était sceptique, au départ. « Marseille, c'est pas Metz », il lui avait dit. Toujours cette histoire qu'on me voit faire des belles choses, qu'on imagine pas que je saurais les refaire ailleurs, les refaire souvent, les refaire plus haut, avec des plus grands. Alors que si. Et ça a remisé pareil à Munich. Le chef Beckenbauer, au début, il croyait pas que j'avais les épaules.

Finalement, de la tête des épaules, j'ai dominé les concurrents, dans son Bayern.

J'ai mis mon premier but au Vélodrome pour le sixième, ou septième match de la saison. Notre première victoire à domicile de l'année.

Lyon caracolait en tête, à l'époque. On a fait bonne figure, dans l'ensemble, on a tourné autour de la cinquième place tout du long, on a même fait finale de Coupe de France, que cet enfoiré de Dhorasoo a marqué le but de la victoire pour le PSG avec une frappe... Il doit se demander lui-même d'où il a réussi à faire ça.

Je l'ai bousculé, y a quelques années. Aucun rapport avec cette finale, il avait juste trop mal parlé. Il avait critiqué au-delà des limites, depuis son fauteuil confortable de consultant. Alors qu'on s'était croisés en équipe de France et tout, pendant sa carrière, et y avait jamais eu de malaise. Sincèrement, il est allé trop loin dans ce qu'il a dit.

Je comprends pas les joueurs qui font consultant après leur carrière. Tous les professionnels en activité se plaignent des journalistes et des consultants qui les critiquent à tout bout de champ, et tout à coup, à la retraite sportive, tu en as qui retournent la veste du côté obscur. Moi, je dis : ils veulent rester dans la lumière, ils tapent sur les étoiles montantes, ils se sentent encore un peu vivre, je suppose.

Je dis ça, mais y en a des biens.

Toujours, faut que j'exagère. La faute de ma mère, qui nous engueulait outre mesure.

Non, la pauvre.

La faute de personne.

Même pas une faute. Je suis comme je suis.

À l'OM, les défaites sont tragiques comme des catastrophes naturelles. Pour moi aussi. Depuis toujours, autant que je me souvienne. La différence profonde avec quand je perdais à l'école, c'est qu'elle arrivait vite, la récréation suivante, pour la revanche et se refaire une santé. Chez les pros, les semaines sont longues comme un jour sans pain, avant l'occasion de se rattraper. Pendant ce temps infini, se mêle au métier de taper dans le ballon ce qui s'appelle la pression. Elle était très forte, à Marseille. C'était nouveau.

Je vois bien ce que c'est, la pression, mais je saurais pas expliquer. Les uns, ça les inquiète comme un nuage lourd ; moi et d'autres, ça nous porte comme un nuage magique.

La pression, c'est quelque part autour. Une électricité dans l'air ambiant. Le stade est rempli plus tôt que d'habitude, ça chante dès l'échauffement. À l'arrivée, la foule des supporters s'est attroupée autour du bus. Avant ça, l'équipe s'est retrouvée au vert, tout le monde a pris la parole pour garder la tête froide. Le stress se voit aux appels à la sérénité. Ça surjoue la tranquillité, ça veut contrecarrer l'excitation par la concentration. Moi, dans ces moments-là, impossible de garder mon calme. Obligé de trouver de quoi rire. Pour dégivrer les visages des coéquipiers. Pour détendre le staff. Pour me mettre en mouvement. Même les kinés te massent pas pareil, les semaines sous pression. Tu sais pas s'ils ont peur de te faire mal ou de se tordre un doigt. Les jeunes, en tout cas. Toi tu as un peu d'expérience, non ?

Enfin, je veux pas dire que...

Huit ans de métier ? Oui, voilà. Ça te plaît toujours ? Super. Sacrés kinés. Au turbin avec nous tous les jours, hors champ des lumières. Plus ma carrière a avancé, plus j'ai parlé avec les kinés. Tu as toujours des coéquipiers qui disent qu'il faut pas, que les kinés poucavent au coach. J'y ai jamais cru. Ceux qui ont peur qu'on les balance, c'est surtout qu'ils ont peur de l'ouvrir.

Toute la semaine après une défaite, les entraîneurs exigent le plus grand sérieux à l'entraînement. Ils te disent des mots qui rassurent... même si tu es pas inquiet.

Aussi, ça tombe toujours qu'il fait plus chaud ou plus froid que prévu. À Marseille, y a encore plus de vent que d'habitude quand la pression monte avant un match, comme si les dieux du foot déplaçaient l'air en se penchant sur la situation.

Le coach laisse entendre qu'il connaît pas son onze de départ, pour obliger tout le monde à prouver pendant l'entraînement. C'est peut-être vrai. De ton côté, tu imagines volontiers que tu feras la différence. J'adore l'expression « délivrer le stade », quand tu marques. La pression, elle fait que tu joues devant des détenus. Les gens en tribune sont suspendus à tes performances, ils croisent leurs doigts pour que ta frappe croisée se niche au fond des filets. Ils prient pour la victoire, sans quoi ils vont souffrir. C'est la passion.

J'ai jamais voulu dégonfler la pression. J'ai grandi avec *Les Chevaliers du Zodiaque* au *Club Dorothée* : la pression, c'est ma cosmoénergie.

Toute la semaine, tu encaisses les attroupements à la fin de l'entraînement, les questions des uns et des autres, les journaux qui tchatchent, les textos des proches, les encouragements du personnel, les petits mots des serveurs au restaurant, les interpellations des gens dans la rue. La pression, c'est un bruit de fond, pénible comme des mouches quand tu la vis mal, doux comme le chant des cigales quand tu demandes que ça.

J'ai parlé de quand tu perds, parce que j'atteins des sommets d'impatience quand j'ai perdu, mais en fait elle est là tout le temps. Et plus encore avant les grands matches qu'après les défaites, d'ailleurs.

Sur le Coran, je me droguerai jamais. Mais je sais pas comment je ferai, quand il faudra bien arrêter le foot, sans mes injections hebdomadaires d'adrénaline.

Depuis sa tribune présidentielle, Pape Diouf a vu et revu. J'étais capable de faire en bleu et blanc ce que je faisais à Metz en grenat, de faire en match ce que je faisais chaque jour à l'entraînement. Et même mieux en match. Tu as plein de joueurs, c'est le contraire.

Seigneurs à l'entraînement, feignants en match. Ils tiennent pas la pression. À l'OM, je progressais encore et encore, comme renforcé par les éléments environnants. Comme si j'aspirais l'énergie du centre d'entraînement, des coéquipiers, du staff, des supporters, pour en faire la mienne et tout rendre sur le terrain. Chaque semaine, des milliers de spectateurs t'encouragent, à domicile comme à l'extérieur, c'est tellement bon à prendre.

Chaque fois que je réussis quelque chose sur la pelouse, ça me renforce au lieu de me fatiguer. Chaque fois qu'un défenseur me subtilise le ballon, c'est douloureux comme si je m'étais pris un mur. Je veux passer l'adversaire par tous les moyens, à la fois en finesse et en force. C'est ça mon jeu, c'est ça le football. Tu as vu Messi comme il traverse les défenses ? Ses cuisses forcent, ses chevilles dansent, son ballon colle au pied, les défenseurs tombent au sol. Pour marquer, il a même pas besoin de tirer fort, il suffit qu'il vise ; le gardien est cloué, c'est allé trop vite.

On a le même réflexe d'avancer fort, mais pour finir, de piquer la balle doucement. Une dernière caresse après les empoignades.

Mon salaire augmentait avec les primes à gogo et les négociations de mon agent. Une base à six chiffres, c'est un autre statut dans le vestiaire. Tu chambres pas trop sur ce sujet, mais tu fais jamais comme si de rien était. Tout le monde voit, de toute façon, qui fait basculer les matches. C'est quand les gros salaires en branlent pas une que ça fait des vagues dans le vestiaire et des remous dans les médias.

Moi, j'ai eu des hauts et des bas sur les terrains, mais j'ai toujours fait le maximum pour gagner. On m'a jamais pris en flagrant délit de rien faire.

À Marseille, la nuit porte mauvais conseil, aussi, ça je peux t'en parler. Les boîtes étaient d'une autre envergure que ce que j'avais connu, et là, pour le coup, tous les videurs de la ville, tous les barmans, toutes les serveuses, tous les patrons, tous les clients, tous les voituriers, tous les galériens qui sont dans la file d'attente que tu doubles : tout le monde connaît l'effectif de l'OM, et moi le premier, avec ma tête unique. Personne veut que tu rentres tôt pour être frais le lendemain. J'ai rencontré des DJ, j'ai partagé les tables des rappeurs de tous les quartiers, on m'a présenté du beau monde, j'ai posé sur trois cent mille milliards de photos. J'ai croisé toujours plus d'yeux aguicheurs, de seins au balcon, de hanches déhanchées. J'ai commencé à pécher, un peu. Pas beaucoup. Pas grand-chose. J'ai péché mignon, disons. Petits jeux de regard, petites danses. J'en ai arrosé, des tablées. Je me suis tapé des barres avec Saïd et tous les Psy 4 de la rime. Je jonglais avec des glaçons, des citrons, des shots, tout ce qui se trouvait dans une boîte qu'on pouvait jongler avec. Une nuit, Saïd m'a dit – Saïd, c'est Soprano, tu connais Soprano ? – « Eh ! Va pas te couper en mettant une tête dans la boule à facette ! » J'ai stoppé net de rire. Ils ont cessé les uns après les autres. Je l'ai fixé. Je me rappelle, c'était Dr. Dre qui passait, mais plus personne a bougé, comme si on baignait dans le silence.

« Qu'est-ce tu veux dire par là ?

– Rien, je...

– Ça va !... Je déconne ! »

Je lui ai mis un de ces coups de pression !... À la Joe Pesci dans *Les Affranchis*. J'ai rigolé de voir sa tête, jusqu'aux aurores qu'on a quitté la salle.

Ah ben voilà, c'est ça la pression : la menace du truc qui peut t'écraser. Il est pas interdit d'aimer la sensation.

Je rentrais de soirée avec le corps qui vibrait encore de l'effet des basses poussées à bloc.

J'ai même croisé Bouga, le mec qui a chanté *Belsunce Breakdown*. Tu connais ? Je lui ai dit : « Frère, tu chantes quoi dans ton refrain ? On comprend pas...

– "D'où j'sors, d'une ronde."

– Oh putain, c'est bon, ça, c'est très bon. "D'où j'sors, d'une ronde, Belsunce Breakdown..." Je suis bien content de le savoir. »

Toute ma vie, j'avais fredonné « d'où sors-tu mon grand ».

J'étais pas si loin.

Les footballeurs qui sont pas mariés, je sais pas comment ils peuvent faire carrière. Comment ils s'égarent pas dans les méandres de la nuit.

D'ailleurs, c'est ce qu'ils font, souvent. Ils sont moins pros, les célibataires. C'est vrai que c'est compliqué, le statut. Tu as de la maille à dépenser comme jamais, pourtant faut faire gaffe à ton régime, ton sommeil, ton taux de ceci, ton niveau de cela... Tu as trois semaines de vacances à tout casser, tes week-ends occupés par les matches, tous tes matins à l'entraînement, des mises au vert régulières... Toute cette mécanique s'emboîte mal avec la vie délurée d'un mec normal de vingt-cinq ans qui a encore plus de sous que de pulsions, et la notoriété en prime. Non, vraiment, il faut se marier.

La plupart, d'ailleurs, on est mariés depuis tout jeunes.

Ceux qui sont célibataires font mater les photos des meufs qu'ils s'envoient, pour faire bisquer. Ils sont dans la compétition. Tu sais jamais trop s'ils les ont niquées pour de vrai, mais bon.

Moi, pas un seul jour j'ai regretté d'être marié. Et puis... Le mariage, c'est pas non plus la prison. Et je... Enfin bon, je propose qu'on en revienne au foot. Il m'est arrivé le premier bonheur sans égal, en 2006.

Raymond Domenech m'a appelé pour jouer en équipe de France.

Mieux que ça : pour jouer en Coupe du monde.

J'avais jamais été nominé. Vingt-trois ans, zéro sélection au compteur, ma vielle coupe de cheveux sans style, même pas deux années de Ligue 1, et voilà pas qu'on me désigne, moi, Franck Ribéry, aux côtés de Zinédine Zidane et Thierry Henry ?

C'était pas une surprise absolue, on m'avait fait joueur du mois quelques fois, le vestiaire y croyait, la télé en causait, mais on parle des vingt-trois meilleurs joueurs français, là, et pour jouer la Coupe du monde, les places sont chères... Eh bien, on m'en a fait une. Le numéro 22 dans le dos, sachant que le 23 est pour le gardien remplaçant du gardien remplaçant, autant dire un mec qui est là rien que pour l'ambiance.

Il en faut, aussi.

Y avait les caméras de *Téléfoot* chez moi, quand Domenech a dévoilé la sélection à la télé. On était tous les trois, avec mes parents. C'est fou d'apprendre un truc comme ça en direct, en même temps que le grand public, alors que tu es concerné. Tu imagines, pour les non-sélectionnés ? La télé leur révèle qu'ils n'en sont pas ? Si tu y croyais fort, si tu étais sûr d'en être et puis finalement non, comment tu te retiens de mettre un coup de batte de baseball dans l'écran ? J'espère que les sélectionneurs les préviennent avant, eux.

Je réalise, tout à coup : la honte, si j'avais pas été pris en direct de chez moi !

Quand je repense à cette journée, à cette minute du journal télévisé. Placée en toute fin de journal, les bâtards, pour que tu te tapes toutes leurs infos d'abord, comme un caniche.

« T'es dedans ? » a demandé ma mère. Elle suivait au loin, trop gênée par les caméras. Oui, j'étais dans la liste, avec les attaquants. Mon père est venu me faire la bise, je suis parti du même côté que lui, on a failli se bécoter putain, et puis il m'a serré fort. « Pleure pas, Papa », je lui ai dit. Ah, c'était plus fort que lui.

Il a joué au foot, dans sa jeunesse. Il traîne des photos de ça, chez mes parents. Il me raconte qu'il tapait un peu dans le ballon avec moi, avant que j'aie des souvenirs. Je sais pas pourquoi il venait pas jouer en bas des blocs, plus tard.

On était sur le canapé tous les deux, on s'est pris dans les bras, d'un côté et de l'autre. Sans les caméras, j'aurais peut-être pleuré, va savoir. Pas tant de joie que de voir mes parents émus.

Quand la caméra est là, c'est pas toi qu'elle filme, c'est toi sous l'effet de la caméra.

Quand je repense à la fierté que j'avais. Au bonheur de voir ma gueule dans cette sacrée liste.

Obligé de faire le lien avec la paternité : j'ai eu ma fille, mon premier enfant, un mois avant. C'était très bien, aussi, une fille. Si tu vois comme elle est belle, ma princesse.

Je sais que ça a rien à voir avec une sélection, mais c'est arrivé au même moment et c'est les mêmes mots : fierté, bonheur, magie.

Attention, j'échange la joie de prendre ma fille dans mes bras contre aucune sélection, dans aucune équipe. J'ai porté mes enfants avec plus d'émotion que le maillot bleu. Je m'arrache moi-même les yeux demain si ma fille a besoin d'une greffe. La famille, c'est tout en haut, personne m'entendra dire le contraire. Mais... Être père, c'est instinctif. À la portée de tout le monde. C'est programmé dans les lois de l'univers et du sang, chefs-d'œuvre d'Allah. Un avenir envisagé très normalement. Tu as toi-même un père, tu connais l'ordre des choses. Ce sera ta mission, un jour ou l'autre. D'ailleurs, j'avais hâte. Et je regrette pas. Avant que ça arrive, j'y ai pensé tranquillement ; quelques fois, je me suis demandé si j'étais bien certain ; et puis, bien sûr que oui.

La sélection nationale... C'est pas naturel. J'y songeais pour m'endormir. Pour faire de beaux rêves. Comme une destinée.

Tu as des enfants, toi ?

Comment ça, tu en veux pas ? Toutes les femmes veulent des enfants.

Non ?

Si tu le dis.

C'est pas que tu as pas trouvé le bon mec ?

Bon, OK, OK.

Je dis pas que c'est mieux d'être une star du football que le héros de sa petite fille. Tu comprends la vie, le jour où l'enfant est là. Petite chose dans tes bras maladroits. C'est ton souci premier. Mais...

En vrai, c'est des choses pas comparables.

Avant que je parte rejoindre le groupe France à Clairefontaine, j'ai fait un crochet par Boulogne, dans le quartier. La foule en délire, les camions de la télé en faction... Le Chemin Vert brillait, je sais pas combien d'heures j'ai passées à signer des autographes sur des feuilles, des tee-shirts, des maillots, des shorts, des ballons, des bras ; à poser sur des photos, à taper dans des mains, à claquer des bises ; à dire merci, merci. Les gens étaient fiers.

Fier de moi, et fiers d'eux, quelque part. Fier des murs plus gris que le ciel. Il drachait, ce jour-là. Personne s'est plaint. Tout ce qui venait de chez nous valait la peine.

10

On m'a acclamé, pour ma première sélection. Au Stade de France. Je suis rentré pour le dernier quart d'heure contre le Mexique, en match amical. À la place de Trezeguet. Dix minutes avant, c'est Zidane qui sortait. Sa centième sélection ! Le signe aurait été encore plus beau que je le remplace, lui. C'est passé presque.

J'ai moins eu le regret de le manquer, que le bonheur de fouler la pelouse. Le plaisir de jouer avec lui était partie remise.

Oui, j'étais très fier, oui.

Y avait Malouda, dans le groupe des vingt-trois. Je l'avais croisé à Guingamp, quand ils m'ont pas pris là-bas. « Oh, comme on se retrouve ! » je lui ai balancé. Quatre ans après. Le temps qui sépare deux Coupes du monde. Le temps qu'il m'a fallu pour remonter du fond du trou jusqu'au sommet de la montagne. Le temps d'un claquement de doigts, quand j'y repense.

Il avait l'air content, Malouda, aussi.

Deux ans avant, je jouais encore en championnat National, avec les amateurs. J'ai gravi les échelons à une vitesse... Comme si c'était des marches à descendre, pas à monter.

Je l'ai pas volée, ma sélection.

Je savais rien des codes. Même pas si on était payés pour jouer en équipe de France à la Coupe du monde.

Non, t'es pas payé.

Si, tu as toujours le salaire de ton club, tu continues à gagner ta vie, c'est pas ce que je voulais dire.

Tu as des primes, aussi, bien sûr, quand tu passes les tours. C'est négocié avec les joueurs. Je me suis jamais trop occupé de tout ça. Encore moins à ce moment-là.

Si je... ? Évidemment, je trouve ça normal, comme système.

C'est pas que l'honneur du maillot suffit pas, c'est juste que... plus tu vas loin dans le tournoi, plus la FIFA donne d'argent à la fédération. Les droits télé, les pubs, tout ça, tu sais à combien ça monte ? Bon, moi non plus, mais c'est beaucoup... On parle de millions de dollars, là. Tu crois pas que c'est normal de redistribuer à ceux qui font le travail ? Qui font venir les foules en masse au stade et devant la télé ? Ce serait n'importe quel secteur, on dirait que c'est normal.

Même, on s'offusquerait du contraire.

Toi, par exemple, si demain les kinés de l'équipe d'Italie étaient sélectionnés parmi les meilleurs kinés italiens de clubs, pour aller faire le job en Coupe du monde avec la *squadra azzurra*, tu trouverais que c'est un caprice, de négocier des primes ?

Je te dis pas que tu attendrais après ça, non, c'est pas ce que je te dis. Mais si le chef de ton service médecine, dans son bureau à rien faire, il gagnait de l'argent au fur et à mesure que l'équipe passait des tours, tu trouverais pas normal d'avoir ta part ?

Eh bien sûr, « vu comme ça ». Comment tu veux le voir autrement ?

On discute, là, mais je pensais pas à tout ça, en 2006. J'étais rien qu'heureux. Tout en tremblement. J'ai rejoint la sélection, mon corps frissonnait encore des mains qui m'avaient tâté, checké, décoiffé quand j'ai pris le bain de foule à Boulogne, après l'annonce à la télé. Les gens t'encouragent comme si tu étais une boule antistress.

Tu comprends quelque chose, à force d'enfiler des tenues de foot, chaque jour que Dieu fait : le maillot est sacré pour les supporters. Quand tu joues contre le PSG, c'est pas l'OM contre le club de la capitale, c'est la ville de Marseille contre celle de Paris. Tu es comme un porte-parole. Paroles pas très jolies, dans les stades. Mais pas des paroles en l'air. Tu es missionné par les habitants et les journalistes de ta ville pour envahir l'ennemi si c'est au Parc, ou défendre ta forteresse si c'est au Vélodrome. On parle plus du tout de foot. La Turquie m'a dépucelé sur le sujet, je l'avais seulement touché du doigt à Metz : au football, tu joues pour un truc qui te dépasse. Tu dois pas faire un bon match, tu dois faire honneur.

J'adorais l'idée d'être un chevalier de la ville.

Aujourd'hui, je trouve que c'est trop, aujourd'hui je comprends un peu moins.

Peut-être que j'ai vieilli, que ça m'amuse plus tellement.

Peut-être que dans ma tête, beaucoup de choses ont changé en Afrique du Sud, quand on a fait la grève, qu'on est restés dans un petit bus à des milliers de kilomètres de tout, et que ça a fait des déflagrations jusqu'au Parlement français.

Et... Je sais plus ce que je disais.

Oui, j'adorais ça. Incarner le peuple marseillais.

Avec la France, c'est le niveau au-dessus. L'échelle du pays. Pourtant, j'ai pas tout de suite ressenti la nouvelle responsabilité. En même temps que tu changes de dimension, tu t'éloignes des gens que tu représentes. En club, c'est chaque semaine. Tous les matins. Dans la rue si tu sors. Dans le journal si tu l'ouvres. La routine, à force. Si tu relâches l'attention, comme on finit par s'habituer à une paire de lunettes de soleil pendant les vacances, les gros matches à venir, les victoires fameuses ou les défaites interdites te font les piqûres de rappel. Des gens souffrent beaucoup, si ça se passe mal. Ils t'aiment fort, si tout va bien. C'est fou, quand même, non ? Dans un club de l'élite, tes passes, tes buts, tes ratés font des remous loin du terrain.

En équipe de France, je m'attendais d'abord à ce que ce soit la même chose, en plus fort. Ça en a pris la direction, après le bain de foule au bord de la mer du Nord. Finalement, le soufflé est retombé. En sélection, tu es isolé. À Clairefontaine, le centre national du football français – un château de Versailles pour footballeurs –, des kilomètres de forêt te séparent du vrai monde, comme les fourrures de ma femme la protègent du froid. Les repères sont brouillés ; tu prends la douche avec Dhorasoo qui t'a battu en Coupe de France, les Lyonnais en tête du championnat que tu pistes toute la saison deviennent tes potes, et... Et de toute façon, Zidane prenait toute la lumière. En 2006, l'équipe de France, c'est l'Olympique de Zidane. J'exagère pas du tout. Landreau, le troisième gardien qui était là depuis des années, m'a surpris en train de bloquer sur Zizou face aux journalistes un après-midi, et il m'a dit : « Avant son retour en sélection, ça avait rien à voir. Avec lui, c'est comme si on avait un extra-terrestre en sélection. »

Dans le car, les joueurs disaient à Zizou de descendre en premier, comme on jette un leurre. Les journalistes ou les fans s'agglutinaient, les autres sortaient derrière au petit trot, joyeusement.

Zidane ? Il râlait un peu, en souriant... Et il y allait...

J'étais hyper curieux du niveau des joueurs. À quel point il était fort, Vieira ? Comment il travaillait ses frappes à l'entraînement, Trezeguet ? Henry, il allait si vite que ça ? Tout le monde se connaît au moins de la télé, quand c'est pas des sélections espoirs, mais je sortais de nulle part, j'avais hâte de sprinter à l'échauffement à côté de l'un, de recevoir les passes de l'autre, de faire les oppositions, pour voir comme c'était propre. De déborder en bleu au Stade de France, d'aller chercher la passe en profondeur du capitaine.

La sélection, c'est le gratin. Et j'étais dans la recette.

Beaucoup de grands joueurs, dans ce groupe. Des stars. Mais... Je suis désolé pour les Sagnol, Makélélé, Gallas et *tutti quanti* : je veux te parler que de Zidane.

Le monde du sport est drôlement bâti. Les joueurs de haut niveau sont les meilleurs du monde, mille fois meilleurs que des amateurs, et... pourtant, même dans le panier des meilleurs, tu as encore quelques joueurs qui sont nettement meilleurs que les autres meilleurs du monde. C'est fou, non ? C'est pire au tennis. Prends les vingt meilleurs du monde – c'est pas beaucoup, sur le monde entier, je sais pas combien de clampins jouent au tennis dans tous les pays du globe –, et tu te dis, purée, les vingt meilleurs, ils devraient se tenir dans un mouchoir de poche... Eh ben non ! Le numéro un est encore mille fois meilleur que le numéro vingt. C'est incroyable, non ?

Moi, je te dis que si. C'est comme les planètes dans le système solaire. On te dit que y en a des proches ; elles sont à des années-lumière.

Zidane est pas seulement au-dessus. Il est *encore au-dessus*. Pourquoi ? Je sais pas, pourquoi. Parce que, c'est vrai, c'est pas le plus rapide.

Il est comme un moustique. Tu supposes qu'il est lent, il est vif quand même. Impossible de l'attraper tant qu'il s'est pas posé – et il se pose jamais. Soit il fait un crochet, soit une feinte, soit quasiment une chute, mais même par terre, il racle le ballon, et derrière, de tout dégingandé qu'il était, il se redresse comme les *air dancers*, tu sais, ces grands bonshommes remplis d'air, avec une soufflerie, là, dans les foires... et il part à l'abordage, adresse une passe millimétrée ou déclenche une frappe improbable.

Il te fait les meilleurs amortis du monde, aussi. Même pris au marquage. Même pris au dépourvu.

Question de style, il est un peu le contraire de Cristiano, si tu veux. Cristiano est une machine, tu sens qu'il a travaillé plus que les autres à la salle. C'est Ivan Drago dans *Rocky IV*. Un produit de la haute technologie. Un culturiste tout plein d'abdos. Il a l'air tout en métal, Cristiano, c'est un avion. Gestes parfaits, calculés, équilibrés, il roule des mécaniques bien huilées. Il est droit comme un i. Il prend des poses.

Rocky, lui, il coupe du bois dans sa maison de campagne, il court dans la neige, frappe sur des carcasses de bœuf dans des congélateurs de bouchers. Zidane, c'est Rocky qui aurait grandi dans une forêt en béton au bord de la Méditerranée. Il s'est fait le corps avec les angles des murs, le mistral, les escaliers qu'il faut prendre quand l'ascenseur est en panne. Il est brut de décoffrage, sorti tel quel de l'adversité de la cité. Comme les arbres dans la ville, ses racines puissantes soulèvent le bitume. Il a gardé les pieds un peu en dedans, il danse en poussant le ballon de l'extérieur du pied. L'allure du mec...

Cristiano c'est un superrobot, Zidane c'est un Monsieur.

Il est moins taiseux qu'à la télé. Il parle aux autres, il dialogue beaucoup et, quand c'est ton tour, il t'écoute mi-attentivement, mi-ironiquement, comme s'il savait déjà ce que tu allais dire.

Il a comme une bulle autour de lui. Au début, tu l'approches prudemment, comme un bel animal dans la forêt que tu veux pas faire fuir.

Il prenait de l'âge, aussi, ça donnait une sagesse supplémentaire. Encore plus d'aura.

Tous les câbles de son cerveau sont branchés à un seul gros bouton, sur lequel y a écrit : « gagner ».

Il m'a tiré vers le haut. Je le regardais faire ses passements de jambes tout simples, ses roulettes à l'ancienne, je me demandais pourquoi il était si fort. Ce qu'il me restait à faire pour y arriver. Si ça se travaillait. Et si jamais ça se travaillait... les exercices, je les trouverais. Je voulais y entrer, dans sa galaxie.

Tu sais que Jean Fernandez a été le premier à donner sa chance à Zidane ? En centre de formation, à Cannes. Zidane avait seize ans, Fernandez l'a titularisé dans un groupe pro.

Va savoir pourquoi, Zidane m'a pris sous son aile, immédiatement. On a travaillé ensemble à l'entraînement, on apprenait à combiner, à créer des automatismes. Mes blagues le faisaient rire. Il a fait des déclarations d'éloge à mon sujet, en conférence de presse. Les gros yeux de tout le monde, quand j'y avais balancé une boule de neige, le lendemain de notre arrivée à Tignes, pour le stage de préparation ! La poudreuse s'étalait partout, et... C'est pas que je l'aie cherché lui en particulier ; il était à ma portée. On parle pas d'un manque de respect. Zidane a dédramatisé tout le monde en riant et en répondant. Il avait été surpris, mais c'est pas un snob. Il a déclaré à la télé qu'il aurait jamais fait ça à Cantona, lui, quand il est arrivé minot chez les Bleus. Pas pour m'incriminer. Au contraire. Pour ma fraîcheur.

Je sais pas être un autre, alors je suis moi-même, qu'est-ce que tu veux que je te dise.

Il est moins timide qu'il a l'air. C'est un chambreur, aussi, va pas croire.

J'avais quinze ans quand il a mis son doublé en finale de Coupe du monde.

Ce soir-là, j'ai rêvé d'en jouer une un jour, évidemment. Comme tout le monde. Mais la vraie force d'y croire, c'est pas dans la fête. C'est dans la défaite. La promesse qui compte, c'est celle que tu te fais quand tu pourrais renoncer, quand il serait plus facile de renoncer, quand il est vraiment tentant de renoncer. Elle a des charmes, la sirène qui te chante de laisser tomber. Y aurait des plaisirs tout simples à proximité, un soulagement à fuir la pression, du repos, la jeunesse à vivre. Le temps file et on se repose jamais, quand on est footballeur. J'ai pas pris cette tangente, mais je juge personne qui se laisse aller.

J'ai joué la Coupe du monde, et même une finale. Pendant le parcours, j'ai gagné ma place de titulaire. Tu vas penser que je suis un égoïste, mais ma fierté première, elle était là. Être dans le onze, plus qu'être en maillot bleu. Avant de jouer pour l'équipe de France, jouer tout court, avec les meilleurs.

À l'annonce de la sélection, je saurais pas dire si j'avais plus la fierté d'être dans les vingt-trois meilleurs, ou celle de représenter la France. C'est pas un tirage au sort, d'y être. C'est une chance et un honneur, je te dis pas le contraire, mais c'est surtout une récompense pour bons et loyaux services en club. C'est le travail bien fait. Le mérite. La justice.

Plus jeune, surtout ado, surtout pendant l'Euro 2000, j'avais beaucoup essayé d'imaginer ce qu'on ressent si on a l'honneur d'être en équipe nationale. Ambassadeur en maillot bleu, jouer pour son pays, se tenir droit pendant les hymnes. Les émotions solennelles. Pris dans la saison sportive, une fois que c'est ton métier, la perspective change. L'angle d'attaque, c'est le rectangle vert. Tu gagneras ta place sur le terrain, si tu marches sur la concurrence en crampons. Tu fais pas les efforts d'être un meilleur Français, juste un meilleur joueur. Tu gonfles tes stats, tu portes ton club, tu prouves que tu supportes la pression, tu progresses, tu mouilles le maillot, tu es décisif : c'est ça qui fait la sélection. Comme après le chou-fleur dans la cour d'école, comme en centre de formation : les décisionnaires cochent les meilleurs sur le terrain à leurs yeux. Si tu es dans la liste, ton plaisir est d'être dans les plus performants. Tu renforces ta valeur pour les transferts. Tu changes de calibre. Le sélectionneur s'inquiète pas de si tu connais les paroles de *La Marseillaise* ou de comment tu parles français. Enfin, j'espère.

Tu es là parce que tu as joué au foot mieux que les autres. Tu es rien que ça. D'ailleurs, tu as jamais demandé à être autre chose.

Quand même, le jour J de l'annonce de la sélection, tu penses à la mission. C'est packagé comme ça à la télé. « Représenter la France. » C'est inscrit comme ça dans les yeux de ton père. D'une manière ou d'une autre, tu vois toujours un peu à travers les siens.

À l'approche des matches, aussi, tu réalises l'enjeu spécial. Tu te rappelles que ça t'a motivé, l'air de rien, pendant la saison. Le quotidien de l'adulte professionnel boucle avec les rêves de jeunesse, qui imaginaient le footballeur en croisade, habillé en drapeau, maillot frappé du coq.

Oui, y a quelque chose de plus qu'en club.

C'est comme si tu allais jouer au foot à la place des gens. Les Français te donnent leur procuration. C'est bizarre, je sais pas décrire. On parle plus seulement des supporters. C'est tous les gens normaux qui sont concernés.

Tu vois des ministres, et même le président. Chirac est venu dans les vestiaires après qu'on a éliminé le Brésil, j'ai emprunté le téléphone de je sais plus qui, pour faire un selfie. « La famille ! » je lui ai dit, avant de coller ma joue poisseuse contre la sienne.

Les présidents viennent se mêler quand tu gagnes.

Ou quand tu as fait la grève.

Les hymnes, c'est quelque chose. On en parlait avec les joueurs. « Je m'en bats les couilles », il m'avait dit, Barthez. Les extrêmes droites lui avaient reproché de pas chanter *La Marseillaise*, ça lui paraissait bon signe.

Je sais pas si les joueurs ont toujours eu la pression de chanter les hymnes. Zidane disait que non. Il chantait pas non plus.

Contre l'Espagne, j'avais un peu baragouiné les paroles, je crois. J'avais l'impression qu'il fallait. Ma famille regardait. Le quartier. La ville, le pays, le monde entier, putain. Après, j'ai arrêté. Déjà, pendant les hymnes, un cameraman passe l'équipe en revue, il est tout près, c'est vraiment perturbant. Je sais pas si c'était ma nouveauté dans l'équipe ou ma figure à la mode, mais pendant la Coupe du monde, j'ai eu l'impression que le cadreur s'attardait tout spécialement sur moi.

Y en a que ça gêne pas. Qui gueulent vraiment. Gallas, comme un fou. Evra aussi, en 2010, qu'est-ce qu'il criait. Lui, en plus, il nous mettait la pression, il voulait qu'on chante tous. Il était capitaine, il prenait à cœur.

Moi, plus on me mettait la pression de chanter, moins je faisais.

Comme pour tout.

Que tu chantes ou pas, pendant les hymnes, tu montes en pression. Tu prends la température de l'enjeu, tu veux tout casser. C'est plus possible de se dire que c'est qu'un match, qu'on est là pour prendre du plaisir, etc. Tu te vois gagner pour la France. Tu le veux. Et défiler sur les Champs.

Les hymnes, c'est le générique de ton dessin animé préféré qui va commencer. Même si j'ai toujours préféré la chanson de la Ligue des champions. Alors celle-là, elle me va droit au cœur. Elle me bouleverse comme si c'était la berceuse de ma mère quand j'étais petit.

Pas que je préférais gagner la Ligue des champions à la Coupe du monde. Je préfère *la musique* de la Ligue des champions ; les notes, l'air, le rythme, je sais pas comment dire. On choisit pas ses goûts.

Autant que je me souvienne, pendant les hymnes, en 2006, je pensais à gagner la Coupe du monde. Du coup, je me concentrais sur le match présent, les bûches sur le chemin.

Moins que la comparaison avec la Ligue des champions, on m'a souvent demandé : « Tu préférerais gagner quoi, le Ballon d'or ou la Coupe du monde ? »

Y a des joueurs qui ont une préférence – Benzema, par exemple, il a une préférence. Va savoir s'il va pas avoir les deux, cette année. Il va gagner le Ballon d'or, là, c'est sûr.

Tant mieux pour lui.

Il a cravaché.

Il a été entraîné par Zidane, aussi.

Messi et Cristiano sont vieux, il a moins de concurrence que j'en avais.

Benzema non plus, les Français l'ont pas toujours soutenu. Mais tu vois, cette année, au contraire de mon sort à moi, on sent que les gens le soutiennent pour le Ballon d'or.

Ça se sent. Dans les bruits qui courent.

Personne est revenu sur son procès perdu dans l'affaire Valbuena, cet été. Ça aurait été moi...

Là, c'est comme si la France voulait un Ballon d'or. C'est Benzema en pôle ? Eh ben va pour Benzema, tu vois. On va pas s'embarrasser à chipoter la petite bête.

Mais tant mieux pour lui, tant mieux pour lui.

La Coupe du monde au Qatar, on verra s'il la gagnera. Je vois bien l'Argentine, moi. C'est des teigneux, ils ont pas perdu depuis cent ans. Ils jouent tous pour Messi ; c'est une tactique comme une autre. Ou alors, l'Allemagne.

Ça sera pas l'Algérie en tout cas. On s'est fait... On s'est fait avoir en qualification, quelque chose de sale.

Le Ballon d'or de Benzema, il sera un peu pour l'Algérie, quelque part. Son père y est né.

Une Coupe du monde pour la France, elle serait remportée par beaucoup de pays en même temps, par ricochet. Vous, en Italie, y a que des Italiens. La compo de l'équipe nationale, on dirait la carte d'une pizzeria. « Je prendrai une Spinazzola, s'il vous plaît, avec un supplément Verratti... » Vous voulez pas d'immigrés, ou quoi ? Même pas des quotas ?

Et je sais pas combien y a de joueurs qui sont nés en France, qui jouent pour un autre pays qualifié. Peut-être quarante ? Avec la Tunisie, déjà, y en a dix.

Pour revenir au sujet : ça se configure bizarrement, la question de ce que tu préfères gagner. L'objectif prioritaire, c'est celui qui se présente. Si tu fais une saison énorme, que tes actions sont déterminantes, tes statistiques impressionnantes, tes notes et ta figure bien mises dans les journaux, et si ton club remporte des titres, tu penses forcément au Ballon d'or.

Si tu es dans une grosse sélection, tu rêves de gagner la Coupe du monde. Surtout mis en orbite autour de Zidane.

Dans un gros club, tu veux le titre de champion, et dans un très gros, la Ligue des champions.

Si tu es dans une division inférieure, tu veux la montée en division supérieure.

Cette année, avec la Salernitana, petit club parmi les grands, mon objectif, c'est le maintien en Série A.

Après, oui, quand tu es enfant, surtout en centre de formation, tu as des rêves, des images : à un moment ou à un autre, tu veux être Ballon d'or. Meilleur joueur du monde. Évidemment. Tu te verrais bien entrer dans le répertoire des meilleurs. Et les enfants du futur auront un poster de toi.

Je jouais à la console chez un pote après l'école, je prenais le Brésil contre la France, et je me disais : je serai peut-être dans le jeu vidéo de l'avenir.

Mais la vérité – la pure vérité –, c'est que les tout premiers rêves de footballeur, c'est pas sur une estrade de remise de prix. C'est sur le terrain. Donc c'est la Coupe du monde. À la rigueur, la Coupe du monde alentour, qu'on appelle le derby.

Gamins excités des cités, vieux qui courent au ralenti mais qui courent encore, Brésiliens jonglant sur la plage, taulards en récréation, garagistes en pause déjeuner, joueurs et joueuses du dimanche : où qu'ils soient, les vrais passionnés aiment le ballon sur le terrain. Ils rêvent de faire de grandes choses sur grand écran.

Tu sais ce que je trouve incroyable ? Y a certains pros, tu te demandes s'ils aiment encore le foot. Tu as pas l'impression qu'ils s'amusent. Comme y a des parents, tu es pas sûr qu'ils aiment leurs enfants : ils jouent pas avec eux, ils font pas le jardin avec eux, ou quoi que ce soit.

J'ai joué avec des mecs, on s'entraînait tous les jours, je sais pas si je les ai vus rire une fois.

Va savoir si y a pas des rapports entre aimer et s'amuser. Va savoir. Je mets peut-être le doigt dans quelque chose, là.

Quand tu réfléchis pas, quand tu vis le rêve, quand tu t'oublies : tu es en short devant un public en furie, pas en pingouin soigné devant un parterre de célébrités. Quand tu t'y crois, tu portes pas un trophée. Tu soulèves une coupe.

Le fantasme, c'est le but de la victoire. Le sauvetage sur la ligne. La patate transversale rentrante. S'arracher pour sauver une vulgaire touche, et puis ça part en contre, et le public pousse.

Tu donnes tout, et ça rentre.

Incisif. Décisif.

Tu veux que je te raconte mes délires de gamin ? Ils commençaient tous un peu pareil. Je suis remplaçant. Par exemple, je suis un peu blessé, ou j'ai perdu la confiance du coach, ou je sais pas. Bref, d'abord, je suis pas titulaire. On est menés 1-0 et le coach me regarde. Dernier espoir, je rentre à dix minutes de la fin. Amoindri, mais vaillant. Et puis voilà, après, je faisais une chose ou une autre, je marque et je nous mène à la victoire.

J'en avais que pour le but, j'avoue, quand j'étais petit. Et toutes les déclinaisons qui donnent l'avantage. Panier à trois points, *dunk*, *smash*, *home run*, *touch down*, volée, essai, *ippon*, K-O...

Y a un bon film, où les rugbymen internationaux d'Afrique du Sud doivent gagner pour Mandela, quelque chose comme ça. La fin du film, c'est que les défenseurs tiennent bon, et ils gagnent. J'ai jamais compris la différence entre attaquant et défenseur au rugby, en tout cas l'équipe résiste, ça montre bien la performance de l'équipe solidaire. C'était bien, ce film, ça changeait un peu l'exploit du sport. Dommage, c'était du rugby.

Perforation ou résistance, on parle toujours du terrain. Inspiration, improvisation, transpiration.

Après, arrivé pro, j'ai de plus en plus aimé la passe décisive, le but importait moins.

Le Ballon d'or, c'est vrai que c'est joli. La médaille, ça claque, mais c'est qu'une breloque. Tu poses ça sur une cheminée. Tandis que sur le terrain, tu y poses tes... tes bijoux de famille. Tu te sens vivre, le stade te met la fièvre, tu montes en pression atmosphérique.

Un astronaute peut bien s'imaginer dans les livres d'histoire-géo et la liste de qui c'est qui a marché sur la Lune, ou même d'être le premier à sortir sur Mars. Mais dans le vrai rêve d'origine, je suis sûr qu'il pose le pied sur la terre grise ou rouge, sa pelouse à lui, et il lève les yeux et il voit, tout autour de lui, pourquoi il s'est entraîné tous les jours, dans le manège où faut pas s'évanouir.

On court après un putain de frisson.

La Coupe du monde, on l'a perdue en finale aux penaltys, je vais pas te refaire l'histoire, surtout à toi qui es italienne.

Tu sais que j'ai eu l'occasion de marquer, en prolongation ? Je m'étais ouvert la voie avec une feinte de corps de folie. Je te jure, le défenseur était parti aux fraises.

J'étais épuisé, j'ai écrasé ma frappe, c'est passé ras du poteau. Tout le monde a oublié.

J'en ai jamais voulu à Zidane, pour le coup de boule. Avec la fatigue, il a mis l'honneur de la famille au-dessus de tout. Secondaire, le foot. Secondaire, la France. J'aurais fait la même.

11

Avec mon statut d'international, les échanges avec les joueurs en sélection, les discussions avec mon agent, la validation de ma femme – et mon impatience, aussi –, j'ai mal géré le retour à Marseille, dans la foulée de la Coupe du monde.

Un de mes regrets. Faut bien en avoir un peu.

Mon agent, celui que j'ai recruté en Turquie et que j'ai gardé avec l'OM, m'a monté la tête. Il me poussait dans les médias et vers la sortie. Les agents prennent une commission à chaque transfert ; ils ont intérêt à ce que tu changes souvent. Et... mon transfert depuis Galatasaray avait lancé les hostilités entre lui et l'OM. Il m'avait aidé à partir, mais j'avais débarqué gratuit sur le Vieux-Port, donc sans com' pour lui. Il aura peut-être gardé une arête en travers de la gorge.

Il lui revenait les pourcentages sur mon salaire.

Ce conflit d'origine s'est immiscé dans une triste histoire de transfert éventuel, à la fin de ma première année à l'OM.

Je dis pas que l'agent se fichait de ma carrière. Ni qu'il m'a jamais aidé ou écouté. Juste que... la poussière sous le tapis finit toujours par dépasser.

Cet été-là, publiquement, j'ai parlé d'être transféré dans « un grand club ». J'ai dit ça aux médias. Au 20 heures de TF1. Comme si Marseille en était pas un. Pire : j'évoquais Lyon, pour mettre l'étalon de la comparaison. Son président Aulas me voulait. C'était le meilleur club français de l'époque. Pas une institution dans l'absolu – contrairement à Marseille, tu vas me dire –, mais qui en a quoi que ce soit à faire, de l'absolu ? L'actualité, c'était que Lyon jouait la Ligue des champions, pas l'OM. Lyon avait un effectif taille patron, l'OM une équipe en construction. Lyon avait de l'ambition, l'OM des dettes à purger. Le président Aulas allongeait vingt-cinq millions d'euros pour me recruter. Pour bâtir le projet autour de moi.

Je sortais de compétition internationale : dans l'élan, il me fallait courir en Ligue des champions. « On n'a plus de temps à perdre », comme chante l'autre.

J'aurais dû dire : « club qui joue la Ligue des champions », plutôt que « grand club », pour mentionner Lyon ?

J'aurais vexé les Marseillais quand même. Ils m'auraient reproché de pas les y avoir qualifiés sur le terrain. Ils sont susceptibles, sur leurs points sensibles.

Comme tout le monde, tu me diras.

J'ai vexé les coéquipiers, aussi. Dans la foulée de vouloir un « grand club », j'avais dit que je voulais jouer « avec des grands joueurs ».

Ah, je te confirme, c'est mal passé dans le vestiaire. La rigolade était pas franche. On a pas manqué l'occasion de me rappeler que j'étais petit. Les joueurs voilaient la menace pour pas démarrer la saison avec des bagarres, mais ils m'ont pas chambré que pour rire. Je voulais en même temps cogner et m'excuser : les forces se sont annulées, j'ai pas exprimé grand-chose. Deux ou trois semaines durant, j'ai joué sur un fil.

Me suis fait siffler et insulter, dans cette période. Beaucoup, oui. J'ai pris des réflexions dans la rue. Tu as plus envie de sortir de chez toi. Plus que jamais, tu veux partir. Rien que des jaloux et des ingrats partout, dans ton champ de vision. Il m'est venu une hernie inguinale, je sais pas si c'est lié. Quand les choses arrivent dans les mêmes périodes, tu peux pas faire autrement que de les associer.

Fatalité, le président Pape Diouf m'a pas laissé partir. « Intransférable ! » J'aurais pu aller au clash ; je l'ai pas fait. Pour le coup, je regrette pas.

On tenait à moi. Malika et moi étions d'accord qu'on resterait un peu en France. Lyon collait, mais j'avais pas fait le tour de Marseille. On m'augmentait. J'étais encore jeune. Rester à l'OM se tenait.

Un gamin m'a gueulé un truc, à la sortie d'un entraînement. Il avait quoi, quatorze ans ? Il portait le maillot doré du centenaire, un appareil dentaire et tellement de gel dans les cheveux qu'ils avaient l'air d'une coiffure de Playmobil. Il faisait le mariole avec ses copains, ils me regardaient tous en chiens de faïence, tandis que lui seul parlait et lui seul avait l'air triste, un peu comme un bouledogue anglais. Les insultes pleuvaient depuis des jours, et les reproches d'être un mercenaire, mais lui m'a dit, avec son accent marseillais coupé au cordeau : « Oh, la girouette ! »

Ça m'a vexé, « girouette ».

« Mercenaire », c'est un peu classe, c'est un peu John Rambo. Surtout, c'est la loi du milieu du foot. Tu perces en individu, pas en équipe, c'est la première des règles. Tu gagnes en équipe, je dis pas le contraire, mais tu mérites ta place dans le onze en individu. On en a déjà parlé. Mais « girouette »... J'ai dit : « Pff », je suis rentré dans ma caisse, j'ai démarré, j'ai roulé sans mettre de musique, je suis rentré, j'ai confirmé à ma femme qu'on restait encore un an à Marseille.

Elle était heureuse, ça lui allait bien.

Une idée a germé, aussi, en sortant du bureau de Pape Diouf. Le refus tout net du président m'a planté une inception. Ça a poussé, et aujourd'hui... Je comprends moins facilement qu'un contrat nous attache à ce point à un club. Quel autre travailleur est verrouillé comme nous par son employeur ? Pourquoi, quand on veut partir, on aurait pas un préavis et puis ciao bye bye, comme tout un chacun ? J'avais jamais réfléchi à tout ça, en débarquant dans le grand monde. Tu imagines, un travailleur à qui on dit : « Tu m'appartiens, tu restes », ou bien « Tu m'appartiens, je te vends en Turquie », ou encore « Tu m'appartiens, et si tu es pas content tu joues en réserve et tu perds ta valeur » ?

Tu accepterais, toi, qu'on te transfère dans un pays étranger chez un autre patron, parce que tu es en contrat avec Salernitana jusqu'en 2025 et que tu leur appartiens jusque-là ? Ou qu'on te retienne ici contre ton gré ?

Je sais, tu as pas mon salaire.

Mais attends.

Mon salaire, je le mérite. Je te dis pas que tu mérites pas davantage pour ce que tu fais ; je te dis que je mérite pas moins pour ce que *moi* je fais, et surtout ce que je rapporte. Y a des milliards et des milliards dans le foot. Des millions de gamins en concurrence pour y arriver. On regarde mes matches, on achète mes maillots partout dans le monde. J'ai eu des discussions, sur ces sujets, avec mes agents. Oui, je gagne beaucoup. Mais c'est quoi « beaucoup » ? C'est le marché des transferts qui décide des prix. Et si c'est beaucoup ou pas, c'est pas mon problème. Mon souci, c'est de voir ce que dit le marché. Le marché dit : « Ça, c'est ton prix. » Voilà ce que dit le marché.

Si un autre joueur gagne tant, et que moi je suis dix fois meilleur que lui, combien ça fait ? Ça fait dix fois plus.

Au moins, au foot, c'est les meilleurs qui gagnent le plus d'argent. La fortune grâce au travail et au talent, pas à la chance. Je fréquente pas mal de rappeurs, tu sais. Des connus et des moins connus. C'est les plus connus qui gagnent le plus d'argent ; évidemment. Mais « les plus connus », dans le rap, ça signifie pas les meilleurs, crois-moi. Les chansons faciles caracolent en tête en faisant du racolage d'auditeurs passifs, elles passent mille fois par jour à la radio, elles entrent dans la tête des gens. Et ils achètent. À côté, tu as des génies qui sortent pas de leur cave. C'est peut-être pareil dans tous les arts. Au foot, un joueur peut partager tous les montages YouTube qu'il veut et récolter tous les likes du monde, il fera face à la vérité du terrain un jour ou l'autre, et il devra faire face pendant de longues saisons, et sa valeur se verra comme le nez au milieu de la figure de Zlatan.

Au foot, tu prouves aux yeux de tout le monde.

Je suis sûr qu'au grand Milan AC, les kinés gagnent plus que toi, qui es dans un petit club. Est-ce que c'est des meilleurs kinés que toi, au Milan AC ? Peut-être. Peut-être pas. Sur le terrain, en revanche, le championnat nous dira qui c'est les meilleurs. Je crois pas que les bookmakers aient misé sur nous, avant le coup d'envoi de la saison.

Et au moins, au foot, c'est le travailleur qui gagne plus que le P-DG. Les joueurs font la qualité de l'équipe, ils ont la force de travail dans leurs jambes, c'est d'eux que les supporters achètent les maillots, c'est d'eux qu'on s'arrache les interviews. Fais-en un modèle, au lieu d'en faire un scandale.

Bref.

Le président Pape Diouf m'avait fait comprendre que si je faisais la gueule, si j'essayais de forcer les choses, si je copinais encore avec Aulas, il me ferait jouer en équipe réserve, et puis c'est tout. Est-ce qu'il bluffait ? Est-ce que si ça avait été un autre club que l'ennemi lyonnais, il aurait craché sur vingt-cinq millions d'euros ? Est-ce qu'il préférait attendre que je prenne encore de la valeur ?

Les clubs qui dénoncent les mercenaires, ils aiment bien empocher les indemnités de transfert. Et faut croire que les gens aiment bien les histoires de mercato à suspense, vu comme c'est médiatique.

Est-ce que je méritais que les supporters me détestent à ce point ? C'est possessif, un supporter.

C'est pas grave. C'est pas ce que je retiens.

J'aurais pas dû dire « grand club » en parlant de Lyon.

J'ai changé d'agent, j'ai pris le même que Zidane.

Personne pourra dire que j'ai pas tout donné pour l'OM, la deuxième année aussi. Une belle année, si on oublie les blessures et une nouvelle défaite en finale de Coupe de France.

Contre Sochaux, sans déconner. Elle a fait mal, celle-là.

Consolation : l'OM s'est qualifié en Ligue des champions.

C'est quand j'allais la jouer que je suis parti, oui. Pape Diouf m'avait donné sa parole qu'il me donnerait un bon de sortie. Le Real Madrid, le Bayern de Munich, je sais plus qui en Angleterre ont toqué à la porte. Quitte à se projeter en Ligue des champions, autant avoir des chances de la gagner.

Non, je retiens pas les conflits avec Marseille. Je retiens le Vélodrome. Le Vélodrome, c'est quelque chose. J'ai rencontré ce stade au bon âge. En pleine bourre. Peut-être qu'en Turquie, c'était encore plus chaud, et Munich n'a rien à envier à personne, et les tifosis d'ici aussi sont à fond, mais le Vélodrome coïncidait avec... ma transformation. J'ai muté d'espoir à international dans ce grand jardin ouvert au mistral, rempli par soixante mille mecs aussi excités que moi, chaque semaine.

Y a des femmes, aussi, au stade, oui. Tu as raison. Dont la mienne qui venait souvent.

C'était façon de parler.

Gamin, quand je regardais le foot à la télé, je me disais : ça doit être fou, le stade qui crie quand tu marques. Mais tu sais ce qui est fou ? C'est quand tu débordes sur l'aile. Quand tu élimines un joueur et que tu débordes, c'est comme si la foule prenait l'aspiration derrière toi. Tu as l'impression que la foule déborde avec toi. Les gens se lèvent quand tu débordes. Ils tiennent plus du tout assis, c'est plus fort qu'eux.

Quand tu marques, ou quand l'attaquant marque, ou le défenseur, ou peu importe, ils sont déjà debout – celui qui déborde les a fait lever. Un 9, un buteur au terme d'une action, il fait pas lever les foules. La joie du but, c'est du bonheur pur, c'est l'explosion, c'est super. Les gens aiment le club, le club a marqué, ils sont contents. Par contre, quand tu débordes, quand tu enchaînes les crochets, que tu repiques dans l'axe, que tu dribbles sans savoir précisément où tu vas avant d'y aller, que tu prends les espaces qui s'ouvrent l'un après l'autre, esquivant les jambes ennemies, imprévisible, vaguement aiguillé par la cage... quand tu portes le danger sur un plateau, tu sens les gens derrière toi. Ils veulent t'aider. Ils veulent être avec toi.

Ils veulent être à ta place.

Quand tu débordes, le stade est vivant, c'est un monstre à cent mille yeux qui retient son souffle. Les gens se lèvent et ils transpirent, ils crient pour te pousser.

Quand tu débordes, tu excites le stade.

J'en ai fait d'autres, des débordements, qui m'ont causé les pressions de la foule ! Mais au Vélodrome, je me sentais surpuissant. Les mecs chantent pour toi, ils te poussent. Sincèrement, ils te poussent.

Quand je marquais à domicile, au Bayern, c'était pareil. Ici en Italie, pareil : envie d'aller pogoter dans la foule. Je cours comme un chien fou. Quand je marque à l'extérieur dans un stade hostile, qui m'a bien insulté, bien sifflé personnellement ou collectivement, j'ai envie de narguer les supporters adverses, tu as pas idée. J'ai des pulsions cheloues, j'ai envie de me désaper, de m'exhiber, d'insulter tout le monde.

Le règlement nous interdit d'enlever le maillot, depuis quelques années. Pourquoi ? Je comprends pas.

Quand tu marques, tu as envie de te déshabiller, c'est plus fort que toi. C'est peut-être de montrer les muscles, ou... Mais non, non, c'est même pas ça. Tu veux jeter le maillot dans la foule, tu exploses, tu as chaud. C'est une envie... je sais pas. De courir. De sortir de toi. Comme de faire une bombe à la piscine. Tu viens de t'arracher, de t'épuiser pour marquer, et encore faut que tu coures, vers les coéquipiers, ou le banc de touche, ou les supporters, ou le poteau de corner. C'est du partage, tu vois, c'est le banquet à la fin d'*Astérix*, tu as mis tellement de gnaque à aller chercher le but, depuis une heure que le match dure, et quand ça passe, quand la balle est au fond des filets, toute la concentration que tu avais canalisée… elle part en expansion. Marquer, c'est le big bang.

À la fin de mon dernier match au Vélodrome, j'ai innové, pour le tour d'honneur : j'ai réquisitionné la tondeuse à gazon, grosse comme un tracteur, et j'ai roulé ma bosse sur la pelouse, longeant une tribune, et puis l'autre, faisant tout le tour, au rythme pépère d'un paysan qui déciderait sans transition de quitter le travail et de partir en vadrouille. Le stade aurait été ouvert, je serais descendu jusqu'au Vieux-Port. J'ai emprunté le micro du speaker, j'ai chanté avec les supporters. « Poooo… Po-lo, po-po-po, poooo… »

J'ai jamais pu résister à des clés sur un contact.

Avec le Bayern de Munich, en déplacement, j'ai emprunté les bus de l'équipe en bas d'un hôtel, pour surprendre le staff. Je sais plus si je voulais faire croire à un voleur de car, ou juste faire un tour de manège… J'ai heurté tout ce que je pouvais au premier virage. J'ai arraché deux panneaux d'affichage, renversé un plot en béton, froissé la tôle du car.

Il braquait mal, cet engin.

Oui, après l'OM : le Bayern de Munich, donc. Le Real s'est pas aligné. J'étais en vente aux enchères comme une œuvre d'art, qu'est-ce que tu crois.

Depuis la Coupe du monde, je suis devenu précieux. Mes pieds valaient de l'or. Dans la foulée de la défaite en finale, j'avais accompagné Malika à Oran, pour un mariage dans sa famille. J'ai découvert les joies des gardes du corps, du chauffeur privé qui nous trimballait. J'étais réincarné en coffre-fort.

On en a profité pour visiter le pays, financer du matos pour les gamins, faire des dons pour construire des mosquées. Le pays a besoin d'aide, je fais ma part. Je l'aurais bien fait en France, mais... Là, je continue juste à dépenser à Boulogne.

Je me sens encore boulonnais, faut croire.

J'ai offert le voyage à la Mecque à mes beaux-parents, aussi. Avant qu'on fasse la umra à notre tour, quelques années plus tard, je te raconterai.

Après Marseille, c'était les Allemands. Ils se sont battus pour moi, ils me voulaient absolument. J'ai rencontré personne d'autre.

Presque trente millions pour le transfert.

Presque sept millions de salaire annuel.

Brut, brut.

Ça a fait de moi le joueur le plus cher de l'histoire de la Bundesliga, le championnat allemand.

Mon nouvel agent a géré.

J'ai quitté Marseille à bord d'un jet privé spécialement apprêté par le Bayern. Au programme : visite médicale, visite de la ville et signature du contrat.

On l'appelle « traditionnelle visite médicale », comme si elle était qu'une formalité. Autant pour arriver à Marseille je doutais de rien, je voyais pas ce qu'on aurait pu me trouver, autant, pour le Bayern, j'arrivais garni de mes premiers pépins physiques à l'OM, et la consultation pouvait coûter trente millions à des gens. On est testé toute l'année, y a rien d'effrayant, si on réfléchit... Mais des légers décalages avec mes habitudes m'ont mis la peur au ventre. J'avais la rate au court-bouillon. Est-ce que c'était la tête austère d'un doc, ou la langue étrangère, ou la lumière trop blanche, je saurais pas dire, mais allongé sur la table, j'ai pensé à une morgue, comme dans les films où les enquêteurs vont voir les analyses du médecin légiste, et j'étais à la place du mort.

Aucun souci, comme prévu, à part que j'avais transpiré comme un bœuf.

Je récupérais le numéro 7 qui est resté mon fétiche. C'est joli, 7. C'est pointu. Même numéro que Cristiano, mais t'imagine surtout pas que c'est volontaire.

J'ai beau être rigolard, la découverte de Munich m'a un peu intimidé, au départ. C'est pas que j'étais réservé, c'est que... Tant qu'on est loin du terrain, du match ou de l'entraînement, j'ai pas mes repères. Loin de la pelouse, il me faut un temps d'adaptation. Si en plus je peux pas aligner deux mots, ça devient mission impossible d'être décontracté.

Dans le vestiaire, je prenais mieux mes aises. J'enchaînais les blagues, je lançais des glaçons avec les chaussettes qui servent de fronde.

Il me tardait d'enfoncer mes crampons dans le gazon bien arrosé, d'appuyer sur le champignon sur mon aile, de sentir les vibrations de l'Allianz Arena.

Sagnol m'a aidé, je dois lui rendre grâce. On se connaissait de la sélection et c'était un pilier du Bayern. Il a pas été estimé à sa juste valeur, Willy. Le championnat allemand a jamais eu la cote en France. Ça attaque beaucoup, y a des buts en pagaille, les stades sont pleins, mais la France aime pas le championnat allemand. Je crois qu'elle est jalouse.

Willy m'a fait le traducteur, les visites guidées, la carte Pass pour voir le fonctionnement du club en détail.

On allait au restaurant, il passait me prendre en bas de l'hôtel, on sortait, on se baladait, comme si j'étais un cousin en visite pour les vacances. Malika était d'abord restée en France avec les enfants ; c'était l'été, ils profitaient, elle faisait du tri pour le déménagement, des choses comme ça.

Elle a tout de suite aimé Munich, ah oui. Elle pensait pas, mais elle a aimé. Grünwald, exactement. À deux pas de la ville, comme tu dirais Aubagne pour Marseille. Plus près, encore. Un coin paisible.

Munich aussi, c'est tranquille. Les gens t'accostent pas comme en France. Tu peux aller au restaurant sans stopper toutes les deux minutes pour un autographe, une photo ou une main tendue. Les Allemands sont gentils. Pas envahissants.

J'avais vaguement le souvenir qu'on m'avait raconté le contraire à l'école.

J'ai sympathisé avec Daniel, aussi. Daniel Van Buyten. Le nom te dit rien ? Un grand Belge. Lui à côté de moi, on aurait dit la tour Montparnasse à côté de la gare.

Daniel a joué à l'OM avant moi, il était au Bayern depuis un an, on avait des choses à se dire. Il a été mon *bester Freund* tout le temps qu'il a passé au club en même temps que moi. On a rigolé, tous les deux. On a parlé, aussi.

Parler de nous, je veux dire. Même à Walid, je parle pas de moi comme à Dani. Avec Walid... On s'est jamais confié des doutes, par exemple. C'est pas le genre de la maison. Daniel, c'est peut-être l'écart d'âge, ou un truc des Belges qui met à l'aise... Je me répandais un peu.

La seule fois qu'on aurait pu s'embrouiller, c'est à cause de la PlayStation. J'arrivais pas à le battre. Le mec a une ch... Une chance, j'ai jamais vu ça. Quasiment à chaque occasion de but, il marque. Il se concentre même pas spécialement, il joue vautré dans le canapé, il me rappelait mon père devant le tour de France ; moi, il me faut une chaise rigide, ou un tabouret, et les coudes sur les genoux, je cligne pas des yeux de toute la mi-temps, concentré comme pour lire les lettres chez l'ophtalmo. Dani, du haut de ses deux mètres de décontraction, il appuie sur les boutons tranquille comme s'il piochait des cacahuètes au comptoir. Et il gagne.

Je lui arrachais une victoire de temps en temps, quelques matches nuls, mais après la dizaine de parties qu'on faisait dans la soirée, il sortait vainqueur aux points, quand c'était pas par K-O.

Un soir, on est à quatre victoires chacun, il est deux heures du matin, on a pas sommeil, mais on a entraînement le lendemain : on décide de faire la belle des belles. Je sers le jeu comme jamais. Je me concentre comme un maître Jedi. Je fais le match de ma vie. Je mène 1-0, et il reste quoi, cinq minutes dans le temps réglementaire ? En durée de console, ça fait quelques dizaines de secondes. Tranchant comme la fatalité, il égalise en toute fin de match. Engagement, il récupère le ballon et plante un doublé dans les arrêts de jeu.

Et il rit.

Même pas pour se moquer. Juste, il rit. Les nerfs qui lâchent. Il se marre d'être le meilleur, de voir que j'enrage. J'ai compressé la manette entre mes mains, elle a explosé. Oui, la vérité.

Il a ri de plus belle, il lui venait les larmes. Il riait tellement fort que ça culminait dans le silence, à un moment il avait plus assez d'air. Il devenait violet comme s'il s'étouffait, et ça repartait dans les aigus.

L'équipe de foot de Belgique, leur surnom, c'est « les Diables rouges ». J'en ai vu un vrai de vrai, ce soir-là, et c'était pas joli.

« Vas-y, arrête de rire !

– Ha ha ha !

– Dani, je déconne pas, c'est pas drôle.

– Ha ha ha ha ha ! »

Je me suis barré sans dire au revoir.

La belle vie, avec Daniel. J'allais mater les matches chez lui. On commandait des pizzas. Il me disait que je parlais trop pendant le match. C'est vrai que je tchatche comme si les joueurs pouvaient m'entendre. Je les engueule et tout.

Et surtout, sa femme et la mienne sont devenues copines. Qu'est-ce que je pouvais vouloir de plus ? Ils ont presque dix ans de plus que nous, les Van Buyten, on acceptait qu'ils connaissaient mieux la vie, en plus des charmes de Munich. Des vrais amis, comme on s'en fait peu dans le foot. La plupart des joueurs, on a déjà nos potes de toujours, d'avant le métier, et avec les transferts à répétition, on se fixe pas forcément en nouvelles amitiés non plus. Encore que moi, j'ai cumulé les vrais potes, faut dire ce qui est. J'ai l'air d'avoir eu que ça, même, non ? J'ai pas envie de parler des autres. Autant retenir le meilleur.

Daniel, il a même écrit la préface de ma biographie.

Il m'a aidé, du tout début. Il pouvait bien me battre sur la PlayStation.

Je le battais en salaire au club !

On se comparait les notes, aussi. Les évaluations, dans le jeu vidéo de foot. Chaque joueur est décrypté, noté sur 100 dans tout un tas de critères. Par exemple, j'avais 88 sur 100 en vitesse, et ma meilleure note, en vivacité – peut-être 91. Quelque chose comme 61 sur 100 de la tête... Sans doute 26 en tacle... Lui devait avoir 85 en tacles, mais... Tu as une note finale, une sorte de moyenne, et je l'éclatais. Je le mangeais d'au moins dix ou quinze points.

Ah, je suis meilleur qu'à l'école, aux notes FIFA.

J'ai passé la barre des 90 de moyenne, sur FIFA 2013, quand j'étais le meilleur joueur d'Europe, que j'ai été élu comme tel.

« Meilleur joueur d'Europe », pas « meilleur joueur européen » : le meilleur des championnats d'Europe, donc devant Messi et Cristiano.

Eux montaient à 95, ou 94...

Aujourd'hui, je suis à 77. Qu'est-ce que tu veux, c'est la vie.

Je me suis bien fait baisser.

Au moins ils se sont un peu appliqués pour dessiner ma tête. Parce que y a deux ans... J'ai fait un tweet et tout. Franchement, ils m'avaient bâclé. Je ressemblais à moins que rien.

Tous les joueurs regardent tout ça. Bien sûr, qu'ils regardent.

Je sais pas qui les fait, ces notes. Y a des aberrations, des chiffres sortis de nulle part. Je sais pas trop ce qui fait qu'on a 26 ou 32 ou 40 en tacle, ou en quoi que ce soit, mais on regarde tous, on s'en soucie.

Ça m'a quand même l'air mieux fait que les notes des journalistes les lendemains de matches.

Mon temps libre, je l'ai beaucoup passé avec Luca Toni, aussi, à Munich. Il est arrivé en même temps que moi au Bayern. On s'entendait sur le terrain comme en dehors – on est même retournés à l'école tous les deux. Le club nous organisait des cours d'allemand. Une fois par semaine. Bien sûr, que j'étais sérieux. Plus sérieux que Luca. Lui continuait sur la lancée de son enfance, d'après ce que je comprenais : deux minutes de concentration maximum, depuis toujours. Sauf sur le terrain. Moi, quand les choses me servent, je les fais bien, qu'est-ce que tu crois.

On apprenait surtout en tchatchant avec les coéquipiers, et on se tirait la bourre. Luca me chambrait pour la Coupe du monde, à part ça – il était titulaire en finale, lui aussi, mais du bon côté de l'histoire.

En plein footing, je lui faisais des petits croche-pattes comme à Hicham. Il m'attrapait pas davantage.

J'ai fait une première année exceptionnelle, au Bayern. Élu meilleur joueur du championnat. Aimé des supporters, des coéquipiers, du staff. Même les arbitres allemands m'appréciaient. Eux aussi, je leur fais des petites blagues, à l'occasion. Oui. Par exemple, j'ai fait mine de bien poser mon ballon pour un coup franc, aux pieds de l'arbitre qui désigne le lieu de la faute, et je lui ai défait les lacets, tranquillement. Derrière, j'ai marqué le coup franc !

À Munich, tout est organisé pour que tu penses rien qu'au foot. Tout est pris en charge, tu te soucies de rien. À l'OM, déjà, c'était le grand confort. Le club gère tes affaires – tu portes plus jamais un sac –, tes besoins, les déplacements de ta famille. Mais alors, au Bayern de Munich, c'est le grand luxe. Le bien-être professionnel est complet. Tu t'occupes de *rien du tout*. Sept jours sur sept, vingt-quatre heures sur vingt-quatre, tu peux contacter quelqu'un si tu as un tracas, besoin de parler, qu'on te livre à manger.

Ils savent avant toi ce que tu as besoin.

Tu peux oublier quoi que ce soit en déplacement, ta brosse à dents, ton déo ou ton slip, ils t'en donnent de rechange. À la cantine du club, à l'hôtel en déplacement, au restaurant en stage de préparation : toujours de la viande halal au menu. Pareil : ils te font pas tout un ramdam pour le ramadan. Tu te justifies de rien, tu t'excuses pas d'avoir des envies. Aucune perturbation doit t'empêcher de bien jouer au foot, tu es là pour ça et ils sont là pour que tu le fasses au mieux.

Ils m'ont même imprimé une pub où je suis en costume de roi de la Bavière.

Avec tous les zéros à mon salaire, on s'est fait plaisir encore plus qu'à Marseille, avec Malika. Ça fait du bien, d'avoir des belles fringues, propres et douces. La vérité, c'est pas seulement que tu te trouves beau : tu te tiens mieux, dans des sapes de qualité. Et c'est indispensable, les belles voitures. Plusieurs, pour varier les plaisirs. Pour montrer au vestiaire qui c'est le beau gosse. Pourquoi tu te contenterais d'une voiture moyenne ? Une caisse qui déchire, c'est beau comme une mosquée. Pour tous les détails, on s'appliquait. Sièges en cuir dans la bagnole, canapés en cuir à la maison. Tables qui se déplient, couteaux qui coupent, petits plats dans les grands, moulin à poivre avec broyeur mécanique, frigo imposant comme une machine à voyager dans le temps, congélateur de marchand de glaces.

C'est classieux, d'avoir rendez-vous chez tout un tas de gens qui prennent soin de toi. Je vais souvent chez le coiffeur pour être toujours impeccable. Je m'en foutais, à Marseille, de l'allure. Mais pourquoi pas s'appliquer ? Aujourd'hui, les jeunes footballeurs se font une coupe chaque semaine. Ils se recoiffent à la mi-temps. Ils me font rire, à se dorloter. En même temps, ils m'influencent un peu, faut bien s'avouer les choses, avec leurs dégradés parfaits.

En Turquie, à Marseille, on gaspillait à tout-va. Au centre commercial, on était comme des enfants au magasin de jouets, sans la censure d'un Père Noël sélectionnant qu'un ou deux trucs dans la liste ; nous, on s'offrait toute la liste. On aidait la famille et les proches, en premier. Toujours. Encore aujourd'hui. C'est eux qui disent qu'on peut arrêter de faire des cadeaux, avant nous qui pensons que c'est assez.

Je peux faire des choses comme inviter mon premier club de Conti au stade. Déplacement compris. Ça fait plaisir.

On gâte trop les enfants, mais j'arrive pas à savoir à quel point, j'ai pas de repères. On a offert un beau sac Gucci à Safia là. Mille euros.

Eh oui, elle aime les beaux sacs, comme sa mère.

Pour ses douze ans. C'est une grande, ça y est. Tu me suis pas sur Instagram ? J'ai partagé une vidéo où elle souffle sa bougie. Les mini films que tu fais avec les téléphones, tu sais ; avant, arrière, avant, arrière, en boucle. J'adore. Hashtag #lafamille. Plus de cent mille likes pour ma princesse.

Mais j'aimerais qu'ils oublient pas d'où ils viennent, mes enfants. Je les ai chacun emmenés au Chemin Vert. « C'est là qu'ils ont grandi, Papa et Maman. »

Ils étaient contents de voir, bien sûr.

Dommage, les immeubles d'origine sont détruits.

Je te l'ai dit ? Bon, ben je te le redis.

J'aurais bien aimé leur montrer les vrais tours, j'avoue.

C'est pas grave, ils ont vu l'ambiance, à l'opposé de la banlieue sud de Munich.

Je serais bien retourné, aussi, dans la cage d'escalier qu'on squattait avec le petit ballon, quand il pleuvait trop.

Les tours sont toujours debout dans ma mémoire.

Arrivés à Munich, on a mieux géré nos sous qu'à Marseille, on a reçu des recommandations. Des gens sont là pour te conseiller, oui. Le club met aussi en place des choses comme ça. Ils le font pas pour le staff ? C'est fou, ça. Pourquoi ?

Mon plaisir, c'est de payer cash. Faudrait demander à Malika, mais je crois que la première caisse, à Marseille, on avait fait un crédit. Depuis, j'ai toujours payé comptant. Tout. Même ma petite dernière, la RS6 Mansory.

Zéro à cent kilomètres-heure en trois secondes deux. J'ai toujours aimé Audi. Deux cent cinquante mille ? Je les ai. La Mansory m'a plu, elle a été à moi.

Finis, les intérêts à la banque. La banque faisait les gros yeux à ma mère ; elle me fait les yeux doux. On nous propose toujours des placements, des super trucs qui rapportent. J'ai des conseillers, mais... c'est Malika qui tranche.

Tu sais que même sans aller chercher les placements à risque, rien qu'avec les plans de vie et les assurances retraite, ça rapporte des pour cent ? Même impôts déduits, je reste bénéficiaire. Tu gagnes de l'argent, rien que parce que tu en as. Il te suffit d'en mettre à gauche, et ça gonfle. C'est fou, non ?

Donc voilà, on prend que les trucs sécurisés. Je prends déjà assez de risques sur le terrain, avec tous les coups que je prends.

Là, ma blessure au genou, elle m'inquiète de plus en plus. C'est pas la première, mais... J'ai pas trouvé le médecin très rassurant.

Il t'a parlé, à toi ? Non ?

Bon, on verra bien.

On a choisi des beaux tableaux pour toutes les pièces de la maison. Tu sais qu'ils font des peintures, aussi, Yves Saint Laurent ? Magnifiques. J'en ai une qui joue avec les lettres. Avec des traces de pinceau. Et même des coulures. Une sorte de graffiti grand luxe. On la voit un peu, dans un reportage qui vient m'interviewer chez moi.

Jamais de ma vie j'aurais pensé avoir des œuvres d'art à la maison.

La chambre, c'est une suite présidentielle. Le lit a l'air de pas savoir où se mettre. On gère tout avec une télécommande. Lumières, stores, clim. Dommage qu'on puisse pas baisser le volume des enfants.

Je dis ça pour la blague. Leurs chambres sont loin.

La première mission de la maison, c'est d'accueillir la famille. La famille et les amis, oui. C'est pareil. Les amis, c'est la famille.

Je sais même pas combien on a de pièces, surtout en comptant les dépendances.

Je sais pas non plus si j'ai plus de casquettes ou de paires de baskets. C'est les souvenirs que j'aime rapporter, d'où que j'aille.

J'aime bien les fringues qui sont stylées et décontractées. Les beaux survêtements, les tee-shirts cintrés, col en V. Soit unis, soit avec des motifs qui claquent, comme ils font Louis Vuitton, tu sais, avec leur logo mêlé à des graphismes, des sortes d'étoiles, dans des frises. Je porte pas trop de rayures. Faut que ce soit chargé, genre camouflage – ou tout d'une couleur, bien immaculé. Tout l'un ou tout l'autre. Ou mieux : tout l'un *avec* tout l'autre. En principe, je porte un tee-shirt uni et un froc bariolé. Quand je mets la veste de survêtement assortie, je laisse dépasser le tee-shirt, ça met du contraste.

Plus ou moins, j'assortis la casquette aux chaussures.

Des fois, même, à la voiture.

Avec une belle montre Bulgari, je suis paré pour aller au restaurant.

Luca Toni connaissait le meilleur italien de Munich. On y allait chaque semaine. Je le vois plus, ce bon vieux Luca, mais dès que je rentre à Munich, je vais dîner là-bas, je lui envoie une photo du plat que j'ai choisi.

12

Je veux pas que tu te trompes : je suis toujours celui que j'étais. Mes fidèles amis sont ceux de l'enfance. J'ai pas changé de femme. Je suis pas tombé dans la bourgeoisie. J'ai d'autres moyens, mais y a pas moyen que je devienne un autre.

Ce qui a bougé, c'est mon statut en équipe de France, dans la foulée du transfert. Zidane parti, tout le monde a cherché la relève. On avait encore des cadres. Thuram, Henry, Makélélé. Mais les gens se lassent, ils veulent toujours des nouvelles stars – et les nouveaux joueurs veulent occuper les premiers rangs, normal. La grandeur de mon club et de mes qualités me portait volontaire ; on peut pas dire que ça m'a souri, si on fait la moyenne.

Tout de suite après la Coupe du monde 2006, ça a roulé. On s'est qualifiés pour l'Euro 2008 sans fausse note, ou presque. En tout cas, sur le terrain. Dans le vestiaire, l'ambiance a baissé d'un ton. Même moi, j'ai perdu le feu. Sans parler que je devais côtoyer Samir Nasri, avec qui ça s'est dégradé sur la fin à Marseille – mais j'ai pas envie d'en parler.

Une sélection, c'est toujours des joueurs qui s'accordent bien avec les uns, moins avec les autres dans la vie de tous les jours. La mayonnaise prend quand même, normalement, sur le terrain.

C'est facile à dire quand on connaît le futur, mais le vent a tourné assez vite après la Coupe du monde. On pouvait sentir la tempête qui s'orchestrait. Sauf ses quelques copains, Domenech s'est mis toute la presse à dos.

Pas seulement la presse. L'un après l'autre, petit à petit, Domenech a mis tout son staff, tous ses collaborateurs, tous ses joueurs, tous les supporters, tous les Français en PLS.

Nous autres, on savait pas comment jouer. On voyait à peu près ce qu'il voulait pas – il voulait pas qu'Anelka décroche, il voulait pas que je joue à gauche, des choses comme ça –, mais qu'est-ce qu'il voulait exactement ? Il a peut-être jamais su lui-même. Il connaissait les trois quarts des joueurs depuis l'équipe de France espoir, dont il s'occupait avant. Ça l'a pas tellement aidé.

C'est un personnage compliqué. Au fil du temps, tu apprends à le détester.

On s'est fait tamponner à l'Euro 2008. On est même pas sortis des poules. À titre personnel, je termine l'Euro par une blessure à la dixième minute du match décisif contre l'Italie. Fallait un miracle pour se qualifier, on a perdu 2-0. L'histoire retiendra qu'en analyse à chaud, le sélectionneur a demandé sa fiancée en mariage devant les caméras de télévision. Quand on en parlait entre joueurs, la plupart étaient choqués du manque de professionnalisme. Evra avait clos le débat, il pensait que ce type était « complètement taré ».

Rude année internationale.

Domenech aurait dû être viré après l'Euro raté. Je sais pas quels jeux de pouvoir l'ont maintenu. Prime de licenciement trop grosse ; mieux lui qu'un autre dans les conflits internes... Va savoir.

Des joueurs l'ont défendu, aussi.

Et... je l'avais soutenu, moi aussi. Publiquement, oui. J'avais la dette de ma sélection en 2006. Ce mec m'a donné ma chance. M'a mis à côté de Zidane. Je peux pas le détester radicalement. Je pouvais pas l'enfoncer.

J'obtenais des promesses, aussi. D'être un cadre. De jouer à gauche. Qui sait ce qu'aurait voulu un autre sélectionneur ?

Que je le soutienne ou pas changeait rien, de toute façon. Les hautes sphères de la fédération avaient réglé le sujet, et leur compte à ceux qui voulaient les bonnes places.

Thierry Gilardi, le commentateur des matches de l'équipe de France, est mort un peu avant l'Euro 2008. Je l'aimais beaucoup. Il avait de la vraie affection pour moi. « Vas-y, mon petit », il avait crié, quand j'ai marqué en Coupe du monde. « Il est génial le môme ! »

Pas qu'il commentait de toute sa hauteur. Non. C'était des surnoms d'affection, j'étais jeune et il était mûr. Avec sa voix de fumeur joyeux.

On croise beaucoup les journalistes qui retransmettent les matches de l'équipe de France, et Gilardi était... comme un tonton. Il me rappelait les bons copains de mon père qui me passaient la main dans les cheveux comme s'ils étaient fiers de moi, sans même que je sois leur fils, sans même qu'ils m'aient jamais trop parlé ni que je leur aie trop parlé ; juste parce qu'ils me connaissaient de tout bébé et qu'ils aimaient mon père.

Le match après la mort de Monsieur Gilardi, c'était juste de lendemain. Je portais un débardeur où j'avais écrit un hommage ; j'ai marqué un penalty, j'ai enlevé le maillot, j'ai passé le message à la télé.

Pour une fois que je marquais quand j'avais un mot écrit sous le maillot. J'en ai porté, des messages restés dans l'anonymat...

Le premier, c'était pour ma femme, quand j'étais à Brest et qu'on perçait en Coupe de France. Pas de but ce soir-là, alors j'ai attendu la fin du match et j'ai essayé de m'incruster derrière les interviews des joueurs en fin de rencontre avec mon « Je t'aime Malika »... Idem, j'en avais fait un pour la naissance de ma deuxième fille ; pas de but ce soir-là, ni de passe décisive.

J'ai un peu menti, l'autre jour.

Zidane était à ma portée quand je lui ai lancé la boule de neige, mais y en avait d'autres, des mecs à ma portée, et des plus près de moi. J'avoue : je l'ai choisi lui, je l'ai visé lui tout exprès. Pour rigoler... Mais pour rigoler avec lui.

Je cogite, entre nos séances.

D'abord pour l'état de ce genou, et puis sur ce qu'on discute.

Je te disais quoi ? Oui, l'équipe de France qui commençait à tourner au vinaigre. L'ambiance plombée. L'Euro foiré. En club, tout serait allé bien sans quelques blessures récurrentes qui commençaient à m'agacer.

Ma célébrité a pris une autre tournure, elle aussi.

Maintenant, écoute-moi, on va faire une expérience.

Arrête-toi deux minutes. Après, tu reprendras les massages.

Ferme les yeux et imagine. Rien qu'une minute.

Prends les gens du monde, répartis sur les sept continents, et isole une catégorie à part. Une foule d'hommes et de femmes pas comme les autres. Combien y en a, c'est pas la question. Une minuscule portion. Sélectionne des Blancs, des Noirs, toutes les couleurs. Jeunes, vieux, entre deux âges. Prends même quelques enfants. Prévois des gentils, des méchants, des neutres, un peu de tout. Grandes gueules, discrets, hétéros, homos : peu importe. Ils ont un travail, ils font bien leur métier. Ils sont ni hors la loi ni hors des clous. Plutôt hors du commun. Ils veulent du tort à personne. Au contraire ! Est-ce qu'ils sont généreux ou grippe-sou, c'est pas le sujet non plus.

Maintenant, cette population diversifiée, dis-toi qu'elle a un point commun, et c'est le suivant : tu as le droit de t'en moquer comme bon te semble. Des gens essorables à merci. Tu peux : les imiter, les caricaturer, les insulter, te foutre de leur gueule sur toute la ligne, aux heures de petite et de grande écoute. Tu peux pointer les défauts de leurs visages, posticher l'accent de leurs voix, mettre des mots sales dans leurs bouches.

S'ils sont petits, traite-les de nabots, sans vergogne. S'ils sont gros, rappelle qu'ils passent pas la porte, sans scrupule. S'ils sont discrets, s'ils sont beaux, s'ils font du sport, prétends qu'ils sont cons, sans aucun doute. Ils partent en vacances ici ou là ? Ils ont des goûts de merde !

Répands la mauvaise parole à leur sujet, sans retenue.

S'ils ont le malheur de pas être contents, invoque que c'est des susceptibles, des capricieux, des petites natures.

Tu les humilies ? Demande-leur d'être humbles.

Tu peux ouvrir les yeux. Ce sac de gens, c'est les célébrités publiques.

Les acteurs, les politiques, les groupes de musique, les mannequines, et cætera. Les petits malins qui commettent l'outrage à agent d'avoir un métier qui passe à la télé. Les gens comme moi, évidemment. Tous les sportifs de haut niveau. Pas ceux des bas niveaux. Seulement les meilleurs.

Prends les chanteurs célèbres. Je sais pas qui, celui que tu veux. Tu connais la chanson française ? Mettons Johnny Hallyday, airqud fi salam. L'argent qu'il gagnait, il venait des foules. De son talent reconnu par le peuple. Le grand public achetait ses disques, depuis la nuit des temps où il a démarré. Après sa mort, les gens en demandent encore, ils font des playlists. À la queue leu leu, les masses se déplaçaient à ses concerts, aux stades de France et de Navarre. J'ai eu le temps d'offrir des places à mes parents. Ma mère m'a dit qu'au rappel, mon père a eu les larmes. Ils savaient plus où se mettre, pour me remercier. Toute la France connaît les airs et les paroles de Johnny. On chante ses tubes dans les karaokés, on a chacun sa préférée. Il a des sosies, des héritiers spirituels, sa gueule tatouée sur des épaules de mecs lambda. Johnny donnait du bonheur et des émotions. Rien qu'il chantait et qu'il prenait plaisir. Johnny faisait de l'argent, et alors ? Ses chansons, c'était pas des Bescherelle, et alors ? « Que je t'aime », tu veux le dire avec quels autres mots ? Et puis, en bon ou en mauvais français, il a forcé qui à s'intéresser à lui ?

J'arrive où je veux en venir.

La société des jaloux a inventé une contrepartie à son succès : elle s'est foutue de la gueule de Johnny. Même moi, quand j'étais petit. On criait, à l'école, dans les tympans des uns et des autres : « Ah que coucou ! Ah que coucou ! » Quand j'entrais en cours, au réfectoire, aux chiottes, en salle de perm' : « Ah que coucou ! »

Pourquoi je faisais ça ? Je sais pas, pourquoi je faisais ça. Ils faisaient dire ça à Johnny Halliday, aux Guignols. C'est tout. Une phrase où son mauvais français lui donnait l'air stupide. Les Guignols de l'info, c'est des marionnettes françaises qui servent à se foutre de la gueule des gens. Je sais même pas si ça existe encore, ou si tout le monde a fini par se lasser et plus jamais regarder, comme il se doit.

La marionnette de Johnny était bête comme un clou. Dans tous les sketches. Tout le monde riait en chœur et l'imitait à son tour dans la rue.

Je te dis pas qu'il était pas bête. J'en sais rien. C'est pas mon propos. À titre personnel, je pense que pour atteindre son sommet, tu es obligé d'en avoir dans le pantalon et dans la caboche, mais peu importe. Peut-être qu'il était con comme un balai, ou au contraire Rusé Renard comme dans le livre de mon petit dernier, ou peut-être... que comme tout le monde, il était plus ou moins con selon les situations. En tout cas, épargné, il l'a jamais été.

Quand j'ai eu ma propre marionnette, avec la Coupe du monde, que j'ai vu combien ils me prenaient pour un abruti, j'ai pas ri du tout. Bien sûr, ça a été pire après 2010 et l'Afrique du Sud, tu imagines bien. Mais avant, déjà. Tout de suite avec la première sélection. Un petit mec perce avec son talent ? Sanction par le rire, dans la petite foulée.

Au bout d'un moment donné, j'ai appelé mon avocat. Il avait évidemment pris connaissance des caricatures qu'on m'avait fait honneur.

« Pourquoi je porterais pas plainte, là ?

– Ils ont malheureusement le droit. Ou heureusement, selon le point de vue. C'est la liberté d'expression, vous êtes un personnage public.

– Ma femme qui souffre à cause de Zahia, c'est ma vie publique ou ma vie privée ? Ma manière de causer, c'est ma vie publique ou ma vie privée ? »

Pour les tocards qui ont fait la loi et pour les comiques qui passent entre ses gouttes, ma vie privée est donnée en pâture à des cochons qui se bidonnent depuis le canapé. Je cause mal le français, j'ai pas étudié comme les savants, je parle tout droit comme on parle chez nous, et alors, quoi ? Ils ont cru être montés où, les Guignols, les Nicolas Canteloup, les Laurent Gerra, pour me prendre de si haut ?

« Vos phrases et vos frasques, m'a dit l'avocat, avec ses mots qui font la révérence, relèvent désormais des affaires publiques. Nous pouvons porter plainte, mais nous allons perdre. »

J'ai changé d'avocat. Il avait dit « nous ». Il s'est mis dans ma team, comme si le jeu valait la même chandelle pour lui et moi.

La nouvelle m'a dit pareil : « Un procès contre des humoristes ? Je ne marche pas, c'est couru d'avance. Vous perdrez et ils en remettront une couche. La caricature est une tradition française. Vous seriez un anonyme, ce serait une insulte publique ; là, c'est un folklore. »

Les avocats, si je résume, je les paye moins pour me défendre que pour me dissuader.

Pour me consoler, le dernier en date m'a fait un peu de pédagogie, sans me prendre pour un fruit confit non plus. « Il faut séparer l'homme et l'artiste ! En devenant célèbre, votre personne a pris une certaine aura, un peu comme une œuvre d'art qu'on peut détourner ou parodier. Votre image publique est un bien commun. Vous faites un métier populaire, vous êtes une star. En contrepartie, la notoriété vous rapporte beaucoup de privilèges, de l'argent. » Blablabla. Mon argent, je vais l'employer à payer des gens pour tabasser tous ces cons, tu vas voir.

Je déconne.

Séparer l'homme et l'artiste... On en entend des belles, d'âneries, tu sais. Je me dédouble, pour jouer au foot, ou quoi ?

Quand tu tombes dans le domaine public, tu t'en relèves pas. Va voir, sur YouTube. « Ribéry guignols ». Je suis moitié rappeur bas de gamme, moitié triso, sauf leur respect.

« Prenez-le comme une consécration ! »

Presque, il faudrait que ça me fasse plaisir.

C'est la demande de rançon de la gloire. Il faut se faire une raison, disait l'avocat. Moi, je me suis fait la malle vers un pays moins regardant.

Attention. Je chambre, moi aussi. Je te la joue pas l'hôpital qui se fout de la charité, là. Mais de deux choses l'une. Soit je chambre mes proches et c'est donnant-donnant, ping-pong, je prends en retour, c'est entre nous, soit je chambre à part, et d'accord, je t'accorde que c'est plutôt *Fortnite* et chacun pour soi, mais avec un droit de réponse. On m'a beaucoup reproché de forcer. De pousser jusqu'à bout. Par exemple, avec Kinder Valbueno, comme je le surnommais, quand on jouait ensemble à l'OM. Le petit Valbuena, qui débarquait à l'entraînement avec son gros Hummer des *marines* de la CIA. Eh ben, quand je le provoquais, tout seul ou avec les autres, on était face à lui, tout près dans le vestiaire. Comme de toi à moi. Si ma voix fusait jusqu'à ses oreilles, il pouvait bien venir me tirer les miennes. On était pas cachés, on était à portée de ses vannes en retour, disposés à encaisser comme un boxeur qui a besoin de souffler après sa série de coups. Pourtant, il restait dans son coin. Un coéquipier s'intercalait, des fois. Et Valbuena, au lieu de lui dire laisse tomber, il se taisait, il le laissait faire la police.

On lui a pris ses clés du Hummer, un matin, on l'a déplacé loin de son parking. À la place, on a mis une petite voiture pour enfants, avec des pédales, là, tu sais... Voilà, on rigolait, quoi. Il est petit, il est petit !

Pourquoi il choisit une grosse voiture comme ça, aussi ?

Si je le croise demain, je te jure que je le prends dans mes bras. On a partagé de beaux moments. Il a réussi à faire carrière avec un centre de gravité encore plus bas que le mien. Et même plus bas que celui de Messi.

Pas la même carrière que nous. Il manquait pas de centimètres, il manquait de génie, mais il tournoyait, le con, il protégeait bien son ballon. Il tirait bien les corners. C'est moins facile qu'on pense.

Un jour, j'ai badigeonné l'intérieur de son caleçon avec la crème chauffante. C'est sorti dans la presse, je sais plus par qui – pas par lui, en tout cas, c'est un bon point pour lui, ça. Il se douchait longtemps, après l'entraînement, il chantait et tout ; tant que j'entendais l'eau couler, j'avais le temps devant moi, j'ai pu m'appliquer à appliquer la crème bien au niveau des couilles, à bien laisser pénétrer dans le tissu pour qu'on y voie que du feu. Les mots des autres prétendaient que j'abusais, leur rire aux larmes disait encore, vas-y, continue. On a tous réussi à pas se marrer quand il a enfilé son caleçon, je sais toujours pas comment on a fait.

Ah ah ah ! Il est parti avec ! Il a dû stopper sur la bande d'arrêt d'urgence de l'autoroute, tellement ça cramait...

J'aurais pu le brûler au second degré.

Il est pas moins vrai que mes affaires étaient à portée de ses petits bras, s'il voulait me rendre coup pour coup.

Comme avec Gourcuff en équipe de France : légère prise de bec à bec, jamais en traître. Et jamais agressif. Le plus que j'aie fait, c'est peut-être des calottes derrière la tête. Comme à d'autres ! Au quartier, tout le monde se fait ça depuis toujours. C'est mon éducation, disons. Des taquineries. C'est pas non plus des gifles. Encore moins une bagarre comme on a lu. Aucune embrouille. Des petites claquettes. Les nuques offertes ont toujours appelé le plat de ma main pour une petite tape amicale, comme je peux pas m'empêcher de rappuyer sur le bouton de l'ascenseur, alors qu'il est déjà allumé.

On reparlera de Gourcuff. Là aussi... La presse a fait tout un scandale, dans des disproportions divines. Je vais te parler de Knysna, de toute façon. Zahia, je sais pas, mais Knysna, obligé.

Les humoristes de métier, rien à voir avec les vannes entre amis. La télé fait écran, la loi fait barrage. Ces comiques, c'est les pires. Si c'est l'artiste du terrain, mon personnage public, qu'ils imitent ma façon de jouer au foot, ou de célébrer, ou je sais pas quoi ! À l'entraînement, les jeunes se moquent de moi, des fois. Y a un dribble que je fais, ils disent que je ressemble à un crabe. Un *granchio*. Au début, j'entendais « grand chiot », je comprenais rien, mais je riais déjà. C'est pas une question de vocabulaire, c'est le regard des gens, le ton de la voix, tu sens ce qui se joue, et qu'en même temps y a du respect. Le chambrage, c'est la règle numéro deux du *fight club*. Du vestiaire club.

La numéro un, toi-même tu sais, c'est qu'on parle pas de ce qui se dit dans le vestiaire. Et ce qui se dit, oui, c'est surtout des vannes. C'est le sable qu'on se cimente avec.

Mais sérieusement, j'ai toujours eu la gentillesse de venir parler aux journalistes, ils nous prennent à chaud à la sortie du match pour leur dire si oui ou non je suis content d'avoir perdu ou gagné, je glisse trois phrases avec mon cœur, et à la fin du fin, on me défonce en règle ? Mais on est où, là ? J'aurais dû fermer ma gueule et la porte de ma maison, quand tout le monde défilait pour avoir l'interview du Ti'Franck en 2006, après la sélection.

Tu as des internationaux, même des titulaires : personne d'autre que les fans de foot les reconnaissent dans la rue. Personne les a caricaturés. Prends... Jean-Alain Boumsong. Tu le connais ? Non ? Eh ben voilà. Il est pas *people*, il a très bien fait, il est toujours resté discret. Ou bien on est pas allé le voir. Ou bien il parle bien français et n'offre aucun poil à gratter. En tout cas, il a pas peur que ses enfants le voient passer pour un con à la télé. Moi, j'aurais dû me contenter de faire mon métier. Si j'avais anticipé, à l'époque, j'aurais fermé les rideaux. J'ai pas su retenir ma langue, j'ai dit oui à chaque sollicitation au bord du terrain pour dire deux mots après les matches. Même pas pour faire le malin ! Je sais que ça fait plaisir aux téléspectateurs. Moi, en tout cas, avant d'être joueur, ça me faisait plaisir d'entendre les pros parler.

Aujourd'hui, je cause qu'avec les gens de confiance ou avec les réseaux sociaux, là où c'est direct aux fans. C'est parfait, les réseaux sociaux. Des médias sans les journalistes – le paradis des stars. Un paradis ouvert aux gens normaux, aussi. Ils ont leur vitrine. Ma fille est influenceuse, elle doit rien à personne, aucun piston, aucune grande étude. Rien que son abnégation, son application pour les photos. Elle a du talent. Elle était VIP au concert de Maître Gims, y a pas longtemps – elle a fait des images magnifiques.

Si j'avais su comment ça tournerait à la dérision, la télé, j'aurais réfléchi.

Oui, j'étais flatté, aussi, j'avoue. Touché. J'ai laissé faire, de grand cœur. Comme un idiot. J'interprétais qu'on m'aimait, les gens s'intéressaient au Chemin Vert, on félicitait ma carrière en fusée.

Je sentais que j'étais un phénomène, j'ai pas vu venir que c'était de foire.

Je sais que je suis pas une lumière, mais je suis pas une bille non plus. L'école m'ennuyait, je sais pas expliquer. Aujourd'hui encore, j'ai même l'impression que je parle encore plus mal quand je m'applique. Mais j'aurais jamais pensé être traité comme ça pour mon bas niveau de langage.

Ma femme m'a souvent dit qu'elle aimait que je dise toujours ce que je pense. Que c'était tout ce qui comptait, de dire ce qu'on pense.

Qu'y a eu des malaises. On est devant la télé avec ma femme, et sans crier garde, voilà qu'ils invitent Canteloup et qu'il m'imite, et ça rit autour. Tu es chez toi, le cul dans le canapé, les pieds sur la table basse, une main sur la cuisse de ta femme et l'autre qui tient la télécommande, tu te reposes après avoir bien travaillé à qualifier la France en Coupe du monde, et on se fout de ta gueule en direct.

« Zappe, mon amour. »

Elle lit des livres, ma femme. Elle a lu le Coran. Elle lit des histoires d'amour, elle lit des polars, elle aime quand c'est gore et tout. Quand on part en vacances, surtout. De son côté du lit, sur la table basse blanche, tu trouveras toujours un bouquin ou un magazine à côté de la lampe. Elle arrive même à feuilleter quand je mets la télé. À un moment, elle ferme et elle vient contre moi. Elle peut pas s'empêcher de critiquer ce que je regarde. Ça bouge trop, ou bien c'est pas réaliste, ou bien c'est toujours pareil en plus d'être exagéré. Elle se remet à lire. Moi, je vois pas pourquoi un film se contenterait de faire comme dans la vie, puisque c'est un film. Malika s'endort toujours avant moi. Dans la nuit, si elle se réveille, elle met juste la lumière du portable pour me déranger le moins possible, vu que le matin, j'ai entraînement, et encore elle feuillette un peu. Eh bien, quand même, elle aime comme je parle.

Notre fille, elle parle quatre langues. L'aînée. Sonia, qui est influenceuse. Elle les parle pour de bon, pas comme moi qui baragouine, j'ai appris l'allemand et l'italien sur le tard, elle c'est à l'école qu'elle a fait des LV2, LV3, LV4. On a beaucoup voyagé, faut dire. Ça ouvre l'esprit. Dans des villes comme Dubaï, tu croises encore plus de nationalités que dans le championnat de foot anglais. Sonia raconte sa vie à table et sur Insta dans toutes les langues, mais elle comme sa mère, elles se méfient des acrobates qui parlent avec des phrases trop pleines de virgules et des mots trop remplis de syllabes, qui te tournent en bourricot. Les adjectifs trop jolis, ma femme dit que c'est suspect comme des persiflages de serpent. « Si un gâteau a du goût, y a pas besoin d'un nappage. » Mes imitateurs l'entendent d'une autre oreille ? C'est des merdes, des merdes lâches, malintentionnées, autosatisfaites, ils savent même pas faire dix jongles. Ils ironisent le matin, et le soir, ils s'intronisent au stade après avoir demandé des passe-droits pour la finale. C'est des baveux.

L'imam m'a dit : « Reste ferme et patient face à leurs paroles, leurs critiques et leur mépris, sois comme la pierre silencieuse et imposante sur laquelle se brisent les grêlons.

– Allah demande de ne pas attaquer, mais est-ce qu'il ne dit pas qu'il faut se défendre ?

– Si leurs paroles te blessent et que tu te laisses influencer, tu exauceras leur vœu le plus cher. Pardonne-leur plutôt de la meilleure manière, éloigne-toi d'eux et ne sois ni attristé ni opprimé par leurs intrigues. Leur critique insensée augmente ta valeur et ton mérite. »

Je sais, je sais qu'il faut que je m'en foute, et généralement je m'en fous, aujourd'hui globalement je m'en fous, j'ai mon métier, mes amis, ma famille, tout le monde va bien, al hamdoulillah. Mais c'est pour te faire remarquer. On m'a pas traité comme ça, en Allemagne. En Italie, total respect aussi. En France, qu'ils s'étouffent dans le vomi des blagues qu'ils font à ma rencontre. Moi et mon français, on les emmerde, ces baltringues. Quand on se fait entendre, on parle toujours bien. J'ai que ça qu'à dire.

13

Dis donc, j'étais revendicatif, hier. Remonté comme une pendule.

Tu sais qu'avant qu'on me descende aux enfers, j'étais le chouchou des médias ? Elle m'a résumé, ma femme : « Avant Knysna, t'étais ch'ti ; depuis Knysna, t'es musulman. »

Avant Knysna, y a eu Zahia, mais Malika a rayé cette mention inutile de notre historique.

Tout a changé sans transition quand c'est sorti dans la presse, que Zahia a couché avec moi contre de l'argent.

Disparition immédiate des sollicitations extra-sportives. Des requêtes sympathiques, je veux dire. Qu'avant, c'était Franck par-ci, Francky par-là. Même les Enfoirés m'ont invité. Les chanteurs des Restos du cœur. Oui, j'ai fait le concert des Enfoirés. Avec plaisir. J'étais en civil, invité d'honneur pour aller casser la voix avec Patrick Bruel et consœurs. Le chef d'orchestre, Jean-Jacques Goldman, s'était gentiment foutu de ma gueule. Tranquille. À deux reprises, devant les caméras de télé, Goldman a dit qu'il avait chanté à côté de moi, et qu'il valait mieux que je reste au foot. C'est rigolo, et c'est vrai, sa première vanne m'a fait marrer, mais quand il l'a sortie une deuxième fois, je me suis dit : « Oh ? Il croit que c'est moi qui a demandé à venir, ou quoi ? »

J'ai fait belle figure, je suis resté poli, j'ai dit que j'avais tout donné, avec le cœur. C'était la vérité.

J'avais le trac, et puis j'ai jamais compris les paroles : « Aujourd'hui, on n'a plus le droit, ni d'avoir faim ni d'avoir froid. »

Je me demandais : « Pas le droit d'avoir faim ? »

Tout le monde a le droit d'avoir faim, non ? C'est plutôt que des pauvres gens ont pas le droit d'avoir *à manger*, le problème, non ?

C'est un terrain où je suis pas très en confiance ; j'ai posé la question à personne.

Finalement, on m'en a fait chanter une autre : « Ici les enfoirés... Oh, ouh-oh ! Rejoins notre a-ar... mé-ée... »

Tu aurais vu comme le showbiz me faisait des courbettes.

J'ai croisé d'authentiques fans de foot. Obispo, Bruel, Alizée... On a parlé premier degré, on était content de faire connaissance.

J'ai même croisé Kad Merad, on a babelé, on a causé de Dany Boon. J'ai fait celui qui avait vu *Bienvenue chez les Ch'tis*. Mes parents m'ont répété deux mille fois de regarder le film. « C'est l'inverse de toi ! C'est l'histoire d'un Marseillais qui vient chez nous, et toi, tu es descendu à l'OM ! » Je lui ai donné cette anecdote de leur vision des choses. Il a eu un rire un peu forcé, mais le tour était joué, on a poursuivi notre route dans les coulisses du théâtre.

Celle que ça m'a fait le plus plaisir de voir, c'est Mimie Mathy. On était heureux, avec ma femme. Surtout elle, qui la regarde à la télé. Elle aime pas le cinéma américain, mais *Joséphine, ange gardien*, elle aime. C'était vraiment drôle de la voir en vrai. Sacré bout de femme. Énergique, chaleureuse. On s'est pris dans les bras. Elle aussi était enchantée de me rencontrer.

Tu sais jamais si tu peux avoir confiance, quand le métier des gens consiste à jouer la comédie. Pour elle, je dirais oui à coup sûr.

Pendant le spectacle, je débarquais masqué, on faisait la surprise au public – quand j'ai tombé le camouflage, la salle a crié de joie. C'est pas pour me jeter des lauriers : j'étais la mégastar, sans qu'on parle d'un public de foot. Impossible de m'y tromper. Ça résonne, une salle fermée. Plus qu'au stade. C'est pas forcément plus impressionnant qu'au stade, c'est brouillon, ça part dans tous les sens, tandis qu'au stade c'est puissant, c'est maîtrisé, mais j'entendais parfaitement les joyeux : « Ribéry, Ribéry » d'une foule en fusion.

En quoi je trouve que c'est maîtrisé, au stade ?

Les chants sont réglés, tout le monde reprend le refrain, avec la chorégraphie du corps, les bras levés, les écharpes qui tournent ; un spectacle authentique. Et alors, quand y a les fumigènes... C'est le feu. Je regarde pas les tribunes quand je joue, mais sur le banc des remplaçants, souvent.

Toi aussi ? Forcément.

Quand y a des longs arrêts de jeu, aussi, je lève les yeux vers la foule. Avec la fatigue, il m'arrive de voir plus qu'une énorme masse compacte, comme un mollusque multicolore.

Même les cris dispersés sont calés : ils collent au jeu. C'est pas des réactions aléatoires, au petit bonheur de la chance. On parle d'émotions de connaisseurs. Tu t'en rends compte dans tous les stades, même si tu l'entends dans certains plus que d'autres.

Quand même, au concert, ça envoie du lourd, le public qui reprend les refrains.

Si on te siffle au stade, crois-moi que c'est bien réglé aussi. Une tribune entière avec chacun ses doigts dans sa bouche et sa colère dans les yeux, ça finit par faire un orchestre de cymbales qui perce les tympans. Pour France-Algérie en 2001, j'y étais pas, mais en 2008, contre la Tunisie, j'étais titulaire quand le public a sifflé *La Marseillaise*. Comme quoi, il peut y avoir un bruit copieux, dans ce fichu Stade de France.

On s'y attendait un peu.

Pour amadouer les foules, la fédération, ou le ministère, ou je sais pas qui, avait fait chanter *La Marseillaise* à Lââm, en capella, vu qu'elle est tunisienne d'origine. Tu parles, qui c'est qui en a quoi que ce soit à foutre ?

La puissance des sifflets m'avait heurté. Surtout par le degré d'intensité.

C'était pas si grave. Presque, ça me faisait sourire. J'étais mi-figue mi-raisin, en d'autres termes. L'équipe de France black-blanc-beur sur les terrains a pas calmé les ardeurs des Blacks-Blancs-Beurs dans les cités. Sûrement que ces choses ont aucun rapport.

Quand la Tunisie a ouvert la marque, le stade a explosé de joie, comme si on jouait à l'extérieur ! Ça fait drôle. Ça, j'ai eu de la peine. C'est un plaisir que j'aime trop, jouer à domicile.

Les jeunes dans les tribunes se sentaient pas à domicile.

Y a eu tout un esclandre, dans la foulée du match, tu parles. Parce que soi-disant l'hymne est un truc sacré, à respecter comme le drapeau... Pourtant c'est rien que des symboles, tout ça. On parle pas d'insultes à des vraies gens. Tu blesses personne pour de vrai, si tu siffles une chanson. C'est pas Gainsbourg qui l'avait caricaturée, déjà ?

Des officiels ont dit qu'ils avaient été blessés.

Ça va, c'était *La Marseillaise*, respirez, les gars. Encaissez l'offense. Personne a posé d'ITT le lendemain du match, tu vois ce que je veux dire ? Pourtant, on aurait dit que siffler *La Marseillaise*, c'était un lèse-majesté. Sarko a déclaré qu'on arrêterait les matches si *La Marseillaise* était sifflée ! Et pourquoi pas quand les joueurs sont sifflés, tant qu'on y est ?

J'ai été sifflé, et beaucoup, en France, après la Coupe du monde 2010. Quand je venais en Coupe d'Europe, et de retour en maillot bleu après mes matches de suspension. Même à Marseille, malgré que j'aie tout donné pour eux. Ça fait pas plaisir, sur le moment, j'ai déjà fait la gueule quelques heures encore après un match.

La banderole qu'ils avaient bâchée, eux, elle disait : « Ribéry, arrête de courir, ton cerveau arrive pas à suivre. »

Ça gâche pas la vie. Même quand c'est censé être à domicile. Comme risque du métier, on fait pire.

Après 2010, je suis devenu un enfoiré au mauvais sens du terme.

D'abord avec Zahia, ensuite avec l'Afrique du Sud.

Je vais te raconter l'Afrique du Sud, mais j'ai pas envie de parler de Zahia.

Rapport à ma femme. C'est elle, la vraie victime de l'histoire. C'est ma famille, la victime.

Vraiment, j'ai pas envie de parler de ça.

Ou alors juste une chose.

Déjà, j'ai payé une escort qui était d'accord.

Prostituées ou pas, elles sont demandeuses, les filles, quand tu es star du ballon rond. Ma cicatrice a plus rebuté personne, quand j'ai été quelqu'un.

Pourquoi j'ai payé une meuf, quand d'autres se rendaient dispos gratos ?

Je me souviens même pas. Est-ce que c'était l'habitude de claquer mes sous ? Le plaisir de dépenser ? Une sorte d'échanges de bons procédés ? Si tu payes, tu dois plus rien, y a pas d'attaches, et à la revoyure – ou pas.

Tout ce procès merdique, pour en arriver à ce qu'elle m'avait dit et qu'elle avait avoué aux flics dès le départ : j'ignorais sa minorité. J'ai rien fait d'illégal. Je suis innocent. Elle, elle savait parfaitement ce qu'elle faisait. Elle était libre. Elle a fait un petit séjour en Bavière sans payer aucuns frais de la princesse.

Tu dis ? Oui, je suis bien d'accord.

Non, je ne sais pas, non.

Ce que j'en pense, c'est qu'y a pas de sous-métier.

Quand tu es une bombe, tu trouves du travail facilement, crois-moi. Vendeuse, serveuse, caissière ou autre. Ou bien, tu trouves un mec qui gagne bien. Même si tu es de banlieue, ou d'Algérie, ou homo, ou que tu cumules je sais pas quelle discrimination négative. Si tu es un avion, ça annule les tares, ça règle l'ardoise. Ça compense, comme d'être rapide si tu es petit.

Ça enlève rien que j'ai merdé et que je regrette. Ils sont tous sortis, les noms des mecs qui ont tourné avec elle. Sauf que moi, elle avait dix-sept ans. Sauf que je le savais pas. Voilà.

Je regrette, rapport à ma femme.

Tout le monde a su, et... Et c'est pas que ma femme a su, le problème. Enfin, si. Bien sûr.

En plus... J'étais avec son frère et Zahia avec une copine. Oui.

Le problème majeur, je veux dire. Le majeur, c'est que tout le monde a su, justement. Toi aussi ? Eh oui, bien sûr.

Donc... Malika savait, et elle savait que les autres ils savaient. Elle devinait que le monde y pensait, quand le monde la regardait. Dur.

Comme tu dis. Tout le monde au courant, c'était plus pareil.

Après, les journalistes ont fait tout un film qu'elle faisait les yeux doux à Yoann Gourcuff en équipe de France, comme pour se venger et me rendre jaloux, et soi-disant ça aurait nourri ma haine de Gourcuff. Je sais pas si les minets comme Yoann Gourcuff peuvent plaire pour de vrai aux femmes comme ma femme, mais je crois que des journalistes préféreraient travailler pour Netflix, dans le tas.

En tout cas, elle a jamais parlé. Jamais le moindre mot est sorti de sa bouche dans le moindre journal. Elle est restée digne. Les secrets de nos mots ont été prononcés dans une pièce où aucune taupe n'a ébruité quoi que ce soit dans la presse.

Je checke toujours un peu, de temps en temps, des nouvelles de France. Je me tiens vite fait au courant, quand j'ai cinq minutes à tuer. Y a pas longtemps, je sais plus pourquoi, je voulais voir si ma femme avait son article Wikipédia. J'ai tapé « Malika Ribéry ». Y avait un lien vers le site de *Voici*, tu sais, la presse à scandales, comme on en imprime des tonnes en France. Tu sais ce qu'y a écrit dans l'article ? Malika venait de s'éclaircir un peu les cheveux en blonde, et y avait écrit : « Comme un symbole, Malika porte aujourd'hui la même coiffure que Zahia. »

Faut pas que je les croise, tu sais.

J'ai pas fait de procès, j'allais encore perdre et ça allait décupler ma colère au carré. J'ai perdu contre Riolo, pour son livre où je suis « une racaille ». J'ai perdu contre Verdez et un autre, qui m'ont mis en couverture et dans leurs pages intérieures avec l'air d'un délinquant. J'ai perdu contre *Closer*, qui a écrit que je trempais à nouveau dans une affaire de prostitution. J'étais juste témoin dans cette affaire – j'étais pas menacé ni rien, j'étais pas mouillé, je devais témoigner, je connaissais quelqu'un de concerné, j'étais pas inquiété de près ou de loin –, eh ben ils ont fait l'article, avec un titre ambigu, comme s'ils savaient pas ce que ça insinuait. La fréquence cardiaque dans le rouge, aux verdicts. Les dents serrées comme des sardines. Je sais pas si la justice française fait peur aux bandits, mais crois-moi qu'elle calme les plaignants.

Je sais pas pourquoi je m'égare encore sur l'Internet français.

La liberté de la presse... Pour caricaturer, elle est forte. Le respect, j'y ai pas eu droit longtemps.

J'espère que Malika lira pas *Voici*.

L'islam enseigne que je peux remettre des actions du bon côté de la balance, pour rééquilibrer.

En Allemagne, personne a fait tout un foin. Comme si les Allemands séparaient le privé, respectaient le privé. C'est peut-être qu'ils jugent la prostitution autrement, avec leur légalisation en vigueur ? Ou le footballeur autrement ? Ou le privé autrement ? Je sais pas ce qu'ils perçoivent autrement, mais j'aime mieux leur vision des choses. Je parle des supporters, du club et des Allemands en général. Je repérais le soutien avec des choses simples et sans ambiguïté. Mon nom scandé au stade plus fort qu'avant, à l'annonce de l'effectif. Des petits mots sortis de leur contexte, quand je m'échauffais. Des déclarations en français. Des invitations à rester moi-même.

Au Bayern, on m'en a voulu d'une chose. Et j'ai bien retenu la leçon. Il arrive qu'on m'en veuille et que je sois d'accord. On m'a reproché de pas avoir parlé de l'affaire à mes supérieurs avant que la presse sorte l'affaire. C'est tout.

On m'a même pas reproché frontalement mon carton rouge en demi-finale de la Ligue des champions. Contre Lyon. Quelques jours après que le scandale Zahia a éclaté. Avant le coup d'envoi, les supporters m'ont acclamé, alors qu'ils connaissaient l'histoire. Ma femme aussi était dans les tribunes.

J'étais chamboulé, j'ai commis une faute bête, j'ai mérité l'expulsion.

Dans le vestiaire, c'est pas que ça a grondé, mais ça rigolait moins avec moi. Pas de crainte ou de respect ; plutôt par distance. Pour les trucs pas graves, un vestiaire cherche toujours à te chambrer, dans l'idée que ça décompresse. Même quand tu es *border*, un élément perturbateur tente une vanne. Si ça grince, d'autres interviennent, tout s'équilibre.

Là, rien. J'avais l'impression que le staff forçait les discussions pour pas laisser le blanc qui me ferait sentir qu'y avait un souci. Je me sentais traqué comme un parano.

Le club s'est qualifié sans moi en finale de Ligue des champions 2010.

Les joueurs sur le terrain l'ont perdue. Moi, j'étais suspendu par le carton rouge. Même pas sur le banc de touche.

Je te dis pas qu'on aurait gagné avec moi ; je te dis qu'avec moi, ça aurait dépendu de moi. Le président Beckenbauer a pointé mon absence dans les causes. Il a dit ce qu'il pensait. Il aurait pu m'enfoncer pire que ça.

N'empêche qu'Uli Hoeneß – le manager du Bayern, à l'époque, qui est devenu président peu après – a déclaré publiquement qu'il trouverait « hypocrite de me répudier pour une telle affaire privée ».

Y avait foule, en ce temps-là, en conférence de presse. Des têtes et des titres que personne avait jamais vus, qui se fichaient du football mais pas des affaires de mœurs. Des médias français, surtout.

Zahia était starifiée, et moi battu en brèche.

En haut lieu, Roselyne Bachelot et Rama Yade, ministres concernées, déclaraient que des joueurs mis en examen ne pouvaient pas jouer en équipe de France. Que ma situation juridique était incompatible avec une sélection. Des ministres mis en examen peuvent continuer à jouer à l'Assemblée nationale grâce à la présomption d'innocence, mais le maillot bleu a des règles plus strictes que les costumes cravates, apparemment. C'est sûrement qu'on est plus importants, nous les footballeurs. Les jeunes de cité doivent moins s'identifier aux gens du Parlement, ça doit générer une hiérarchie des priorités, des devoirs au cas par cas pour l'exemplarité.

Deux journalistes faisaient une enquête, ils fouinaient, on me lâchait d'autant moins dans les médias que la Coupe du monde approchait. Non pas que je regardais moi-même, mais bizarrement, tu ressens qu'on te traque aussi par l'intermédiaire des messages de soutien des proches. Tout le monde s'inquiète, prend des nouvelles.

Ça monte à un point que tu as moins le plaisir d'avoir le réconfort des gens que la pression et la honte pour la famille.

Les sondages mesuraient mon impopularité, histoire d'écarter la plaie. Tu sais quelle impression j'ai eue, face à la tempête de critiques ? Que ça faisait plaisir à ceux qui se déchaînaient. Comme si leur ton offusqué était un vernis sur des serres de rapaces qui aimaient déchirer ma viande. J'ai ressenti ça, grâce à la différence de traitement par l'Allemagne.

Quand je pense que je voulais partir du Bayern, cette année-là. Le Real Madrid me faisait les yeux doux ; sans cette histoire, je crois que j'y serais allé. Le président du Real a eu peur pour l'image de son club. En parallèle, j'ai jamais senti qu'un départ du Bayern aurait soulagé Munich de quoi que ce soit. Peut-être qu'ils l'ont pensé ; ils l'ont pas fait peser sur mes épaules.

J'ai ma dette pour toujours.

Je me trouve ingrat d'avoir voulu quitter le navire munichois cette année-là. Il a dû m'arriver de raconter que j'ai jamais voulu partir, que j'avais trouvé mon club de toujours, mais la vérité, c'est que j'ai voulu un transfert, avant les affaires. J'ai cru que Madrid m'amènerait plus haut. Le club de Zidane.

J'ai mal cru. La vie m'a montré que Munich était la maison.

Les voies du Seigneur sont impénétrables : pour rien au monde, je regrette le tour du rond-point qui m'a laissé en Bavière.

C'est facile de dire ça, maintenant que je connais l'histoire ; à l'époque, j'ai commis l'affront de douter de ma bonne étoile.

Oui, j'ai douté d'Allah.

Faut pas se mentir.

J'ai souvent menti aux autres, mais je me mens pas à moi-même. J'ai menti à mes amis, j'ai menti à ma femme, j'ai même menti à ma mère, et pas qu'une fois. Mais dans mon âme et conscience, j'ai toujours été lucide : quand j'ai fait l'enfoiré, c'était en connaissance de cause. J'ai jamais cherché à me rassurer, comme quoi au fond j'étais quelqu'un de bien. Les gens ont pas de fond. Ils ont que ce qu'ils font. Si tu te regardes en face, tu le sais, que tes actions sont bonnes ou pas. Et Allah aussi le sait. C'est pour ça que je crois en Dieu. Parce qu'Il sait. Croire en Dieu, c'est pas grand-chose d'autre : savoir qu'Il sait. Il sait d'où tu viens, Il sait ce qui t'attend. Alors tu dois craindre Allah.

C'est pas Allah qui fait les choses à ta place. C'est pas Lui qui fait que tu vas marquer un but ou pas. Allah, juste, Il sait. Tu peux avoir confiance en Lui. Si tu pensais que c'est Allah qui a marqué pour toi, alors tu devrais penser aussi qu'Il a raté quand tu rates – et là, ça va pas. C'est toujours toi qui as échoué, c'est jamais Allah. C'est moi qui a pris mon carton rouge. Je refuse de m'innocenter au prétexte que mes échecs étaient la volonté d'Allah. Qu'est-ce qu'Il en a à faire, des détails ? Rien, j'imagine.

Bien sûr, Il le savait, mais je l'ai fait moi-même, comme un grand et comme Il le savait.

Pourquoi je prie, alors, avant les matches ?

Je Lui dis que je sais qu'Il sait. Je sais qu'Il veille sur le monde, je sais qu'Il veille sur moi, je sais qu'Il est grand, et je veux qu'Il sache que si la gloire m'attend, je la Lui rendrai.

Ça m'arrive aussi de lui demander que je me blesse pas. Qu'Il prenne soin de moi. Qu'Il me laisse jouer au football, saisir ma chance de Lui rendre grâce.

Blessé comme en ce moment, je me dis pas qu'Allah m'a blessé directement. Mais je sais qu'Il me met à l'épreuve. C'est moi qui me blesse, mais c'est Lui qui me met à l'épreuve, en sachant que j'allais me blesser. Tu saisis ?

Sur le terrain, j'y pense plus du tout. J'y reviens quand je quitte la pelouse. Si j'ai fait un bon match, je Le remercie de m'avoir donné cette vie. Si j'ai fait un mauvais match, je Lui dis que je ferai mieux la prochaine fois.

Cette année-là, tout était embrouillé. J'aurais pas su dire deux jours à l'avance ce qui m'attendait. Ni comme sort ni comme émotion.

Une sorte de loi du sport l'avait finalement emporté et je suis parti en Coupe du monde. Déjà que l'équipe de France était aux abois, si en plus j'allais pas au tournoi, on pouvait directement fermer boutique.

Et puis Domenech savait ce qu'il me devait.

Plus tard, il s'est plaint de moi dans son livre.

Crois-moi qu'il lui manque des codes de la bonne éducation.

Il aimait tellement emmerder tout le monde, tellement se donner l'impression d'avoir du pouvoir, qu'il m'a peut-être sélectionné pour se donner des frissons.

Il aurait peut-être mieux valu qu'il le fasse pas. Pour lui comme pour moi.

14

Un jour, je prendrai le temps de lire le bouquin de Patrice Evra. Son autobiographie. Sinon, je demanderai à ma femme et elle me racontera. À mon avis, la meilleure vérité, c'est lui qui la raconte. Dans l'histoire de l'Afrique du Sud. On en a parlé tous les deux, évidemment. Depuis son poste de capitaine, il a vu des choses comme aucun autre.

Le président de la fédération et le sélectionneur ont été limogés sous ses yeux par la ministre. Elle l'a interrogée, après. Il m'a dit qu'elle connaissait rien au ballon. Elle lui a demandé si c'était normal de parler mal dans un vestiaire ; il lui a répondu que le coach Ferguson, à Manchester – on parle d'un héros du foot international, là, même qu'ils l'appellent *sir* Alex Ferguson – jetait des chaussures à crampons à la figure de ses joueurs en les traitant de tous les noms d'oiseau.

Patrice et moi, comme tous les présents, on a pas supporté que la ministre nous cajole en Afrique du Sud après la grève, nous disant dans les yeux qu'on avait l'air de gars bien, avant de nous traiter de caïds une semaine plus tard à l'Assemblée.

C'est pas que j'avais une confiance totale, mais... avant, c'était une intuition. Maintenant, je peux te le jurer sur la vie de ma mère : c'est pas des gens honnêtes et je m'en fous de faire des généralités.

William Gallas, sa fille, elle lui a demandé dans les yeux si c'était vrai qu'il était un caïd.

Ce que je peux te dire, moi, c'est que rien a commencé en Afrique du Sud. Pour un tsunami, les dégâts sont immenses sur les terres quand les vagues démarrent de loin. Pas qu'un tremblement de terre a eu lieu quelque part à un moment donné... C'est plutôt une somme de gouttes d'eau. Elles ont fait déborder le vase et ont tout renversé sur leur passage.

Si y a eu une étincelle, c'est moins les expressions d'Anelka à la mi-temps du match que l'impression sur papier le lendemain matin. C'est les insultes à la une du journal qui ont fait exclure Nico. Sans quoi, les paroles se seraient envolées.

Le point de vue de chaque joueur serait passionnant, dans cette histoire. Faudrait une série Netflix qui les combine.

Remarque, on viendrait me voir avec des millions de dollars que je dirais rien. J'ai perdu confiance.

J'ai plus de ses nouvelles, mais... j'écouterais bien le récit de Thierry Henry. En tête-à-tête. Il a terminé sa carrière internationale en Afrique du Sud. Lui qui voulait finir sur une bonne note.

Les matches de qualification pour la Coupe du monde nous avaient déjà mis sur de mauvais rails – sans parler, avant les qualifications, des quelques années de galère à chercher une composition stable, un style de jeu, une équipe solidaire. Sans jamais trouver. Les jeunes et les anciens se comprenaient pas. Se respectaient tout juste. Même moi, j'avais pas que des potes.

Le match aller-retour contre l'Irlande, tu l'as en tête ? On se fait bouger à l'aller, mais Nico – Anelka – envoie une frappe déviée qui rentre et nous met en ballottage favorable. Match retour à la maison : on se fait manger. Les Irlandais marquent, bien fait pour nous et mérité pour eux : 1-1 sur l'ensemble des deux matches au terme du temps réglementaire, ça part en prolongation. On est dominés, mais sur un long ballon, Henry amortit deux fois de la main sans sourciller, passe à Gallas, qui pousse la balle au fond des filets et nous qualifie.

Oui, quand tu touches le ballon deux fois, tu peux pas plaider le mauvais réflexe !

Et alors ?

Pendant des semaines, tout le monde s'est acharné sur Titi. Que c'était un tricheur, que c'était la honte, qu'il fallait rejouer le match.

On partait en Coupe du monde, c'était pas l'essentiel ? Apparemment, non.

Que les Irlandais aient les boules, je comprends, mais en France ? La discussion quelques jours, c'est le jeu. Mais s'acharner comme ça sur une légende du foot français... Ça m'avait choqué.

Maradona marque de la main, on parle de chef-d'œuvre. Quand c'est Thierry Henry, on dirait Satan en personne.

Tu dis ? On avait moins mérité sur le terrain que les Irlandais ?

Celui qui a mérité, c'est celui qui a gagné.

La triche, c'est pas ça. La triche, c'est le dopage, ou les valises d'argent enterrées. S'aider de la main, ça reste sur la pelouse et sous les yeux de l'arbitre. C'est comme se laisser tomber dans la surface, tirer le maillot de l'adversaire discrètement, ou faire une faute pour stopper une contre-attaque : c'est jouer au chat et à la souris avec les hommes en noir. Tu aimes ou tu aimes pas : c'est le football.

Moi je dis : faut être burné, pour faire une main volontaire interdite.

Non, mais c'est une image. On dit tous ça, « burné »... Ou « poser ses couilles »... Pour dire qu'on fait front ; c'est pas au pied de la lettre.

Tu dis ? Ça met le courage par nature du côté des garçons, et pas des filles ? J'en sais rien, j'y ai jamais réfléchi ; peu importe, de toute façon. On partait en Coupe du monde grâce à Henry : on aurait dit que ça faisait plaisir à personne.

Zidane m'avait raconté combien le journal *L'Équipe* avait descendu les Bleus et le sélectionneur Aimé Jacquet avant la Coupe du monde en 98. Tu crois qu'ils ont fait profil bas, ensuite ? Bien sûr que non.

Je sais pas si c'était Domenech ou autre chose, mais on recevait aucun soutien de la presse depuis des lustres, de toute façon. De personne. Même Yannick Noah était sorti de sa retraite pour dire que c'était impossible de nous aimer. Soi-disant, on donnait rien. Soi-disant, on se fichait du monde. Soi-disant, on méritait pas d'être en bleu. La preuve, on chantait pas *La Marseillaise* ! La preuve, on gagnait pas contre des équipes regroupées en défense !

Comme ils aimaient pas nos matches, ils disaient qu'on aimait pas le maillot...

Nous non plus on aimait pas nos matches ! Rien à voir avec renier la sélection.

Les unes des journaux et les déclarations des consultants se suivaient et se ressemblaient : ils se plaignaient tous comme des présidents de club en déroute, comme des supporters frustrés. Pour nous désigner, tu pouvais lire « les trompettes », tu pouvais lire « les imposteurs », tu pouvais lire « les arrogants », « les ignorants »...

C'est pas parce que c'est pas des gros mots que c'est pas des insultes.

On lit pas tous le journal, loin de là. Y en a toujours qui le font. Si c'est pas des joueurs, c'est des kinés ou des membres du staff. Tout se sait. Tout ce qui se dit de nous dans la presse ou à la télé, ça nous revient. Dans le meilleur des cas, le coach ou le capitaine s'en sert pour nous motiver. Dans le pire, ça fissure des vestiaires en plusieurs clans. Surtout quand y a un joueur de l'équipe qui mentionne les autres. En citant ou par allusion. Il clame toujours que les journalistes ont transformé ses propos.

S'il l'avait fermée, y aurait eu aucun propos à transformer.

Attends, je suis un ingrat avec Noah. C'est le seul qui a dit que c'était le bal des hypocrites, l'acharnement sur l'affaire Zahia. Le mec a eu les... le cran de dire qu'il serait mort, si on avait sorti toutes ses histoires du placard.

La phrase d'Anelka aurait jamais dû sortir.

Sortir du vestiaire, je veux dire. De la bouche d'Anelka, ça devait finir par arriver. Des plombes et des plombes que le sélectionneur arrivait pas à le faire jouer. Ni à faire jouer personne. Même aux cages. Le gardien est censé être la pièce la plus stable. Pas avec Domenech !

Nico voulait jouer avec un deuxième attaquant. Nico aime décrocher. Il a le droit, de demander. C'est lui qui sait mieux comment il est le meilleur.

Ça aurait été moi le sélectionneur, j'aurais mis un autre attaquant qu'Anelka, si je voulais qu'un seul attaquant qui prend la profondeur. Anelka décroche, il décroche ! Domenech s'est obstiné à titulariser un Nico contre nature et à lui faire des reproches.

Personne y croyait, que le cœur du problème était les décrochages de Nico. Le fond du problème, c'est que y avait pas de fond de jeu. Moi-même, j'ai dû me battre pour jouer à gauche, là où je suis clairement le meilleur. Domenech voulait pas m'y mettre. Je l'avais pas soutenu deux ans avant, pour qu'il me dégage de mon aile fétiche ! Ni pour qu'il me traite de « diva sensible » dans son livre, d'ailleurs.

Je suis pas sensible.

Mais c'est une autre histoire, qui fait que j'ai fermé boutique. J'ai plus envie de voir ce mec.

Mais à l'époque, on tenait notre rang, on discutait d'homme à homme avec le sélectionneur, sans arrière-pensée. Les cadres, comme moi, comme Titi, comme Patrice et d'autres, ça se prononce sur l'équipe, aussi, évidemment.

Par exemple, moi et d'autres, on voulait pas que Gourcuff joue. Il est peut-être beau gosse, il est peut-être un génie, mais il avait pas le niveau d'engagement requis.

Il fuyait le jeu, à l'entraînement. Alors on l'asticotait.

On le voulait pas avec la même chasuble que nous, dans les oppositions. C'était pour le provoquer, aussi. N'importe quel joueur normalement constitué pour être footballeur professionnel, si tu le mets à l'écart, il se rebelle et il prouve qu'il a sa place. Ça t'aide, au final, quand on te bouscule. Comme quand j'allais jouer chez les grands et qu'on me donnait pas un ballon propre.

Gourcuff, ça le soulageait qu'on l'écarte. De sortir du onze de départ. On en aurait eu besoin, d'un Gourcuff au sommet. Mais ça grimpait trop, pour lui. J'y peux rien.

Je dis pas que c'est facile de faire une équipe. On est des sommes de caprices. Je dis que c'est comme ça depuis que le foot existe et tant qu'il existera.

Des sacrifices pour l'équipe ?

Bien sûr, qu'on les fait. Mais à une condition : constater que l'équipe marche si on fait les sacrifices.

Sinon, à quoi bon ? Moi, je me sacrifie pas pour un résultat négatif. Je suis pas sadomasochiste.

Domenech a eu des années pour trouver la formule, il a réussi qu'à nous enfoncer. C'est pas qu'on a pas progressé : l'équipe a régressé encore et encore. Sacrée performance !

C'est terrible, de savoir que tu es supérieur à l'adversaire, mais de pas réussir à l'inquiéter. C'est frustrant pour les spectateurs... Imagine pour les joueurs ! Nous autres, on a un orgueil. On veut gagner, toujours. On peut pas non plus se défausser toujours sur l'entraîneur. C'est nous qu'on s'agite sur le terrain. Et d'entendre encore et encore qu'on est nuls, qu'on pense qu'à l'argent et qu'on est trop payés et qu'on s'en fiche des gamins qui vont au stade, tu crois que ça nous passe au-dessus ?

J'ai pas été surpris que Nico, à bout de nerfs, lui sorte d'aller se faire mettre, avec son équipe de merde. Lui ou un autre, ça allait arriver. Je m'étonne que ça ait tenu si longtemps avant de craquer.

« Va te faire enculer, sale fils de pute », comme ils ont mis sur la couverture du journal, c'est pas ce que j'ai entendu.

Ça ou autre chose, c'était un peu une ponctuation... Ça méritait pas tout ce tintintouin.

On venait plus vraiment en équipe de France avec plaisir. La presse nous donnait des coups à cœur joie. Je peux pas rétorquer qu'on jouait mieux qu'ils disaient, je demande juste : c'est une raison d'écrire « traîtres » ? Ils vivent tellement nos vies par procuration, ces rageux, que quand ils en ont pas pour leur désir, ils nous repoussent aussi bas qu'ils peuvent. C'est comme... C'est comme si on les vexait, quand on leur donne pas le plaisir qu'ils demandent. Ils font copain-copain avec les joueurs, et finalement, ils font les maîtres d'école, avec leurs notes et leurs critiques. C'est eux, les capricieux. Quand on gagne, ils nous aiment ; quand on perd, ils nous détestent. Même dans leurs notes les lendemains de match. L'équipe qui a gagné a *toujours* des meilleures notes que celle qui a perdu. Ils sont même pas capables de penser qu'on peut perdre en ayant été meilleur, au foot. C'est tout l'intérêt du foot ! Tu peux gagner en étant moins fort.

Va éliminer Federer, si tu es classé troisième division... Va coucher un boxeur, si tu es pas dans sa catégorie... Au foot, les Petits Poucets ont leur chance.

On nous reprochait même de mettre des casques pour nous concentrer avec notre musique. C'était criminel aussi de pas jouer aux cartes comme à l'époque des aïeux. C'est quoi le problème des soirées console ? Si on a pas gagné alors qu'on était supérieurs sur le papier, ils nous reprochent de pas vouloir gagner. Ils sortent l'eau du bain avec le bébé. Ou alors, de vouloir gagner que de l'argent. Mais on fait ce qu'on peut, nous. Les cas rares de joueurs qui veulent pas gagner, je les ai soupçonnés chez des joueurs qui voulaient un changement d'entraîneur grâce à la défaite, espérant qu'un autre les mettrait titulaires. Mais personne pense à ça en équipe de France. Tu es pas en contrat avec la sélection. Ta place est pas réservée. Tu vas pas venir en bleu et te torpiller tout seul en donnant pas tout. Les mecs qui écrivent sont au top tous les jours, eux ? Ils aiment leur journal ou leur radio tous les matins ? Les journalistes sont pires que des supporters, alors qu'ils payent même pas leur billet et qu'ils nous encouragent même pas. Les supporters payent et te poussent, c'est normal qu'ils demandent du mouvement. Mais les journalistes ?

On leur doit rien.

Et tout l'argent qu'on ramasse, il vient de la même source qui leur fait mettre toujours le foot en une ; et par miracle, de temps en temps, les autres sports.

Le foot est le sport le plus populaire, point barre.

Bien sûr, j'ai voté pour la grève avec les autres joueurs. La question était plutôt de savoir qui votait contre ; personne a levé la main.

Nico, c'est mon pote. Pas qu'à moi. Tout le monde l'aimait bien. C'est pas les insultes qui l'ont exclu, je te le répète : c'est qu'elles ont fini en une. C'est pour ça qu'Evra avait les nerfs contre la taupe.

Non, je sais pas qui c'est. On l'ignore tous, sauf les journalistes qui ont pondu la une.

J'ai ressenti la trahison, comme tout le monde.

Le joueur exclu aurait pu être n'importe qui, on en avait tous plein le cul, et dans le vestiaire, on est tous comme au comptoir d'un bar.

Je connais pas d'autre fonctionnement de métier, mais... Est-ce qu'y a pas partout l'équivalent des vestiaires ? Comme des conférences de rédaction ?

Comme des coulisses ? Au concert des Enfoirés, avant la scène, crois-moi que tu en as qui font des blagues en coulisse, qu'ils aimeraient pas qu'elles sortent en public. Je suis sûr aussi que des chanteurs, ou des acteurs, ou des one-man-shows, ils doivent se prendre la tête en backstage avec des producteurs, ou... leurs supérieurs à eux. Partout, il doit y avoir ça. Des endroits, dans tous les secteurs, où sortent des trucs qui doivent pas sortir de là ? La cantine de l'entreprise ? Les arrière-boutiques ? Les conseils d'administration ? Les chiottes des filles ?

L'impression d'avoir été mis sur écoute est affreuse.

Crois-moi : c'est pas les trois meilleurs amis de Nico qui étaient choqués par son expulsion du groupe. Tout le monde, toute l'équipe était traumatisée de trouver des mots de vestiaire en une du journal, et que ça pousse Nico vers la sortie. Déjà qu'on allait parler à la presse qu'à contrecœur, pour ceux qui leur parlaient encore... Certains sont assez à l'aise, d'autres pas du tout ; d'autres encore, comme j'étais, sont pas à leur avantage, mais y vont volontiers. Mais ils sont rares, ceux qui y vont avec plaisir. Tu les retrouves souvent consultants, quand la carrière est terminée. À Knysna, un fossé était creusé, on était reclus, Domenech facilitait rien, et tu en as pas un qui a rétorqué : « Eh ouais, les gars, la liberté de la presse », en découvrant la une. Ma parole d'honneur qu'on s'est tous sentis trahis comme un seul homme, qui ressemblait à Robert De Niro à la fin des *Affranchis*.

Tout le monde a dit oui à la grève dans la foulée. On était que le sélectionneur et les joueurs, quand Anelka s'est lâché.

Je pense pas que ce soit Domenech la taupe. Ni Gourcuff.

Ma thèse, c'est qu'y a pas de taupe. Y a des mecs qui ont causé entre eux, avec d'autres qui ont causé entre eux. Dans le foot, les cercles de parole qui s'élargissent finissent toujours par faire entrer un journaliste ou deux.

Quand je dis que y a pas de taupe, je veux dire : personne n'a poucave *exprès* pour que ça fasse la une.

Tu sais que la mère de Raymond Domenech a été interviewée pour dire qu'elle s'est sentie insultée par le « fils de pute » ? Ah ah ah ! Y en a vraiment qui ont pas les codes.

Tiens, on dit pas « fille de pute ». C'est étonnant, ça. « Sale fille de pute » : non, vraiment, personne dit ça. C'est drôle. Les meufs, c'est « pute », direct.

Oui, ça te fait pas rire, je comprends.

La nuit, avant même la parution du journal, y a eu tout un Trafalgar que je t'épargne pour arracher des excuses à Nico. Privées puis publiques. Finalement, le mec a dit OK et ça aurait dû le garder dans le groupe ; c'était trop tard, paraît-il, maintenant que c'était en une. Nico devait obligatoirement quitter le groupe. Ça venait « d'en haut ». On croit parler d'un secret d'État au FBI...

Je t'épargne aussi les prises de bec entre le capitaine et le sélectionneur pour aller parler aux journalistes, formuler des excuses, etc. Domenech est parti à la presse sans même prévenir Evra. Le responsable des relations avec la presse était dépassé par les événements, sparring partner des aléas.

Nous, on voulait marquer le coup. Faire honneur à Nico. Pas baisser la tête.

Est-ce que c'est pas une grève, le recours, quand personne veut écouter ce que tu as à dire ? On a réagi comme tout un chacun, ni plus ni moins.

Moi qui ai jamais manifesté de ma vie, j'ai fait coup double, ce jour-là.

Evra m'a reproché d'avoir rompu le pacte entre joueurs, quand j'ai pris la parole en direct sur *Téléfoot*, le matin avant la grève. Sans dire à personne. Ni au staff, ni aux joueurs, ni à TF1. Non, TF1 non plus, j'ai pas prévenu. Ils étaient en pleine émission. Est-ce qu'ils débarquent pas sans crier gare, eux, les journalistes ? Ils me demandent s'ils peuvent m'attendre à l'arrivée de l'avion ? S'ils peuvent me suivre en voiture ?

J'avais mes problèmes personnels en parallèle de l'affaire Anelka. Obligé de monter au credo. J'ai débarqué sur le plateau, et j'ai raconté, en gros, que... depuis deux, trois jours, on passait vraiment un moment très difficile... Difficile pour les joueurs, pour notre pays, pour tout le monde... Ah, je suis parti sur de grands chevaux. J'ai avoué que moi le premier, avec tout le groupe, tout le monde, on était en train de souffrir. De ce qui se passait entre nous, et surtout de tout ce qu'on pouvait entendre de l'extérieur.

On entendait dire que j'avais un problème avec Yoann Gourcuff. Que quand il me voyait, il rasait les murs... C'était faux ! Je leur ai dit ! Bien sûr, que c'était faux. J'ai affirmé que j'avais aucun problème avec Yoann. J'ai même dit : « Au contraire. » Et que j'étais le premier à lui parler. Ce qui était vrai. À ma façon, mais c'était vrai. Je le pensais vraiment, en plus : on avait besoin d'un joueur comme Yoann Gourcuff – s'il jouait à cent pour cent.

On disait que je m'étais battu avec lui dans un avion, des choses comme ça. Fallait que j'aille dire que c'était n'importe quoi, vu que c'était n'importe quoi.

J'ai reconnu que oui, le groupe explosait. Bien sûr, que ça explosait. J'ai répété qu'on souffrait. Que j'avais conscience que c'était pas que nous. Que c'était la France entière, aussi. Je savais plus trop ce que je disais, mais honnêtement, c'est mon cœur qui parlait. Et honnêtement : je souffrais.

J'ai reconnu qu'on avait pas été bons sur le terrain. Et même, qu'on avait pas mouillé le maillot comme on aurait dû le faire. J'ai plaidé que c'était difficile. Qu'on avait pas su gagner. On y avait cru, on avait voulu, on se sentait bien. Contre l'Uruguay, c'était vrai, on avait essayé de faire des choses. Mais individuellement. J'ai dit sans me cacher : « On a pas joué en équipe. » C'était une raison pour que tout le monde se foute de nous ?

Et puis j'ai craqué. Je leur ai balancé qu'à un moment donné, j'étais le premier à aller voir les journalistes, à parler avec eux, que ça me faisait plaisir... Mais que j'avais plus envie. Que tout le monde était en train de me... De parler contre moi... Et j'ai conclu : « Ah ouais j'ai les boules. »

J'ai dit ni plus ni moins que tout ça – tout le monde s'est moqué comme jamais, et surtout que j'étais en claquettes. On est tous en claquettes, en attendant d'enfiler nos chaussures de foot. Je devais faire quoi, y aller en crampons ?

J'ai toujours les boules contre Yoann. Je lui ai dit, et Patrice aussi lui a dit : « Va démentir. » Il a jamais démenti. Comme si les rumeurs qu'on le maltraitait l'arrangeaient. Comment ça peut t'arranger, d'être une victime ? Eh ben, ça semblait bien son cas.

On le chambrait, bien sûr qu'on le chambrait : le mec était le meilleur à l'entraînement, quand il était pas annoncé dans les titulaires. Des grands clubs le voulaient ? Gourcuff disait qu'il était pas prêt. Propret, ça, il l'était. Mais il avait pas le tempérament requis.

Tu le sais, toi, qui bosses dans le foot, comment ça se passe. Les coéquipiers qui te mettent la pression quand tu rates une passe. Les anciens qui s'accrochent à leur poste et qui prennent de haut les nouveaux. Les jeunes qui ont faim, qui s'achètent des Porsche avant même d'être titulaires et qui se font reprocher ça. Tu connais, les tempéraments des leaders. Je t'ai dit que Zidane était gentil, mais fallait pas l'oublier s'il était démarqué, sur le terrain. Et fallait doser ses passes, pas lui envoyer des parpaings. Tu prenais ta volée de bois vert, sinon. Moi c'est pareil, faut me rendre le une-deux, ou avoir trouvé mieux. La différence entre les titulaires et les remplaçants, c'est pas le niveau. C'est le niveau d'exigence.

C'était un truc de la télé, de voir Gourcuff en héritier de Zidane. Avant de vouloir jouer comme lui, faut vouloir jouer autant que lui. Avant de gagner autant que lui, faut aimer la victoire comme lui.

Zidane a jamais jugé les grévistes, lui. Il sait qu'y a pas plus sacré que le vestiaire. C'est le sanctuaire.

15

Oui, tout ça la même année. 2010. L'affaire Zahia et l'affaire Knysna. J'avais vingt-sept ans.

Comme un faîtes exprès, l'été qui a suivi ces belles sorties médiatiques, j'en ai fait une autre. Une belle pour de vrai, cette fois. Ma première conférence de presse en allemand. « *Heute ich werde versuchen Deutsch sprechen* », je crois que c'était mes premiers mots. Ah, j'étais fier. Fini les traducteurs, fini d'être invalide. Je me débrouillais, enfin. J'avais déjà démarré des interviews en allemand, mais je revenais toujours au français à la deuxième question, voire au cours de la première. Là, ça y est, j'étais *fließend*. Partout, on me félicitait pour mon niveau de langue.

Je me suis senti d'autant plus installé dans l'allemand que la France s'était défoulée à mon encontre, les mois précédents.

Notre maison et notre quartier allemands nous plaisaient toujours plus, Malika rentrait de moins en moins longtemps à Boulogne, le club m'avait protégé envers et contre tous : j'étais ficelé à la ville. Est-ce que je voulais laisser tomber le pays de mes parents pour autant ? Je sais pas. Je note les coïncidences, voilà tout. La communication des vases. Un se vidait d'un côté du Rhin, un se remplissait de l'autre.

J'ai purgé mes trois matches de suspension et je suis revenu en bleu. On est quatre à avoir pris des matches de suspension. Meneurs de la grève, d'une manière ou d'une autre. Fallait nettoyer l'équipe de France au karcher pour quelques matches.

J'ai retrouvé le public français en 2011 : il m'a sifflé. J'ai fait abstraction, autant que possible. 2012, on joue un match amical contre l'Allemagne : j'avais plus de supporters côté allemand, à en croire les réactions dans le stade.

Les commentateurs me traitaient toujours d'individualiste, les Guignols de l'info m'ont caricaturé plus abruti que jamais, et agressif en prime. J'ai fait le dos rond.

Les deux journalistes qui fouinaient ont fini par sortir leur biographie. La mienne, je veux dire. *La Face cachée de Franck Ribéry*, histoire de me dégrader encore un peu, comme si j'étais un sombre escroc. Le cœur du livre, c'est l'affaire Zahia. Ils démarrent avec ça, pour que les choses soient bien claires. Ils allaient pas raconter ma vie dans l'ordre et perdre du temps dans leur quête.

Ils ont pas eu la patience d'attendre le verdict du procès ; tu parles, ils allaient pas risquer que je sois innocenté, comme ça s'est passé. En vrais professionnels de l'enquête juridique, ils ont creusé, ils ont retrouvé les déclarations à la police, les témoignages des uns et des autres, les dépositions, les noms des personnes impliquées, les liens que j'avais tissés, tendus ou distendus. Tant qu'ils y étaient, ils ont été fouiller jusqu'à Lille pour raconter le centre de formation ; surtout l'exclusion. Ils ont tourneviré à Boulogne, recueillant les confidences commodes, préférant les versions qui s'emboîtaient dans leur système, pour expliquer combien j'étais pas quelqu'un de bien.

J'ai pas craqué, j'ai rien lâché. Je me suis satisfait d'habiter loin. J'ai attendu les annonces des sélections en équipe de France sans certitude que j'y serais ; sans certitude non plus que je voulais encore y être plus que tout.

Fatalité, j'y étais toujours. Mon niveau continuait de trancher les débats.

Le nouveau coach, Laurent Blanc, avait pas beaucoup à faire pour qu'on le préfère à Domenech. Il pouvait pas faire pire. De notre côté, on devait signer une charte. On nous rappelait qu'on était vingt-trois à la partie sèche d'un iceberg de footballeurs, qui atteignaient la somme de deux millions de licenciés dans la partie mouillée. Sous le regard de soixante-cinq millions de Français et même du monde entier. Concrètement, ça voulait dire qu'on devait être respectueux du maillot bleu, de l'histoire de l'équipe, de l'hymne. On a demandé si « respectueux de l'hymne » pouvait se faire sans chanter.

« En théorie, oui », on nous a dit.

On est quelques-uns à avoir mis ça en pratique, contre les conseils avisés des autorités.

Le respect s'adressait aussi aux arbitres, aux adversaires, aux règles. J'ai plus en tête la liste entière des devoirs ; y avait tout ce qu'on peut imaginer. Esprit d'équipe, solidarité, humilité, etc.

Ça finissait qu'il fallait être pro aussi avec les médias. Ils façonnent notre image, on devait pas l'oublier.

Ils nous ont tout lu en réunion collective, avant qu'on signe en individuel. Les blagues étaient malvenues – je voulais d'autant plus en faire une ou deux. J'ai pas écouté jusqu'au bout ; j'imagine qu'ils ont fait le chantage aux primes. J'étais près de la fenêtre, je regardais le paysage. Les nuages tenaient la dragée haute au soleil, j'ai cherché des ressemblances dans leurs formes, comme quand j'étais môme. J'en ai pas trouvé.

« Ça va aller, Franck ? on m'a dit, en me présentant le stylo pour parapher.

– Tranquille. »

J'avais déjà compris leurs doutes grâce à leurs yeux, pas besoin de me poser la question. Ils donnaient une importance démesurée à leur charte : elle disait que des choses qu'on savait déjà, qu'on avait déjà dans l'idée d'accepter, puisque c'est notre métier toutes les semaines. Comme si, quand tout à coup on était plus assez positif et généreux dans l'effort, quand tout à coup on était en colère contre tel ou tel, agacé par l'arbitre, un équipier, une question, un mauvais coup, c'était qu'on ignorait qu'il fallait être professionnel et poli.

Comme si, grâce à une charte, on allait maintenant se rappeler. Comme si, grâce à un papier qui recyclait des leçons de courtoisie, on serait plus jamais en état de péter les plombs si quelque chose nous faisait craquer. La charte était moins pour nous que pour dire à tout le monde que c'était pour nous.

Comme s'ils se réjouissaient qu'y avait eu Knysna : ils pouvaient enfin nous faire la leçon sans maquillage.

« Ils » ? Les officiels, je veux dire. La fédération. Dans les couloirs, ils détestent les politiques et les journalistes ; quand ils en croisent, ils leur lèchent les bottes, pour rester poli et conforme à la charte.

On a pas été très loin, à l'Euro. Éliminés en quart par le favori espagnol.

Après, Didier Deschamps est arrivé en remplacement de Laurent Blanc, pour rabattre les cartes. Sa sélection de joueurs ressemblait à celle de son prédécesseur. Des joueurs vieillissaient et sortaient du groupe, des jeunes brillaient et nous rejoignaient. L'entre-deux âges tenait son rang. Le style de Deschamps variait, en revanche, et c'était pas pour me déplaire. « Je suis là pour qu'on gagne. La première victoire, c'est de se qualifier pour la Coupe du monde au Brésil en 2014. » Un sélectionneur qui commence par les ambitions sportives, ça faisait du bien.

J'étais, faut bien dire ce qui est, beaucoup plus impliqué en club. Au quotidien. Pour la saison 2010-2011, les blessures physiques se sont cumulées aux commotions morales des mois passés. J'ai passé tout l'automne à l'infirmerie, j'ai manqué au moins dix ou douze matches. Sur trente-huit journées de championnat, on parle d'une grosse part du gâteau. C'est toujours en automne que je me craque quelque chose. L'année d'avant, c'était la rotule, et là, le ligament externe de la cheville. J'ai appris à bien connaître le corps, en me le brisant. C'est magique, tout ce rouage, hmm ? Ça a beaucoup grippé, sous ma peau, mais ça m'a toujours fasciné.

Une rude année. Le Coran t'enseigne qu'Allah ne t'impose jamais plus que tu peux supporter. Il devait me prendre pour une force de la nature. J'ai fini par me dire qu'Il me surestimait.

J'aime les clubs où quand tu es blessé, tu viens quand même au centre d'entraînement. On te soigne sur place, ça reste ton lieu de travail. Tu te sens moins isolé, moins inutile. Pas au chômage. Ça m'a jamais empêché de perdre patience, mais ça m'a peut-être retenu de trop m'énerver. C'est pas pour te contrarier ni pour dire que j'aime pas ton travail, mais j'aime mieux les séances de kiné quand je suis en forme, qu'on travaille la récupération. Là, j'ai un peu l'impression d'être une voiture au garage, et c'est pas la place où j'aime stationner.

Quand je suis revenu de blessure, cette année-là, il a fallu mener une autre bataille : retrouver mon niveau. Tout le monde arrête pas de te dire que tu dois appréhender de te refaire mal. Cissé m'a beaucoup parlé de ça. Il s'est fracturé le tibia deux fois, lui. En plein match. Pratiquement tout seul, sans agression extérieure. Pas à l'issue d'un tacle assassin ; non, en pleine course, à cause d'un mauvais appui. « Tout le monde a tellement peur que j'appréhende de me blesser, que je finis par appréhender », il me disait. Je vois bien ce qu'il voulait dire. Tu reviens de blessure, tu essaies de te reconcentrer, de faire abstraction du passé proche, mais les précautions des autres te retiennent dans l'embarras.

On te dit : « Ça va aller ?

– Bien sûr, que ça va aller. » Et tu as envie d'ajouter : « Occupe-toi de ton cul. » Tu dis rien, c'est jamais méchant de leur part, mais un footballeur blessé, il sert plus à rien. La pommade sur la jambe de bois, ça réchauffe pas le cœur, ça brûle et ça fait mal. Un rien me vexe, quand je suis blessé. En tout cas, avant. J'ai fini par m'y faire : entre les problèmes musculaires, les mals au dos, la cheville, le genou, l'autre genou, l'aine, la malléole, les abducteurs, les vertèbres... J'en ai coché, des cases de la Sécurité sociale. Les élongations de la cuisse et du fessier, les panaris à l'orteil, les usures... J'en passe, et des pires... Sans parler de mes problèmes gastriques à répétition... La lutte intestinale. J'ai même eu une « grippe abdominale ». Je savais pas que ça existait. J'ai d'abord cru que j'avais mal compris. C'était bien ça. Quand j'ai raconté à Walid, je voyais qu'il avait envie de rire...

« Vas-y, rigole pas, frère...

– Mec, t'es sérieux, une grippe abdominale ?

– Ben ouais.

– Mais c'est quoi, tes abdos ont mal à la gorge, ou bien ? »

Il m'a entraîné dans son rire. J'avais encore plus mal, mais ça faisait du bien. La fonction première d'un ami, c'est de dédramatiser.

En plus du petit soin des staffs médicaux, ça m'a toujours cajolé, aussi, les visites ou les coups de fil de l'organigramme des clubs. Les mots doux des autres pros, aussi. Ceux qui y pensent en premier, c'est ceux qui savent ce que c'est. Y en a que tu fréquentes plus vraiment, à cause du cours des événements, et qui voient passer dans le journal que tu es en arrêt : ils te passent le bonjour, ça fait plaisir.

Le retour dans l'effectif rime pas toujours avec kif. Fallait regagner la confiance du nouveau coach. Même avec le feu vert du médecin, même avec ma parole que je me sentais en forme, il me faisait jouer qu'une demi-heure par-ci, vingt minutes par-là. Pas seulement pour des précautions médicales : à cause de doutes ancrés plus profonds. Des expérimentations tactiques. De la mise en concurrence dans l'effectif, pour maintenir tout le monde à cent pour cent. Le plus frustrant, c'est qu'il se faisait un avis sur mon état de forme à partir des bouts de matches qu'il m'accordait. J'avais besoin d'en jouer des entiers, pour retrouver toute ma santé et toute ma confiance en moi.

En plus de ça, le coach s'amusait à déclarer dans la presse que mon rendement était trop faible, que j'avais pas les statistiques requises. Des fois, tu as besoin d'être secoué, je dis pas le contraire. Là, j'ai la faiblesse d'avouer que j'avais besoin de sa confiance. Qu'il me remette le pied dans l'étrier, qu'il croie en moi. Jean Fernandez me manquait. J'avais envoyé un texto à Momo, avec l'air de pas y accorder d'importance. Il a répondu du tac au tac, c'est tout ce que j'avais besoin et peu importait le contenu, je m'en souviens même plus.

Le Bayern a fait une saison moyenne, moi une mauvaise. Une triste année sans titre pour le club.

Mon regain de forme coïncide avec un changement d'entraîneur et la naissance de mon troisième enfant. Mon premier fils. Ah, j'étais heureux, bien sûr, d'avoir un garçon après les deux filles. Mes perles. Malika aussi voulait un garçon, mais même après deux filles validées, tu restes qu'à une chance sur deux d'avoir un garçon. C'est tombé pile. Trois enfants, c'est le seuil d'une grande famille. Ça commençait à faire du monde, aux réunions à Boulogne.

J'ai toujours trouvé le temps de rentrer de temps en temps. Une fois par saison, rythme minimal.

Non, saison de la nature, pas saison de foot. Quatre fois par an.

Pas assez de jours et de nuits pour m'éterniser avec toute la famille et tous les potes, mais assez pour traîner un peu. Manger avec les uns, jouer à la PlayStation avec les autres. Faire un footing avec les sportifs, aller à la salle avec les beaux gosses, rester assis avec les paresseux.

Saison 2011-2012, j'ai repris du plaisir à jouer, « sous la houlette du nouvel entraîneur », comme ils disent dans les journaux – je sais pas ce que c'est qu'une houlette, mais je sais que le nouvel entraîneur, et le renforcement de l'équipe, m'ont donné toute l'ambition que j'avais besoin de ressentir. Pour aller de l'avant. Il me faut le bien-être au quotidien, et l'objectif à l'horizon, pour être bien. Si j'ai l'un sans l'autre, je souffre, et peut-être même plus que si j'ai ni l'un ni l'autre.

Je chutais depuis un ou deux ans, j'espérais bien tomber finalement sur un trampoline et retrouver les sommets.

L'horizon, c'était que l'UEFA avait programmé la finale de la Ligue des champions à Munich, dans notre stade de l'Allianz Arena. Uli Hoeneß, le nouvel entraîneur, nous en parlait tous les quatre matins.

« Je peux atteindre le niveau de Messi, j'ai déclaré à la presse. Si je suis libéré dans ma tête et au top physiquement. »

À la presse allemande.

La française, je lui parlais plus du tout, je la refusais chaque fois que je pouvais. Elle m'avait mis trop cher. À Marseille, déjà, j'avais failli prendre cette décision radicale, quand un journal avait inventé une interview avec moi. Le club avait porté plainte, on avait obtenu des excuses, j'avais laissé courir. Là, j'en pouvais plus. Pourquoi distribuer des bâtons pour me faire battre, en m'adressant à des gens qui m'aimaient pas ? Quand des journalistes passaient entre les mailles des filets et me questionnaient en français, je répondais en allemand.

Même à ceux qui étaient un peu mes potes, je répondais pas. Principe de cohérence. Alexis Menuge, j'y ai quand même refait confiance. Il m'a écrit une biographie digne de ce nom. Lis-la, si tu t'intéresses à moi.

J'ai pas fait la gueule trop longtemps non plus. Fallait le temps que l'eau coule sous les ponts.

Pour ma comparaison avec Messi, même la presse allemande a levé un sourcil ou deux. On m'a moqué, de temps en temps. Pour me remettre à ma place. Y compris dans le vestiaire.

Ça a pas gâché ma joie de revenir en forme, mes bonnes sensations sur le terrain.

Et on allait bien voir en Ligue des champions comment ça se passerait. J'espérais plus que tout piocher le Barça de Leo Messi.

Sur le parcours, on a retrouvé l'OM. C'est la fois où ils m'ont sifflé, je t'en ai parlé. À cause de l'équipe de France ? De mon image au pays ? De mon départ de l'OM ? L'accueil à l'hôtel avait été chaleureux ; j'ai d'autant plus été choqué par le stade. Il m'a hué pendant les quatre-vingt-dix minutes. J'ai vécu ça comme une injustice.

C'est le football.

Pour ce qui compte – le résultat des matches –, on a passé l'OM comme une lettre à la poste.

Un bonheur doit jamais arriver seul : on courait après le triplé : Ligue des champions, championnat national, coupe nationale. Au foot, tu connais le potentiel de ton effectif. Tu vois bien, au jour le jour, les forces qui font plier les adversaires. Les ambitions se passent dans la tête, mais tu te les rentres dans le crâne en les piochant dans les événements extérieurs. On voyait bien, partout, notre quatuor d'attaque qui pouvait tout détruire sur son passage.

Le Real Madrid s'est dressé sur la route en demi-finale : on est passés, sur un fil, à la séance des tirs au but.

Cailloux dans la godasse : le triplé serait pas pour cette année. Dortmund a fini champion et nous a battus en finale de coupe nationale.

La pression était d'autant plus grande pour la finale de la Ligue des champions, contre Chelsea. Et donc, on la jouait chez nous.

Les footballeurs préfèrent tous jouer à la maison. Dans tous les championnats du monde, c'est pareil : les équipes font mieux à domicile qu'à l'extérieur. J'ai jamais vérifié, mais… Oui, c'est sûr et certain. Dans ton stade, tu gagnes plus souvent, tu marques plus de buts… Tu engranges de la confiance et tu tires les bénéfices du doute des adversaires.

Ton public te pousse. Quand tu domines, il chante pour que ça continue ; quand tu es mené, pour renverser la situation.

Dans la peau de l'adversaire, le public souffle un vent contraire. Toi comme les supporters : tu as un truc d'homme des cavernes, ou d'animal sauvage, tu veux pas qu'on te prenne ton territoire. Je sais pas si y a eu des études, pendant le Covid. Est-ce que les équipes ont marché différemment, dans un stade vide ? Nous, c'était pareil, je crois. On a gagné autant. Les arbitres ont préféré cette période, j'imagine, eux qui mettent tout le monde en désaccord. Ce qui m'a manqué, moi, c'était pas tellement qu'on me pousse – j'en ai pas besoin –, c'était la fête, le plaisir d'entendre les gens, les sentir se lever quand je débordais. Pendant le Covid, on faisait un autre sport. Même à l'extérieur, j'aime l'ambiance. J'aime l'écouter depuis le couloir qui mène au terrain. Le volume qui monte progressivement, et quand on entre, avec les hourras synchronisés, je ressens comme au lancement du refrain d'un clip de rap que j'adore. On dirait que ça part *pile* au moment où je pose un premier pied sur la pelouse. Vraiment, comme si c'était réglé. C'est là que je démarre ma prière. Dans le rythme de l'entrée en scène. C'est le moment où je me rappelle combien j'aime mon métier.

Je sais pas si les supporters me poussent dans mon inconscient, mais je sais que le spectacle du stade me fait comme des bulles de champagne dans le sang. J'aime la musique du football.

À domicile, tu as tes habitudes, qu'on appelle les repères dans notre jargon. Tu maîtrises les horaires, c'est important. Tu arriveras au stade à l'heure que tu décides. La veille, tu as dormi chez toi, pas à l'hôtel. Tu es pas fatigué de l'avion.

Tu te sens bien dans les couloirs de l'enceinte sportive, tu croises que des trognes connues, tu préfères tes vestiaires à ceux des autres villes, tu as une meilleure connaissance de la pelouse, tondue comme tu as l'habitude, arrosée comme tu aimes.

Y a forcément la force des choses, une force de l'habitude, parce que des joueurs tous différents dans la même équipe finissent tous par aimer les mêmes choses de leur stade.

C'est pour ça, aussi, qu'il faut laisser du temps aux transferts. Y a trop de microdétails qui comptent. Si je devais jouer demain en Angleterre, je crois qu'il me faudrait un an pour dompter la météo. En revanche, je me ferais tout de suite aux tribunes très proches des lignes de touche. À l'inverse, je refuserais les stades qui ont encore les pistes d'athlétisme autour du gazon : les supporters sont au bout du monde, transfert impossible dans un tel enfer froid.

À domicile, c'est tellement rempli d'arguments pour gagner, que tu finis par avoir peur que ça déborde. Devoir l'emporter selon toute la vraisemblance, entendre que le jeu est presque faussé, ne plus avoir le droit à l'erreur : ça commence à faire beaucoup, même pour des épaules musclées. Un grand footballeur est bâti pour triompher de l'adversité : quand on lui dit trop que ça va le faire, c'est comme si on lui coupait la pelouse sous le pied.

Si tu as moins le droit à l'erreur que jamais... Les avantages se renversent en inconvénients. Les habitudes pourraient t'endormir, sans compter qu'on te fera aucune excuse : on part du principe que tu devais gagner. C'est comme ça qu'elle s'immisce, la possibilité d'une défaite d'un favori, et la pression d'avoir ce statut : comment un favori pourra s'excuser, s'il perd ?

Le tout additionné à l'enjeu spécial d'une finale de Ligue des champions, celle-là que tu as perdue y a deux ans, ça commence à peser. Les deux issues possibles du match ont beau être opposées l'une à l'autre, elles sont collées dans la tête. Images de la victoire et de la défaite se partagent ton esprit. Si en plus tu as invité toute ta famille au stade, que tu as déjà perdu plusieurs finales personnellement, que tu ne te sens pas dans ta meilleure forme sans même savoir pourquoi, tu risques la même réaction chimique qui fait le lait qui tourne.

Tu m'as vu venir : on l'a perdue, cette finale. Trop d'étoiles alignées, ça a fait une éclipse.

J'ai pas honte de le dire : j'ai pleuré comme une madeleine. J'étais inconsolable. Je me sentais maudit. Quand j'ai vu mon père arriver après le match, avec son maillot du Bayern sur le dos, floqué Ribéry 7, j'ai fondu en larmes. La fatigue de la saison entière, peut-être des deux ou trois dernières années, est sortie de mes yeux pour aller tremper l'épaule de mon père.

Avant ça, ou après, je sais même plus, je suis resté accroupi tout seul, contre un mur, le regard hagard, au cœur de l'Allianz Arena.

Je l'ai même pas terminé, ce match. J'ai assisté à la séance de tirs au but depuis le banc de touche. J'avais cédé ma place à cause des crampes.

Quand tu fais pas un bon match dans un grand match, la moindre des choses, c'est d'aller jusqu'aux crampes.

16

Mort de rire... Karim l'enfoiré m'a envoyé un WhatsApp à l'instant, quand j'arrivais. Ah ah ah ! Une vidéo... C'est des ados qui font des tutos sur TikTok pour se faire zarma des cicatrices sur la figure... Ils sont abrutis, ces gamins. Ils se pincent fort, ils se font de vraies belles traces !

Regarde, il m'a écrit : « T a la mode... »

Il va me le payer... Faut que je trouve un truc à lui envoyer.

L'amitié avec Karim remonte à l'équipe de France. Pour ses premières sélections, j'encadrais un peu. La majorité des capés avait battu en retraite internationale après la finale perdue en 2006, on avait plus Zidane et pas encore les grosses galères. Sans être un ancien, je manageais un peu. Fallait combler un peu le trou d'air et j'ai toujours aimé mettre les petits jeunes à l'aise. Il faisait son timide. On a tout de suite accroché.

Il était pas en Afrique du Sud, lui. Domenech l'avait pas sélectionné. Soi-disant, il avait pas assez joué cette année-là, au Real. « Trop souvent remplaçant. » Tant mieux pour lui.

C'est peut-être lui qui aurait insulté le coach.

Pardon, je diffame. Il est discret comme un couteau de ceinture, Benzema. Il l'ouvre pas beaucoup.

Je te le disais, on s'en fait pas tant, des proches, dans le foot.

C'est dans les mini-équipes formées de toutes pièces dans la cité pour les five au City stade que c'est rien que des frères, ou quasi. Avec des tensions dans la fratrie, comme dans toutes, mais c'est la famille.

En pro, on est des collègues de travail. Surtout en équipe nationale, que tu les vois pas beaucoup. Quelques bons camarades, pas mal d'indifférents, quelques ennemis, et juste une poignée d'amis jurés.

Et encore, même les vrais de vrai, tu les mélanges pas forcément avec les complices de la jeunesse. Walid a jamais croisé Van Buyten.

J'ai Robben, comme vrai copain du Bayern. Un an de moins que moi, il en fait le double. On dirait que les cheveux qui lui sont tombés sont allés lui dessiner des rides, le pauvre. Il dit qu'il s'en fout. Qu'il rigole beaucoup, que ça a fait des traces sur son visage. Il dit qu'il serait noir, on douterait de sa date de naissance. Là, on le croit, mais on arrive pas à y croire, tellement il fait plus vieux que le reste. Il est arrivé au Bayern, il avait déjà une tête de légende du club.

Dans la presse, tout le monde a raconté haut et fort qu'y a eu du grabuge entre nous, que ça se passait mal, qu'on s'est battus...

Bon, le fait est qu'on s'est battus.

La guerre finit par arriver, si y a deux coqs. Allumée par une histoire de coup franc qu'on voulait tirer tous les deux. On s'est chamaillés sur la pelouse, on s'est mis sur la figure dans le vestiaire, là où les choses prennent toutes leurs proportions.

Le club m'a mis une amende, j'ai payé sans rechigner.

Après avoir mis les poings sur les i, on s'est liés à jamais. Aujourd'hui, mettons qu'il a besoin d'aide pour quoi que ce soit, il peut être n'importe où, je débarque chez lui dans la journée.

Une autre fois qu'on voulait tirer un coup franc tous les deux, on l'a joué à Chifoumi. C'est vrai que c'est un meilleur exemple pour la jeunesse.

Tu sais qui c'est, Robben ? Oui, quand même. L'attaquant hollandais. On nous appelait « Robbéry ». On faisait la paire, chacun sur notre aile, pour mener l'attaque. En général, une équipe porte à droite ou à gauche, mais notre Bayern, non. On était bien symétriques, avec nos deux profils qui repiquent au centre. Un avion, notre Bayern. Robben a moins de cordes à son arc que moi, mais il décoche de ces frappes à plus de vingt mètres... Une terreur.

J'ai causé avec lui de son occasion ratée devant Casillas, le gardien espagnol. Je lui ai demandé : *schlafen* ? Un sourire a déchiré son visage, il a dit *Nein* et il a ri. Je comprends parfaitement, qu'il dorme plus. Au fond, il riait pas, j'en suis sûr. Je la connaissais, sa réponse.

En finale de Coupe du monde contre l'Espagne, le mec a eu un face-à-face avec le gardien – c'était quoi, milieu de deuxième mi-temps ? Et il rate. Juste devant le goal, il échoue. Regarde-la, cette action, sur YouTube. Tape Casillas Robben 2010. Je sais pas si j'ai pas vu le montage cent fois. Tout est parfait. L'appel de Robben, la passe en profondeur de son compère Sneijder, la conduite de balle de Robben ; il se remet sur son pied gauche en restant bien dans l'axe, il va assez vite pour échapper à la filature des défenseurs à la ramasse, il perd pas le contrôle du ballon, il a le temps d'ajuster, il ouvre son pied comme il faut, et il tire quand il faut ! S'il avait tiré avant, il aurait été encore trop loin de la cage : le gardien voyait arriver la frappe. Il aurait encore attendu : trop tard, le gardien était sur lui.

Il a bien joué le coup ; il marque pas.

Sans regret, alors ? Tu parles.

J'ai regardé cent fois la scène. Peut-être à la soixantième, j'ai arrêté de mater Robben et j'ai focus sur Casillas.

Comme elle part de loin, la course de Robben, Casillas a le temps. Il choisit précisément sa place. Comme un militaire aguerri, il prend son poste. Il bouche les angles au mieux. S'il avance encore, il va sortir de sa surface de réparation, fini les mains. S'il avance moins, c'est trop ouvert à sa droite et sa gauche, vu comme la cage est grande. Placé où il faut, il se met bien sur ses appuis, et là : il bouge plus du tout.

Il attend.

Un pur western.

Les deux mecs doivent dégainer. Robben doit tirer, Casillas doit plonger. C'est mieux qu'un penalty, comme duel. Un penalty, le gardien est cloué sur sa ligne, à neuf mètres du tireur. Ça se joue rien qu'au niveau du tireur. Si le tireur tire bien, c'est but, le gardien a zéro possibilité. Zéro. Penalty bien frappé : impossible de l'arrêter. L'inégalité des chances.

Mais bien sûr. Écoute ce que je te dis.

Un gardien, pendant les penaltys, il a zéro stress. Même si y a l'enjeu d'une finale, ou quoi que ce soit.

Non, zéro pression, vraiment.

Comment te dire.

C'est tellement ingrat, un penalty, que c'est *normal* si le gardien prend le pion. Personne fera jamais le reproche à un gardien de prendre un but sur penalty. Pas d'angoisse pour lui. Il peut juste être un héros s'il l'arrête.

Toute la pression est sur le tireur – lui, c'est le contraire : on voit pas comment il peut rater ! Lui, c'est juste normal quand il marque. C'est un soulagement, qu'il « transforme » son penalty, comme on dit. Je sais pas trop ce qu'il a transformé, mais on dit comme ça.

But sur penalty : pas un exploit, pas une surprise. Rien qu'une moindre des choses.

Et moi je dis : c'est disproportionné, la pression à zéro bar sur le gardien, et à mille sur le tireur. La balance penche que d'un côté. C'est pas du jeu. Dans les jardins d'enfants, si y a un lourd d'un côté de la balançoire à bascule, là, tu sais, et un léger de l'autre côté, ils peuvent pas s'amuser. Bah c'est pareil.

Tandis que le face-à-face dans le jeu, c'est *giusto*, comme vous dites. Combat à armes égales… ou avec chacun les siennes, disons, comme les gladiateurs. Le gardien peut choisir ses mouvements, foncer ou patienter, plonger ou rester debout ; et l'attaquant peut tirer, dribbler, se décaler, lober, inventer quelque chose. Les deux ont des options concurrentes, des décisions à prendre, des ajustements à faire. Les deux doivent avoir le sang-froid comme il faut, ou bouillant comme il faut, c'est selon – en tout cas, les deux gambergent.

Là, le foot, c'est du pur combat de pitbulls. *Là*, on est chez les cow-boys.

Faut remplacer les séances de penaltys par des joueurs lancés avec le ballon depuis le rond central.

Ils font pas ça, au hockey sur glace ? Ils ne le faisaient pas en MLS ?

Putain, pourquoi je parle de tout ça ?

Oui ! Du grand suspense, le duel Robben-Casillas 2010. *Face to face.* Temps suspendu et tout. Les deux chevaliers se dressent l'un devant l'autre, et puis voilà, au bout de la tension, à un moment, ça part : Robben arme sa frappe – t'as vu, on dit « armer » sa frappe, en plus –, et pendant ce temps, Casillas plonge... du mauvais côté ! À l'opposé du ballon ! Tout va à la vitesse de la lumière, comme un western, je te dis. En guise de mordre la poussière, y en a un qui va s'en mordre les doigts.

Casillas plonge à l'opposé du ballon, mais... Il laisse traîner les jambes. Un peu en l'air, un peu écartées. Et putain, juste il effleure le tir. Juste il rafle le ballon de l'extérieur du pied. Il arrête pas le ballon, il le contre pas, il le renvoie pas, il le chatouille et ça suffit : la frappe déviée passe à quelques centimètres du poteau.

Robben s'effondre, il a perdu le duel et la finale dans la foulée. L'Espagne remporte la Coupe du monde. But d'Iniesta dans les arrêts de jeu.

Quand je pense qu'Iniesta a pas eu le Ballon d'or. Ni cette année-là, ni jamais.

Bref. Comment tu veux qu'il dorme, Robben ?

Putain de malléole externe de Casillas qui met une pichenette au ballon.

Pauvre Robben.

Rien qu'une pichenette. Celle-là, crois-moi qu'elle lui fait a plus mal que celles que je lui mettais derrière l'oreille pendant qu'il jonglait à l'entraînement.

Un autre échec qui l'a mis sens dessus dessous, c'est d'avoir manqué un penalty en finale de Ligue des champions contre Chelsea. Celle qu'on a perdue, dont je t'ai parlé. Oui, on a eu un penalty pour nous, et pendant les prolongations, en plus. C'est même moi qui obtiens la faute ! Juste avant que je sorte à cause de ma cuisse. Robben a tiré, il a raté, et après on a perdu.

Je lui reproche pas : il a tiré et pas moi.

J'ai jamais trop tiré, les penaltys. J'aime pas les penaltys. Sauf quand j'ai un message sur mon tee-shirt sous mon maillot ; là, j'insiste. Sinon, je laisse.

La mécanique de la vie, c'est un balancier. Moi et Robben, on commençait à se dire que les rouages restaient bloqués du mauvais côté.

Le mental aussi finit par avoir des crampes. Tu perds patience, tu trouves à t'agacer partout, tu fais moins attention aux petits soins du corps, tu grignotes plus qu'il n'en faut, tu as la flemme pour les séances d'entraînement qui te plaisent moins que les autres, tu vis les matches comme des redites. Tu approches des trente ans. Ça pique. À la maison, les enfants pleurent trop, ta femme sourit pas assez. Jusqu'à ce qu'elle te dise que c'est toi qui te plains trop et qui tires trop la gueule. Elle est forte, Malika, au jeu des quatre vérités. Elle te les aligne comme des pièces rouges au Puissance 4.

Jusqu'à ce que le métier redevienne une passion. Mes coups de mou ont jamais duré.

Karim prétend que c'est plus dur de gagner la Ligue des champions avec ton club que la Coupe du monde avec ton pays. Il trouve que les clubs sont plus forts que les pays. Avec l'argent des budgets, etc. Il a gagné la Ligue des champions et pas la Coupe du monde, aussi. Alors c'est peut-être pour ça.

Il dit aussi, et je peux pas lui donner tort, que même les petits clubs sont grands, en Ligue des champions. Ils se battent, c'est dur d'un bout à l'autre. Tandis qu'y a des petits pays du football. Parfois, c'est même les organisateurs.

Mais bon.

Pour moi, c'est pas des coupes comparables.

La Ligue des champions, c'est ton labeur d'employé dans un grand groupe sportif. C'est pas non plus le train-train – on parle de matches exceptionnels, de semaines très chargées –, mais l'épreuve est répartie toute l'année. Entre les matches, tu respires un peu. Tu as le loisir d'avoir des hauts et des bas, y a du temps.

À l'opposé, y a quelque chose comme une plongée en apnée, en Coupe du monde. Ou d'apesanteur. Une apnée en apesanteur. Le niveau de l'équipe, sa motivation, son ambition, sa capacité à supporter la pression, tout doit tenir, et tout d'une traite. Au bout d'une saison déjà longue, le reste du monde est en vacances, et toi, tu dois t'armer encore de volonté pour un mois d'épreuve sans interruption. Avec le frottement de jouer tous les trois jours. Sans oublier l'honneur que c'est seulement une chance tous les quatre ans. Faut des reins solides. Et tu es loin des tiens. Tu es en voyage d'affaires, en mission commando. Y a le folklore qui va avec, toutes les couleurs locales réunies au même endroit. On est très isolés dans un centre d'entraînement dévoué, mais on voit le bout de la lorgnette : les supporters déguisés, les chants des tribus, les journalistes des quatre coins du globe. La Coupe du monde a l'esprit des tournois quand tu étais petit, avec toutes les équipes de la grande région, pas seulement les quartiers voisins. Les tournois que tu commençais le matin et terminais le soir, en faisant tous tes matches dans la même journée fériée en mai. Tu es encore en train de bouffer tes frites que c'est déjà à ton tour de te présenter sur un terrain situé à l'autre bout du lieu. C'est une endurance nouvelle. Le tournoi est concentré. Refermé sur lui. Il fonce comme une tornade. Tu pars en Coupe du monde comme les marins à la grande traversée de l'Atlantique. Si tu as bien figuré, tu es acclamé à ton retour comme si tu avais découvert l'Amérique.

Ce qui fait que la Ligue des champions est difficile, tu me diras, c'est que le parcours est étalé sur toute la longueur d'une saison de foot, justement.

En même temps que le championnat qui t'occupe au quotidien. Le tout soumis aux aléas d'une année. Changements d'entraîneurs, recrutements de joueurs, blessures, frasques, sommeil capricieux, couple qui s'engueule, problèmes conjugués.

Faut dire ce qui est, l'idée de tout recommencer peut être décourageante.

Aucun objectif doit être décourageant, si tu es un champion.

Les étoiles filantes, qui brillent vite fait avant d'exploser en vol, elles sont filtrées, elles passent pas au tatami du centre de formation, normalement. Il fallait déjà tenir le rythme. Il en reste quand même, des starlettes ; elles font pas de vieux os dans les grands clubs, où faut chaque année repartir pour un tour au plus haut niveau, comme en quarante.

Là, après ma troisième finale prestigieuse perdue – Coupe du monde avec Zizou, Ligue des champions depuis les tribunes, et re-Ligue des champions à Munich –, je t'avouerai que j'ai failli perdre la foi.

Il s'est trouvé qu'on avait les hommes qu'il fallait, au Bayern. Rapport à la culpabilité, peut-être, ou passion pour la vengeance – faudrait lui demander – Robben surtout voulait en découdre. Et trop de joueurs du

Bayern aimaient profondément le club, ce qui est pas forcément la norme. Et l'entraîneur a trouvé les mots. « Le grand club, c'est celui qui renonce jamais. Si vous êtes des grands joueurs, vous renoncerez pas. »

J'avais passé des bonnes vacances, en plus.

L'équipe s'est renforcée sur toutes les lignes, on a fait les bons matches qu'il fallait en début de saison, moi comme les autres, pour engranger la confiance. On avait des sensations de facilité. À Noël, on comptait qu'une seule défaite, toutes compétitions confondues. L'espoir est rené.

On a tout explosé en championnat, qu'on a terminé avec quatre-vingt-onze points. Record toujours en cours. Vingt-cinq points d'avance sur le second.

Le tirage au sort de la Ligue des champions a placé une étape à Lille ; cette ville allait pouvoir vérifier si j'étais toujours trop chétif pour son club. J'ai réalisé un grand match, on a gagné. Le public m'a pas sifflé plus que mes coéquipiers : je demande pas mieux, à l'extérieur.

Le jour de mes trente ans est tombé en même temps qu'un match : on m'a fait le cadeau de me donner le brassard. Pour la première fois, j'étais capitaine du Bayern. Je me suis jamais tenu aussi droit de ma vie. Le capitaine Lahm était au repos. Le match d'après, il a repris son dû qu'il me serait jamais venu à l'idée de lui contester, c'est un enfant du pays et un grand homme. Mais j'ai savouré l'offrande. De toute l'histoire du club, j'étais le troisième étranger seulement à le mériter. Définitivement, j'étais bavarois. On a écrasé le rival dans le derby. 4-0 contre Nuremberg, sans autre forme de procès.

Et qui s'est dressé sur notre route en demi-finale de Ligue de champions ? Messi et le Barça.

À eux aussi : 4-0 ! Ils en gagnaient une sur trois dans les années 2000, c'était la meilleure équipe du monde ; ils allaient bien finir par se prendre un mur. Ce mur serait rouge : notre équipe invincible du Bayern. Et on leur a encore mis 3-0 dans leur antre au match retour. Pas de remontada contre nous. On peut pas leur enlever qu'ils ont attaqué pour renverser la tendance. 7-0 en cumulé, ça reste la hchouma.

Finale.

Contre qui ? Dortmund, notre copain allemand, qu'on a relégué à vingt-cinq points derrière nous en championnat. Tu pouvais pas nous faire plus favoris, même s'ils avaient pas volé leur place contre nous, en surclassant le Real Madrid en demi.

Pour couronner le tout, je précise qu'on a gagné la coupe nationale, aussi.

En bref, on partait pour Wembley, stade de la finale en Angleterre, pour un triplé historique. Championnat, coupe nationale, Ligue des champions. Y en a pas trente-six, des clubs prophètes en leur pays qui ont tout explosé comme ça sur une saison. On pouvait entrer dans la légende.

Jusqu'au 25 mai, date de la finale, on avait tout écrasé sur notre passage. Il restait plus qu'à battre un adversaire qu'on connaissait parfaitement, et largement à notre portée.

Tu la vois venir, l'inversion de la pression ? Plus encore que les fois d'avant, le tapis rouge était trop bien déroulé.

Deux superstitions s'affrontaient. Les optimistes du vestiaire disaient : « jamais deux sans trois ». On avait déjà tapé deux fois Dortmund dans la saison ! On s'est regardés avec Robben et je jurerais qu'on a pensé la même chose : le Bayern avait perdu deux finales de Ligue des champions récemment.

J'étais motivé comme jamais. Avec l'expérience acquise, j'étais pas optimiste. J'étais confiant.

La différence ? J'étais pas trop décontracté. L'optimiste, sans même s'en rendre compte, il se relâche. Le confiant, il se met en position, bien sur ses appuis psychologiques, prêt à en découdre. Il a hâte d'y être, sans jamais oublier que le bout du tunnel est loin. L'optimiste est trop pressé d'avoir gagné.

0-0 à la mi-temps. Il se passe pas grand-chose dans le vestiaire. Le coach parle pour meubler, et quelques joueurs aussi. Pas tellement moi. Pas l'esprit à rire ni à philosopher, je travaille à pas sortir de mon match. Les gardiens des deux équipes sont chauds, on sent bien que ça va finir par rentrer, mais ça pue la loterie. Retour sur le terrain avec une grosse envie. Équipe soudée. Forme intacte.

On a marqué les premiers. Je passe à Robben qui passe à Mario Mandžukić, recrue récente, attaquant de pointe, feu follet, au club depuis un an.

On s'enflamme pas, personne s'égare, on joue tous les bons coups, mais un coup du sort nous fait mal :

Dante est maladroit plus que méchant, il essuie ses crampons entre les jambes de son adversaire direct. Penalty. Égalisation.

Tu prends un coup sur la tête, forcément. Le match se dirige vers la prolongation : est-ce qu'il faut tout donner comme si on courait après le score, ou bien négocier le frein moteur pour tenir la demi-heure supplémentaire ? Est-ce que le sort allait s'acharner ? Est-ce qu'il aurait pas pu être ailleurs, ce défenseur de Dortmund qui venait de sauver un but sur sa ligne ? Le genre de geste qu'on appelle des tournants du match : une équipe qui l'échappe belle, qui est sauvée *in extremis*, elle voit un signe que le destin a choisi son camp.

J'ai évacué toute forme de questions.

La fin du match, c'est comme si le ballon décidait pour moi. Je donnais tout quand je le recevais, et avant ça, je donnais tout pour l'avoir. Voilà tout ce que je peux dire de ce qui se passait dans ma tête.

À deux minutes de la fin du temps réglementaire, notre défenseur a le ballon du côté de nos cages. À l'opposé, je sais pas pourquoi, je repique vers l'axe du terrain, malgré les adversaires à mon marquage et malgré que c'est pas mon rôle. J'y ai pas vu l'avant-centre : j'y suis allé. C'est perçu comme un appel : on me balance le ballon. Une longue transversale, digne de celles que j'arrivais pas à attraper quand j'étais trop petit, à cause des défenseurs trop grands sur mon dos. C'est la vérité : dans ce cas de figure, j'en ai jamais pris une de la tête. Il se trouve que la longue passe, impeccable, pourrait m'arriver *dans les pieds* si je tiens bon.

Je m'accroche, je résiste au défenseur costaud dans mon dos, je m'accroupis sans vaciller. Indécrottable. Solide comme un roc. Comme un lutteur olympique. J'amortis comme je peux, sans élégance, en faisant écran à la course du ballon, comme un banc qu'on aurait posé là et qui aurait eu le ballon coincé en dessous. Sans avoir le temps d'un coup d'œil, toujours à la lutte avec le défenseur qui est scratché à moi, je suis toujours dos au but adverse et je perçois deux taches rouges que j'ai pas le temps d'identifier. J'ai pas besoin de les identifier. Elles sont du même rouge que je porte sur les épaules et ça me suffit, comme information. Elles déboulent comme si j'avais ouvert une brèche. Elles vont bientôt arriver jusqu'à moi et prendre chacune une direction. Je suis à la pointe de l'attaque, à peu près à l'entrée de la surface de réparation. Et... *Je sais pas pourquoi*, dans le cafouillage, je fais une talonnade. À l'aveugle. Oui, j'envoie le ballon derrière moi, où y a strictement personne de mon équipe, juste des adversaires.

Je sais pas pourquoi je fais ça.

La logique et le sens de la vue auraient passé en retrait à une des taches rouges – un autre sens, que je saurais pas dire lequel, a jugé qu'elles allaient vite, beaucoup trop vite, et que *c'était pas ce qu'elles voulaient*. J'ai envoyé le ballon derrière moi, vers le but adverse, au petit bonheur la chance. Impossible à anticiper, le défenseur qui me traquait a dû se dire que j'avais craqué.

Simplement, ça m'était apparu comme le sens du jeu.

Robben m'est passé à côté et a transpercé la défense, rapide et puissant comme pour traverser le mur du son. Il s'est emparé du ballon, a fait deux, trois touches de balle habiles et l'a glissé entre le gardien et le poteau.

But !

Il est parti célébrer face au public, j'ai galopé et j'ai grimpé sur son dos, on a crié en concert.

Il restait quelques minutes avant la fin du match. Crois-moi qu'il aurait fallu me passer sur le corps, avant de marquer un but à mon équipe. On a tenu bon. Coup de sifflet final. On a gagné la Ligue des champions. Au bout de la nuit de folie, j'ai embarqué le trophée, j'ai dormi avec la Coupe et ma femme.

Des jours durant, la fête, rien que la fête. La joie avec les partenaires, les supporters, la ville entière. La fierté avec la famille, les amis. La paix dans mon cœur.

Au début de l'été, en fin de saison, j'ai remporté le prix UEFA du meilleur joueur de l'année. L'Union européenne de football le décerne. Elle veut sûrement se faire remarquer, sortir de l'ombre de la FIFA internationale. C'est un prix pas très connu. Il trie les joueurs des clubs en Europe, ils peuvent être de n'importe quelle nationalité. On pouvait pas trouver palmarès plus impressionnant que le mien en 2012-2013, plus belle performance que ce triplé. Le Bayern avait été la meilleure équipe, j'avais été le meilleur joueur du Bayern. Y a pas besoin d'avoir des diplômes pour raisonner l'équation !

Messi, deuxième ; Cristiano, troisième.

Ce trophée est moche, mais moche !... Encore plus moche que moi quand j'avais quinze ans et autant de nouveaux boutons par jour.

Il représente une sorte de torse, coupé à la taille... Le torse d'un joueur qui aurait les bras levés, sauf que les bras et la tête sont coupés. Sous forme de blague lourde, j'ai subtilement fait part de mes réserves, à la cérémonie. En off. Sans offense. Pour savoir qui avait fait le dessin. On m'a expliqué que c'était pour ressembler un peu à une coupe, sauf qu'on donne pas de coupe aux récompenses individuelles. Et pour faire penser aux sculptures grecques. Je sais pas ce qui m'a retenu de rétorquer : « Sauf qu'elles avaient des bras, elles, au départ. »

Le truc est en argent, mais c'est un peu le Ballon d'or en plastique.

Le prix UEFA compte pas non plus pour du beurre, mais... Déjà, personne le connaît en France. En tout cas, ni mon père ni Walid. Personne en parle. Je sais pas pourquoi ce prix existe. Il fait toujours plaisir, c'est des entraîneurs européens qui votent, ils connaissent le football, y a pas de souci, et la presse allemande en a fait une fierté quelques jours. Sauf que si je suis sincère, le plaisir que j'ai eu à le gagner, c'était de me dire que cette année, le Ballon d'or, quelques mois plus tard, serait pour moi. Il est décerné en fin d'année civile, lui. En décembre. En décalé par rapport aux années footballistiques, mais tout le monde sait qu'on s'en fiche, de l'automne. Ce qui compte, c'est la saison précédente.

Et quand y en a : la Coupe du monde ou l'Euro qui se jouent l'été.

Cette année-là, y en avait pas.

Personne aurait le temps de faire mieux que moi d'ici aux votes pour le Ballon d'or. Ce serait moi le meilleur joueur du monde.

17

Au Ballon d'or, tout le monde vote.

Façon de parler.

Je veux dire : tous les sélectionneurs, tous les capitaines et tout plein de journalistes de tous les pays du monde de la FIFA. Chacun désigne son podium de tête dans la liste des vingt-trois nominés. Ça fait des points qui s'ajoutent les uns aux autres. Le jury fait un calcul et il arrange un classement... Et le trio des trois finalistes est annoncé dans les médias avant la cérémonie finale, pour faire monter la mayonnaise. Le jour J, on décerne le vainqueur qui monte sur la plus haute marche, et entre dans l'histoire du foot.

La clôture des votes du Ballon d'or 2013 était fixée à fin novembre.

Écoute-moi bien.

Il s'est passé quelque chose qui est jamais arrivé avant et qui s'est jamais reproduit depuis : ils ont rallongé la période des élections. Deux semaines de supplément.

Pourquoi ? Officiellement, il manquait des bulletins, soi-disant. Des gens traînaient. Est-ce qu'on leur avait envoyé des rappels ? J'en sais rien.

En vrai, c'était pour tenir compte des qualifications à la Coupe du monde 2014, elles se jouaient dans ces eaux-là. Les ultimes matches de barrages étaient programmés après la première deadline d'origine – la FIFA voulait finalement que les électeurs tiennent compte de ces rencontres pour leur vote.

Non non non, c'est pas une fake news. Je la sors pas de nulle part, cette vérité. Le jury de la FIFA a même annoncé que ceux qui avaient déjà voté pouvaient modifier leur vote. Comment tu l'expliques ?

Ça changeait rien à mon palmarès parfait, mais j'avais observé ça comme un oiseau de mauvais présage. Pour récompenser toute une année, qu'est-ce que ça voulait dire, d'ajouter deux petites semaines ? D'un côté, pas grand-chose. D'un autre, ça changeait quand même. Presque rien, c'est pas rien. Je fais la distinction.

En match de barrages, tu retrouves les pays qui se sont pas qualifiés directement avec les poules qualificatives. Ils ont fait deuxième et pas premier, alors ils s'affrontent entre deuxièmes dans des matches couperet pour les dernières places disponibles.

Comme on avait déjà dû faire contre l'Irlande, voilà.

En 2013, on s'y retrouve contre l'Ukraine, cette fois-ci.

Dans le même temps, le Portugal a joué contre la Suède.

De notre côté, on perd le match aller à Kiev. 2-0. Rien à redire sur la physionomie, mais au lieu d'en rester à ce constat à l'amiable, de préparer le match retour – tant qu'il a pas eu lieu, rien est joué –, les médias français se sont déchaînés. Je les regarde pas, en Allemagne. En sélection, malheureusement, je côtoie forcément des collègues qui suivent et qui partagent. On était dénigrés, à grands coups de déclarations et grand renfort de statistiques.

Les statistiques, je sais pas par quel miracle, elles fabriquent des pour cent possibles de victoire. Avec les connaissances des matches passés, ils te prédisent le futur.

Oui, c'est des conneries tout ça.

Y a quelques années, le Barça avait zéro pour cent de chances d'éliminer le PSG après la défaite 0-4 au match aller au Parc des Princes ; eh ben, les Catalans ont gagné 6-1 au match retour et ils se sont qualifiés.

Je comprends qu'on fasse des cotes et des favoris de paris sportifs, mais comment tu peux dire que c'est plié d'avance ? Quand tu perds contre une équipe plus faible, et ça t'arrive de temps en temps – soit elle s'est surpassée, soit tu étais dans un mauvais jour, soit elle a gagné même en étant plus faible, parce que la malchance, ou un gardien incroyable, ou j'en sais rien –, tu te rappelles que « sur un match, tout est possible », comme dit le slogan.

Bref. On avait l'impression que les médias disaient bien fait pour nous. Ceux qui crient le plus fort, en tout cas. Les sales types qu'on était méritaient pas de passer, et de toute façon, c'était mort, et pour conclure on respectait décidément pas le maillot. Ça repartait comme quatre ans avant. Ils étaient écœurés, frustrés, en colère. Et nous on était quoi ? On le voulait fort, notre ticket pour le Brésil.

Moi qui venais de décider de reparler un peu aux journalistes, mal m'en a pris. Ça va que le coach a pas crié avec ces loups, qu'il a gardé son calme et ses espoirs. On aurait pu tous vaciller, et même vriller.

Pour mon Ballon d'or non plus, je sentais pas le soutien.

Sur les plateaux de télé, ça tergiversait : et est-ce que je méritais, est-ce que je méritais pas... Et sur le terrain, OK, j'avais montré, mais en dehors du terrain, ça comptait aussi...

Qu'est-ce que j'avais fait de mal en dehors du terrain en 2012-2013 ? Je cherche encore. Tu crois que dans un autre pays de football, ils auraient pas soutenu sans rechigner leur représentant dans les nominés ? Tu crois qu'en Allemagne, ils voulaient pas *tous* que ce soit moi ? En France, non : on « se demandait ». Ça jouait les électeurs fictifs en conclusion d'émission, et ça votait majoritairement Cristiano. J'étais écœuré.

J'avais qu'une hâte, c'était de leur envoyer une photo dédicacée de moi avec mon Ballon d'or.

Déjà, on s'est qualifiés pour la Coupe du monde, avec le match retour à domicile. 3-0. Emballé, c'était pesé. On a fait taire tout le monde, et surtout l'autre, là, Pascal Amateur. J'avais jamais entendu une ambiance aussi belle au Stade de France. Sur la pelouse, on a mis l'intensité qu'il fallait, d'entrée de match. On s'est dépensé sans compter. On a pris les adversaires à la gorge et les spectateurs de court. Dans les gradins, ils criaient à la manière des courses de chevaux, pour qu'on fonce plus vite à chaque action, comme si un tiercé gagnant à un million en dépendait.

Dans un pays parallèle, Cristiano plantait quatre buts pour le Portugal sur l'ensemble de leurs deux matches contre la Suède.

Et Cristiano a remporté le Ballon d'or.

Le Ballon d'or 2013 est le plus grand vol de ma carrière. L'injustice absolue. Y a eu beaucoup de politique. J'ai vu comment Sepp Blatter, le président de la FIFA, avait pris Cristiano dans ses bras et comment toute sa famille était là. Je suis pas stupide. Il est clair que la FIFA voulait qu'il le gagne.

Ma femme aussi était là. Zidane aussi était présent. Pour rien. J'ai même pas fait deuxième : j'ai fait troisième, derrière un Messi blessé la moitié du temps.

Ils ont ajouté des semaines de vote pour que je gagne pas.

Les votants qui avaient traîné, s'ils existaient vraiment, ont jugé avec les buts de Cristiano qui sont passés à la télé en boucle pour donner des émotions au cerveau disponible. Des pubs non censurées pour Cristiano, les informations sportives, à ce moment-là.

J'étais effondré, je suis parti abattu.

Je me mets en colère rien que d'y revenir en parlant.

Il avait sa place chez moi, le Ballon d'or. Sur ma cheminée, au centre du foyer. Il avait...

Je sais pas si je guérirai de cette blessure-là.

Pour me planter des couteaux dans la plaie, j'avais cherché les votes des votants. Les capitaines, les sélectionneurs, les journalistes de tous les pays. Les journalistes, j'étais sûr qu'ils m'avaient enfoncé. Ils m'avaient jamais aimé. Ils avaient jamais rien compris au foot. Je gueulais tout ça à Malika, qui restait sans rien dire.

Juste elle a demandé, est-ce que j'étais sûr de vouloir regarder tout ça ?

J'ai même cherché les résultats avant le prolongement des votes : introuvables, évidemment.

J'ai trouvé les votes finaux. Mon capitaine Lloris et mon sélectionneur Deschamps m'avaient mis en tête du suffrage. Ils avaient même été malins : ils ont pas donné de point aux concurrents directs, ils ont choisi je sais plus qui d'autre en deuxième et troisième.

Messi, ce crevard, capitaine de l'Argentine, il a mis trois copains de son club, pas de cadeau pour moi qui l'avais éliminé en demi-finale. Cristiano, je sais même plus. Les Allemands m'avaient choisi, les Autrichiens aussi... Et...

Et tu sais quoi ? Si y avait eu rien que le vote des journalistes internationaux, sans personne d'autre, comme c'était la règle des élections dans les versions d'origine du Ballon d'or, eh ben... Je l'aurais eu, le Ballon d'or.

Les capitaines et les sélectionneurs du monde m'ont trahi.

Pas les journalistes.

Leur majorité avait convenu que c'était pour moi, la récompense ultime. Ribéry, le meilleur, pour les journalistes unis de tous les pays.

Je suis resté bête de même plus pouvoir m'énerver contre eux. J'étais désespéré et j'avais même plus mes repères. Tout à coup, les journalistes connaissaient le football mieux que personne...

J'ai cherché le vote exact du Français. Je crois que j'avais envie qu'il ait voté contre moi, lui. Comme pour me conforter dans ma colère. Tu as vu comme je suis ?

Vaut mieux en sourire...

En plus d'en vouloir à la vie, je faisais des reproches pour moi-même : les journalistes faisaient la part des choses plus que je pensais... Je les avais toujours mis dans un même sac, où ils auraient pas dû y rentrer tous.

L'entourloupe était du côté des sportifs : chacun vote pour ses copains communautaires. L'Amérique du Sud a voté Messi, et... Moi, ils me connaissent pas, en dehors de l'Europe. Je suis quasiment pas apparu sur les podiums des votants non européens, j'ai marqué zéro point dans ces hémisphères. Et Cristiano... Tous ces gens-là ont voté pour lui. En Océanie, tout ça... La FIFA a plein de pays, tu joues jamais contre eux, ils voient le football européen qu'avec leur télé et les réseaux sociaux, et qu'est-ce qu'ils montrent, les écrans ? Les championnats les plus hype, les célébrations de cette statue huilée de Cristiano, ses buts décisifs dans les derniers instants du vote... Quand on va juger à chaud... Alors que la Ligue des champions remonte à quelques mois, autant dire des siècles... Je te le répète : le championnat allemand fait pas le tour du monde comme l'anglais ou l'espagnol. On sait pas trop pourquoi... Qui c'est qui choisit ça ? *No lo so.*

Moi aussi, quand j'étais petit, j'en avais rien à faire des Allemands. Ni moi ni mes potes. Pour nos parodies d'équipes au quartier, personne s'appelait par exemple « le Bayern de Monique », dans la cité. C'était Maghreb United, ou l'Olympique pocket, ou... Comment ils disaient, les Congolais, déjà ? Ah oui, « Brazzavillou... » Avec l'accent brésilien, pour faire les rois Pelé... Ah, je te jure. Des références importantes, quoi. La Bundesliga est toujours restée aux abonnés absents.

Le pire, c'est que mes matches de barrage avec les Bleus ont rien à envier à personne. J'ai pas marqué, alors je suis pas passé dans les montages des best of, mais crois-moi que j'ai fait mes matches, et je suis pas un mytho, sur ce registre.

Mais y en a que pour les buts et les buteurs.

Un scandale, cette élection du Ballon d'or.

Ils voulaient un Cristiano rasé de frais sur leur papier glacé. Il avait fait quoi, de son année ? Même pas champion d'Espagne ! C'était Barcelone. Il a marqué tout plein de buts, et alors ? Il avait une équipe pour lui mâcher le travail, dont Benzema pour les passes décisives. En barrages, la Suède, c'était moins fort que l'Ukraine. Sauf que voilà, y avait Zlatan. Cristiano a triomphé contre Zlatan. Le foot à la télé est toujours montré comme ça : le match dans le match, le tête-à-tête décisif, comme si on parlait plus du tout d'un sport d'équipe... Et après, ils nous font les leçons à l'individualisme...

J'avais les nerfs, quelque chose de faramineux. Je les ai toujours.

C'est pas de la jalousie. « Le jaloux allume un feu et puis s'y jette. » Tant mieux pour Cristiano, il en a je sais pas combien, des Ballons d'or.

Je comprends pas que le monde du football ait été aussi injuste. J'accepte pas.

Faut que je parle d'autre chose.

La Coupe du monde ? Mauvaise pioche, la Coupe du monde 2014, je l'ai pratiquement pas jouée. Elle aussi, je l'avais rêvée. Et on s'était qualifiés héroïquement, et j'étais dans la liste, et j'étais définitivement et officiellement innocenté du procès Zahia – ça aura mis le temps –, mais j'ai rien pu faire. Blessé. De longue date, ce qui avait calmé mes ardeurs des mois avant, déjà. La déception a pas été brutale.

Mal au dos.

Lombalgie chronique. Alors que j'avais fait tous les matches des qualifications.

Oui, je sais, c'est bizarre, une lombalgie chronique. Le mal au dos des gens normaux. Celui de la vie de tous les jours. Nous, les grands sportifs, on est censés pas l'avoir, avec nos abdos et le dos musclés ; on m'avait expliqué ça, à l'époque. Autrement dit, on m'avait rien expliqué du tout. La lombalgie chronique, je l'avais bien de quelque part.

Non, ils ont jamais trouvé d'où. C'était pas assez vieux, trente et un ans, pour l'avoir avec l'âge. Ils voyaient rien sur les images. Ils imaginaient rien de fiable pour élucider. On me tordait dans tous les sens pour voir où ça coinçait, sans recueillir d'information valable. Aucun diagnostic précis. Tous les kinés y sont passés. Tous les médecins se sont attardés sur les radios devant leur lumière blanche, sans pouvoir se rassurer ni s'inquiéter vraiment. Ils voyaient vraiment que dalle, si ce n'est que j'avais mal, parce que je leur disais. C'est intrigant, un mal au corps qui se voit pas quelque part.

Un jour, ça allait mieux sur le moment. Et puis un autre, ça repartait, les lombaires me lançaient, comme si j'avais un dossier de chaise greffé au-dessus du bassin.

Tout le monde avait déjà vu des lombalgies équivalentes, mais pas sur des durées aussi longues que la mienne. Ni moi ni eux savaient m'expliquer cette anomalie. Je me sentais réincarné dans le corps de mon père, qui s'est mis assez jeune à s'appuyer sur le bas du dos pour sortir du canapé. Je sais pas à quel âge exactement. Moi, j'étais tout gamin, mais ça m'a marqué. Je regardais sans saisir ce qui se passait, mais je comprenais que c'était pas normal.

J'ai compris à retardement. Au chantier.

Le supplice que c'était, dans les périodes aiguës, à chaque fois que je voulais me tenir droit, que je démarrais ou stoppais une course. La douleur était pas la pire que j'aie connue ; par contre, elle m'énervait au plus haut point, à me contrarier rien que quand j'enfilais mes chaussettes.

Pire que ça : la douleur me vexait.

Celle qu'on t'explique, ça va. Tu abîmes ton outil de travail, il se répare, ça prend plus ou moins de temps, c'est la vie. Enfin, non, ça va pas vraiment, mais y a un planning. Là l'opération, là le repos, là le kiné, là la reprise. « L'aube n'est-elle pas proche ? »

La lombalgie chronique, c'est elle qui décidait.

Elle a fini par se calmer. Après m'avoir refusé la Coupe du monde au Brésil, le pays de la *Samba de Janeiro*...

Ça fait rêver, le Brésil. J'y suis allé mal en point.

Entre deux entraînements – j'en avais des adaptés, je peux pas dire que le staff faisait pas tout pour me remettre sur pied ; faut le dire, aussi, quand ça se passe bien –, j'avais demandé à sortir, taper un peu le ballon sur une plage. On m'a calmé les ardeurs. Avec la foule, ma blessure, tout ça... Ça aurait pas été sérieux.

Tu me connais, maintenant : raison de plus d'y aller...

Non, je suis resté comme une image à l'hôtel. Trop de casseroles à mon actif... J'aurais bien emporté ce souvenir de Copacabana. J'y retournerai.

Honorable, l'équipe de France qui manquait d'expérience a perdu en quarts de finale contre l'Allemagne, qui a tout écrasé sur son passage jusqu'à soulever la Coupe au détriment du Brésil de Neymar en demi-finale, et de l'Argentine de Messi en finale.

L'Allemagne est un très grand pays de football. La Bundesliga, un très grand championnat. Le meilleur joueur de la meilleure équipe 2012-2013 avait été ignoré de tous les jurys et des capitaines du monde pour le Ballon d'or... Et quelques mois plus tard, la Mannschaft, au Brésil, a montré que les Allemands étaient les meilleurs footballeurs du monde, avec le Bayern de Munich surreprésenté en sélection.

Ça m'a fait plaisir pour mes copains, on a fait leur fête à leur retour.

Trente et un ans, c'était jeune aussi pour annoncer ma retraite internationale... mais je l'ai fait quand même, au terme de cette Coupe du monde vue du banc.

Le joueur choisit pas, normalement, sa trêve définitive. Un professionnel est obligé de dire oui à la sélection, quand on le convoque. Il a des amendes, sinon. Ou des suspensions. Ou les deux ? Je sais plus. Y a pas eu lieu de me sanctionner : Deschamps a respecté ma décision, il m'a pas appelé pour la suite, il m'a pas fait le coup bas de me mettre en porte-à-faux.

Au Bayern, depuis un an, on avait Guardiola en coach. Son prédécesseur est parti après le triplé.

Lui, pour commencer, il te demande de descendre d'un kilo sous ton poids de forme. Même que c'est le poids de forme fixé avec les médecins : il veut un de moins. Tout le monde doit le perdre. Tu as un compte à rebours en jours ; quand ça sonne la fin de la récré, tu es pas titulaire si tu as pas atteint l'objectif. Au revoir les flemmards. Simple comme bonjour, hmm ?

Il avait pas tort, le coquin. J'ai retrouvé une seconde jeunesse, à soixante-deux kilos. « Super-léger, m'a indiqué Hicham.

– Mais super plus que léger, alors.

– Attends d'arrêter le foot, tu vas changer de catégorie... »

Quand j'arrêterai le foot, j'arrêterai pas l'entraînement. Déjà que je prends des années, si en plus je prends des kilos, ça fera trop pour moi.

On a pas regagné la Ligue des champions, malgré notre kilo collectif en moins. Le titre de champions d'Allemagne, si. Et encore l'année d'après. Et puis l'année d'après... C'est pas compliqué, le Bayern termine premier depuis 2013. Ils ont aussi repris la Ligue des champions, en 2020. Contre le PSG.

J'étais déjà à la Fiorentina, mais j'étais pour Munich. Évidemment. Douze ans, j'y suis resté : c'est ma famille d'adoption. En plus, Coman a marqué le but vainqueur. Il est censé être mon successeur, au Bayern.

Même s'il a jamais aimé notre comparaison.

Tu peux pas faire autrement : un Français qui joue à gauche... Mais il a raison de se plaindre qu'on lui rabâche toujours ça. Il est lui-même. « Nul n'est plus malheureux que celui qui désire être un autre que lui-même. »

On a cohabité peut-être... deux saisons ? Trois saisons ?

Je jouais de moins en moins et lui de plus en plus. Il s'est substitué à moi comme dans les films, quand un plan remplace progressivement un autre. Tu sais, là, comme en fondu.

La course des choses.

Non, effectivement, c'est pas facile, comme situation, de sentir que tu vas disparaître des radars. Si on veut mettre du sucre dans le jus de citron, disons que... Je voulais pas me laisser faire, et ça me motivait à rester au top, à pas me reposer sur mes deux oreilles.

Je me faisais une mission de l'intégrer au club, je me souvenais du bien que ça m'avait fait, l'accueil de Willy et Daniel.

C'était plus facile pour eux, que je menaçais pas dans le onze des titulaires.

On était souvent blessés tous les deux. Coman aussi, son corps est délicat.

Quand on était estropiés en même temps, y avait pas de sujet. Quand c'était l'un ou l'autre, ça tombait bien. Quand on partageait la forme... Je voyais bien que la répartition du temps de jeu tournait en sa faveur.

Il a fait les choses bien. Pas arrogant, pas solitaire. À l'écoute. Il posait des questions.

Mais pas fragile non plus : il avait clairement envie de jouer, et ça voulait dire prendre ma place. C'était pas contre moi, c'était contre les décisions du coach en ma faveur, qu'il luttait. Je respectais. La bonne guerre, comme on dit.

Je m'en rendais pas compte, à l'époque, mais là, vu d'Italie où les objectifs du club sont plus les mêmes qu'au Bayern, je réalise que ce qui m'a aidé à accepter la concurrence de Coman, et mon remplacement annoncé, c'est que j'avais tout gagné avec le Bayern. J'aurais pas eu la Ligue des champions avec eux, j'aurais jalousé que le club la remporte avec lui. Ah, ça, vraiment, j'aurais pas aimé.

Mais alors, salement pas aimé.

Comme j'avais rayé cette course sur la liste, j'étais serein. Le sentiment du devoir accompli. Je pouvais voir venir.

Je me réjouissais de ce que j'avais. Toujours moteur dans une machine à gagner. Ma mécanique à moi poursuivait sur son rythme binaire, moitié en forme, moitié à l'infirmerie, mais la motivation d'être champion chaque saison, les chants des fans, le plaisir du générique de la Ligue des champions et des matches à super densité, la vie au quotidien à Munich : je me sentais bien dans mes pompes. Même les sponsors m'ont régalé. Pour je sais même plus lequel, ils avaient fait un événement unique. Je posais dans une vitrine de boutique comme un faux Ribéry en cire, tu sais, comme tu as dans les musées. Sauf que c'était vraiment moi qui posais. Y avait des éclairages, des reflets sur la vitre, c'était pensé pour qu'on se dise que j'étais vachement bien fait. Je posais en tenue, avec un pied sur le ballon. Mains sur les hanches. C'était une rue animée, une grande rue, comme ici le *corso Vittorio Emanuele*, mais en plus large. Les passants passaient, et souvent, ils s'arrêtaient. Je me ressemblais ! Et moi, je faisais tout ce que je pouvais pour pas bouger un pouce. Quand les figures des gens étaient bien près de la vitrine… RAH ! je faisais un bond, j'écartais les bras en criant pour leur faire peur. Faut que tu regardes la caméra cachée : trop drôle comme les gens s'enfuient. Une fois que j'avais rugi, c'était cuit, la foule s'attroupait, ça prenait mille photos, j'étais le vrai et on voulait m'immortaliser. Fallait patienter pour que ça recommence.

Ils ont des bonnes idées, des fois, pour les pubs. Je le faisais sérieusement, je tremblais pas, j'avais trouvé la bonne position. Juste je changeais de côté pour le pied sur le ballon, et voilà. J'ai fait ça, peut-être une demi-heure, j'en sais rien.

Quand j'ai passé la barre des trente-cinq ans, la musique du clap de fin au Bayern a commencé à me trotter dans la tête.

De l'intérieur, je me sentais pas tellement changer. Vieillir, tu le vois autour de toi. Les gamins poussent comme des bambous. Les parents ajoutent des rides sur leurs visages. Coman sprinte plus vite à l'entraînement.

Les blessures qui s'additionnent, non. C'est mon lot depuis le départ en pro, j'ai toujours fait avec.

D'ailleurs, il me fait les examens, tout à l'heure, le médecin.

En début d'après-midi. Et il me dira lundi ce qu'il en pense.

Même pas trois jours d'attente, comme les réparateurs de chaudière à Boulogne. Aujourd'hui, je trouverais ça long, si on me dépannait pas dans l'heure, mais pour un diagnostic complet du doc, ça me paraît rapide. Il est bien doté, le club, pour un petit club.

Au jour le jour, je suis toujours resté le même. Peut-être, de côtoyer les jeunes de l'équipe, ça maintient ? Des fois, ils me mettent des coups de vieux derrière les oreilles. Ils connaissent de moins en moins les films que j'use en référence. J'avais sorti à Coman, quand je voulais m'entraîner au lieu de faire le décrassage : « Le décrassage ? C'est pas ma guerre, mon colonel. » Il avait fait des yeux gros comme des boules de cristal. J'avais imité la voix de Stallone, j'avais tordu la bouche et tout – j'ai jamais vu face à moi quelqu'un qui buggait à ce point-là. Il a rien capté du tout. Un portable dans le désert. Il avait pas vu *Rambo* ! Il le connaissait même pas de nom. « Oh, jeune, t'as pas d'éducation ou quoi ?

– Mais arrête, c'est qui, lui ?

– C'est un traumatisé du Vietnam. »

Et tu sais ce qu'il m'a demandé ?

Il m'a demandé : « C'est quoi, son superpouvoir ? »

Comme si Rambo c'était un copain d'Iron Man, tu vois. Je l'ai attrapé par la nuque et je l'ai secoué un peu, pour y remettre les idées en place.

Bref, au milieu des autres, tu comprends tout seul que c'est bientôt la fin de l'aventure.

L'indice incontournable, c'est qu'on te propose pas une prolongation de contrat.

Mais tu veux que je te dise ? C'était normal, qu'on me propose pas de prolonger, même si je voulais continuer à jouer. Ils allaient me payer des millions pour que je sois remplaçant ? C'est un grand club : ils veulent les meilleurs à chaque poste. J'étais trop vieux pour rester le meilleur, alors c'est la règle.

C'était même du respect.

Le Bayern de Munich a été seigneur, d'un bout à l'autre. On parlait de tout, avec le manager et le président.

Trente-six ans, c'est un bel âge pour raccrocher, pourtant j'avais la forme et la gnaque. Si on me laissait arriver en fin de contrat sans me prolonger : pas la peine qu'un autre club m'achète pour m'avoir. En fin de contrat, je devenais gratuit.

J'ai beau être Ribéry, quel club aurait investi la somme que je vaux, pour un mec de trente-six ans ? Me laisser aller au bout du contrat, ça voulait dire que le club renonçait à gagner de l'argent sur ma vente.

Ils feraient les économies en masse salariale. À la fin, je gagnais presque neuf millions par an – non, net – mais je me fais pas de souci : d'autres allaient se le partager, ce gâteau. Moi, ils me laissaient libre.

Pour mon dernier match à l'Allianz Arena, j'ai marqué. Un joli but. On menait déjà de deux ou trois pions d'écart, y avait pas d'enjeu sportif, on était déjà champions depuis quelques semaines, mais... J'ai mis un but de ma signature. Je suis bien écarté sur mon aile gauche, le ballon m'arrive dans les pieds, mon contrôle est tout de suite orienté vers la cage, j'entre dans la surface de réparation par le coin, je défie deux défenseurs sur leurs gardes, ils font du recule-frein, consciencieux, appliqués, sans se jeter... mais je les reconnais, les défenseurs fébriles. J'avance balle au pied, double contact, droite, gauche, rapide comme l'éclair, je passe entre les deux d'un coup de reins, je pousse une dernière fois le ballon, le gardien sort à ma rencontre : je pique ma balle qui passe au-dessus du goal et plonge tout en douceur au fond des filets. J'ai couru, enlevé mon maillot, glissé sur les genoux comme une pierre de curling, et j'ai crié, poings serrés. J'étais super ému au coup d'envoi de ce match, mais je pensais pas que ça me ferait tout ce tremblement, de marquer. J'aurais dû mettre un mot sur un tee-shirt sous mon maillot... Toute l'équipe, et même des remplaçants, m'est montée dessus. Ils voulaient tous me câliner un peu, ou rien que me toucher la tête, comme un fétiche. Ils étaient heureux pour moi, ils ont commencé à me sauter autour comme pour un anniversaire surprise. L'arbitre attendait, il a fallu qu'on cesse. J'aurais bien fait la fête sans transition...

On s'est replacés. L'arbitre aussi, je l'ai pris dans mes bras. Il m'a quand même mis mon carton jaune pour m'être désapé.

Je l'avais pas serré pour qu'il me le mette pas.

Après le match, j'ai pris le micro pour dire au revoir aux supporters. En allemand propre. Le stade était flambant rouge. J'ai pleuré des cordes.

18

On a passé les vacances à Dubaï. Tu es déjà allé ? Si tu voyais ce qu'ils ont sorti, en quarante ans... Un paradis au milieu du désert. J'exagère pas. C'est beau, c'est propre, tu te sens bien. Personne vient t'enguirlander. Tu as de la place, vingt degrés dans le pire des cas, partout des belles voitures – tu verrais celles de la police ! Lamborghini, Ferrari... Ils ont pris une Bugatti Veyron, là. Tu peux pas leur échapper, avec ça... Je sais pas trop si y a des malfrats – y a surtout des influenceurs, des instagrameuses, des héros de la téléréalité, des hommes et des femmes d'affaires, des sportifs à tous les coins de rue – mais si y a des voyous, je leur conseille de pas se lancer dans des go fast.

À côté des rues pavées, la plage. Au bord de la plage, des terrasses de cafés chics. Derrière elles, des restaurants, des boutiques, des places animées. Partout, des palmiers. Partout. Dans tous les coins, des bâtiments incroyables. Des sculptures. Des centres commerciaux en tout genre. De la place. Tu as jamais à esquiver, jamais à te faufiler, jamais à te presser. Tu marches. Tu roules. Tu profites. Les rayons du soleil ont l'embarras du choix pour trouver où se refléter. Impossible de retirer tes lunettes de soleil ! La définition exacte des vacances. Pour l'apéro, les rooftops portent vraiment bien leur nom : ils sont tops. Pour l'après-midi aussi, surtout avec les piscines. Tu trouves même des balançoires sur les toits, avec vue sur le panorama.

Mille choses à faire. On a pas fini d'y retourner. On profite mieux à chaque fois, on a pris nos petites habitudes, on a les codes. Par exemple, faut faire gaffe : ils ont des radars à tous les feux rouges.

La première fois que j'ai découvert, c'est en voyage sportif. En stage, avec le Bayern. Un peu pour des entraînements spécifiques sous leur météo éprouvante, un peu pour serrer les liens dans l'équipe, un peu pour faire la parade en match exhibition. J'ai adoré tout de suite et j'ai su que la famille aimerait encore plus que moi. Je me trompais pas. Les filles surtout veulent plus aller que là-bas. À peine on est rentrés qu'elles demandent quand c'est qu'on revient. Moi aussi, j'ai hâte. La ville change sans cesse. Elle s'améliore tout le temps. Y a encore plus de touristes que de locaux, tu voyages en pleine carte postale.

Tu commences par les incontournables. La visite de la ville en jet ski. Tu traces dans la Marina, ça fait trop plaisir. Je me sens toujours heureux, la figure face au vent.

Oui oui, dans la ville. Tu as jamais vu ça de ta vie. Une étendue immense. L'eau est bleu ciel. Avec des reflets turquoise. Une sorte de combinaison, moitié lac, moitié piscine, avec des petits ports bâtis tout en courbure, logés en bas des gratte-ciel.

Dans le désert ! Même à Las Vegas, ils ont pas osé.

J'y suis pas encore allé, mais j'ai vu *Casino* au moins dix fois.

Les buildings dressés sont tous plus beaux les uns que les autres. Des droits, des pointus, et même qui se contorsionnent. La nuit, avec les lumières aux fenêtres, ils sont comme des mannequins en robe de soirée qui font la compétition de Miss Émirats. De près, de loin, d'en haut, d'en bas, vers le ciel, vers tes pieds avec les reflets dans la Marina : où que tu donnes de la tête, les tours sont belles sous toutes leurs coutures.

Au premier jour sans nuages, tu montes en haut de la Burj Khalifa ; si tu peux, tu regardes en bas. Si tu peux pas, tu finis par regarder quand même, tant pis, tu te fais du mal, comme si y avait une attirance innée pour le vide. Tu commences par te perdre à l'horizon, et tu baisses la tête lentement...

Je sais pas, s'il faut réserver en avance. Les stars réservent rien en avance. On leur trouve une place, comme au restaurant, à un concert... Partout.

La seconde fois que tu viens à Dubaï, tu craques une prime pour dormir dans l'hôtel de cette plus grande tour du monde. Tu loges au cent quarantième étage ou quelque chose comme ça. Les petits salons qui longent les vitres, où les résidents peuvent se poser pour boire un café, sont garnis de tables basses rondes, sans prétention. Tu te prends quelque chose au self-service ou tu commandes au groom et puis tu as tout un choix de fauteuils et canapés en cuir, selon tes préférences. Ça sent pas l'excès de zèle : les places sont même pas tournées vers la vue. Une fois assis, tu es même souvent dos aux carreaux. Ou de côté. Une ambiance, comme si de rien était. Tu oublierais presque où tu es. Il reste plein de vide sur les belles étagères, autour des bibelots en pierre. Le faux plafond dessine des formes en triangle, comme les petits carrelages sur le sol.

On s'attarde jamais à l'hôtel, faut qu'on sorte.

La ville te fait tourner la tête. Un manège enchanté pour petits et grands.

Y a un centre commercial avec une petite piste de ski à l'intérieur, tu le crois, ça ? Je sais pas skier, par contre. J'ai pas trop le droit, de toute façon. Les gamins veulent apprendre. On verra.

On a fait le *Dinner in the Sky* avec ma femme : un restaurant suspendu au-dessus du vide, une grande table flottante, tu manges bien attaché à ton siège comme dans une voiture de rallye. Les sièges se ressemblent.

Oui, les pieds dans le vide ! Faut pas venir en claquettes, cette fois.

Une cinquantaine de mètres. Un demi-terrain de foot. La longueur est plus impressionnante quand c'est une hauteur.

Tu partages la grande tablée avec des gens, tous dans le même traquenard, voisins les uns des autres, comme dans une ronde en lévitation. Et rectangulaire. Le chef sanglé fait cuire ses recettes sous tes yeux et on te sert comme si tout était normal.

Non non, y a pas de fenêtre, rien. Y a un petit toit, pour pas que le soleil tape trop. Tu es suspendu en l'air, dans le vent, au bout d'une sorte de grue diagonale, le tout maintenu par un gros câble, ça bouge un peu.

Avec toute la famille, on a fait le restaurant *Ossiano*. Tu manges à côté d'un aquarium grandeur nature. Sa vitre remplace le plus long mur de la salle. L'aquarium est tellement démesuré, et les poissons sont tellement gros, que tu as l'impression que c'est pour leur divertissement, qu'on est un petit restaurant de décoration.

La nuit, j'aime les spectacles de fontaines. Ils arrivent à synchroniser les jets d'eau avec la musique et les lumières, c'est magique. J'ai pas honte de le dire : à chaque fois, je suis ému. Comme les feux d'artifice – j'adore aussi – ça finit par un final qui t'en met plein la vue et te laisse sans voix. La vérité.

On est même allés à l'opéra, à Dubaï.

« À l'opéra ?! Walid en croyait pas ses oreilles.

– Eh oui, frère, qu'est-ce que tu crois.

– Tu y es allé avec ton tutu ou bien ? »

Quand je retournerai à Dubaï avec lui, on se fera les sorties en buggy dans le désert.

Le bâtiment de l'opéra ressemble à la coque d'un bateau de croisière. Mais vitrée. J'ai trouvé le concert un peu long. Par contre, le dîner… Tu dirais que le service est fabriqué par Swarovski en personne.

La seule chose que j'aime pas dans les restaurants de luxe, c'est qu'on nous laisse pas du pain dans une corbeille. Ils te l'apportent un par un. Pas un morceau, un petit pain. Même lui a son assiette sur la table. Chacun la sienne. Je joue le jeu, je casse pas les codes, je me fais une raison que c'est mieux pour mon régime – et je passe mon temps à guetter les regards des serveurs pour avoir du rab.

Quand on a dîné chez Salt Bae : *là*, j'étais à mon aise.

Tu connais pas Salt Bae ?!

Mais si, tu sais, le boucher cuisinier d'Instagram, qui met le sel comme personne... C'est sa marque de fabrique, avec les couteaux aiguisés comme des katanas. Il prend du gros sel du bout des doigts, il plie le bras comme pour s'embrasser le biceps, il recourbe le poignet comme pour imiter un serpent... et il met les doigts comme on fait les lapins, tu sais, en ombre chinoise, avec le pouce qui vient toucher les deux doigts du milieu, pendant que les deux doigts extérieurs font les oreilles ; les gamins apprennent ça à l'école et ils te le montrent deux cents fois comme si c'était la première... Et toujours debout au-dessus de ton assiette, Salt Bae lâche son gros sel qui tombe comme des flocons. C'est stylé, c'est rigolo, il fait le show. Il s'est rendu célèbre, grâce à ça. Toujours avec ses lunettes de soleil noires, ses gants en plastique noirs, ses cheveux noirs attachés et son tee-shirt blanc moulant. Comme je suis quelqu'un – en plus, il est turc, et supporter de Galatasaray –, il est venu me découper le steak à table, pas juste me saluer à la fin du repas. Il m'a fait sa chorégraphie, il coupe la viande comme les mecs tronçonnent la glace, en rythme de la musique du film, au début de *La Reine des neiges*.

Oui, il se rappelait mon passage dans le championnat turc. À ce qu'il m'a dit. Je le crois : on a même parlé de Rigobert Song.

Il m'a tendu le sel et c'est moi qui l'ai mis. Selon sa méthode. Comme un cobra. C'est sa signature, tu vois, comme Cristiano qui saute quand il a marqué, ou… les chanteurs qui saluaient à la fin du spectacle de l'opéra : on voyait qu'ils avaient travaillé la façon de faire.

Non, c'est mes gamins qui adorent *La Reine des neiges*. Des fois, je regarde avec eux.

Juste le début.

Qu'est-ce qu'il m'avait pris de mettre la vidéo de mon passage à table chez Salt Bae sur Insta ?… Le film est simple : je suis content, je vais me régaler, j'ai pris le steak spécial, avec une fine croûte dorée… Et voilà, ça s'arrête quand je m'assois. Comme je suis le mal-aimé, on m'a encore enfoncé en règle sur les réseaux sociaux. Pas seulement des rageux du Web. Aussi des gens connus. Dont une qui s'était illustrée, à qui j'avais même répondu. Audrey quelque chose… Une journaliste, ou une politique, dans ce goût-là. Elle est célèbre en France. Elle a fait sa choquée du prix du steak – qu'il avait coûté mille deux cents euros, soi-disant – et elle me rappelait publiquement que si je savais pas quoi faire de mon argent, y avait plein d'associations à aider, des causes à soutenir. Est-ce qu'elle connaît ce que je fais de mon argent ? Je vais pas te raconter, ça serait me faire mousser, mais crois-moi qu'elle est mal tombée. Ma main à couper qu'elle donne pas autant que moi. Même en portion du salaire, ma main à couper qu'elle donne moins que moi. Ma communauté s'est empressée de lui faire des rappels. Des gens savent, à force, que j'aide ici ou là. Y a des milliers et des milliers de concernés, au fur et à mesure de financer des associations pour des gens dans le besoin, et des stades, et des mosquées, et de la recherche, etc. Je sais pas, en plus, si ça tombait pas quand je venais de faire le don aux hôpitaux italiens, pendant le Covid.

Ah ben non, je suis bête, c'était avant le Covid, forcément.

Tu sais que je perds la notion des choses, avec ce Covid ? Un trou noir, il avale l'espace-temps autour de lui. Je sais plus du tout quand est-ce que les choses étaient. Ni combien y a eu de confinements. Ni même si c'est fini. Plus personne n'en parle, du Covid. À un moment donné, j'attendais que l'épidémie revienne à la charge et se propage en Ukraine ou en Russie, ça aurait fusionné les actualités ; et puis non.

Mon steak doré, il avait fait la une, lui. Ils ont pas d'autres choses à faire, les gens ? Ils peuvent pas me laisser tranquille avec mes followers ?

Les futilités doivent pas m'accabler. « Allah a assigné une mesure à chaque chose », mais... mon tweet de réponse au tweet d'Audrey, quand même, il était PEGI 18.

Le club m'a mis une amende. Une bien salée. Comme par Salt Bae.

J'ai payé. Normal. C'est leur rôle de montrer qu'on montre l'exemple.

Ce qui m'avait énervé, tu sais ce que c'est ? Pas du tout le post de la meuf. Elle est personne. Le plus pénible, c'est que beaucoup d'autres y sont allés avant moi, chez Salt Bae. Messi y est allé avant moi. Drogba. Özil. Roberto Carlos. Même maître Fabio Capello. Plein de joueurs et d'entraîneurs célèbres. Des stars dans tous les sports, des chefs dans tous les métiers. Federer ! Il est pas dans le répertoire des caïds immatures, lui. Antonio Banderas. Même Cyril Lignac ! Tu en veux, des mecs en photo avec Nusret (c'est son vrai prénom) ?

Eh ben, y en a qu'un seul pour qui on a cherché des poux et combien la viande pouvait coûter : Franck Ribéry.

Enfin bon.

Tu discutes de mon cas, avec le médecin ? De ma jambe, je veux dire. Un petit peu ? Vous faites un point ce soir, quand il m'aura vu tout à l'heure ? OK, OK.

Peut-être que la préparation de la saison m'a fait très mal. Elle s'est mieux passée que les précédentes de ces dernières années, pourtant. C'est plus dur qu'ailleurs, en Italie. Je sais pas si c'est pour que tu repousses tes limites, mais tu prends parfaitement conscience qu'elles existent avant le début des hostilités du championnat.

Patrice Evra m'avait touché deux mots, déjà, des rudes entraînements italiens. Avant que j'arrive à la Fiorentina. Manchester, Bayern, l'OM j'en parle même pas : c'est pas aussi dur qu'en Italie, l'entraînement et la préparation des saisons.

Vous êtes des fondus de tactique, aussi, ici. J'avais entendu dire, ça aussi. Je pensais pas à ce point-là.

De voir du pays, ça m'a fait connaître des manières variées de s'entraîner. Super façon de découvrir une culture. Mieux que les restaurants. D'autant que j'ai pas encore trouvé de meilleur italien qu'à Munich, je suis navré. Les meilleurs raviolis du monde.

Evra m'a dit de les goûter à Nice, que j'en reviendrais pas. Je le crois pas.

Les exercices de foot en disent long. Des oppositions à 11 contre 0, par exemple, je connaissais pas. J'avais déjà fait les mises en place déséquilibrées, trois défenseurs contre cinq attaquants, deux contre un, six contre je sais pas combien dans un petit périmètre... Mais l'équipe type contre zéro adversaire, pour travailler les gammes de la mise en place sur le terrain, ça, c'était nouveau. Du football sans l'opposition, c'en est encore ? Quand j'ai reçu une passe, j'ai avancé sur quelques mètres et j'ai frappé de loin, dans le but vide. « Eh alors, si y a pas d'adversaire ?! »

Dans ma tête, sans adversaire, y avait pas de football, alors j'ai fait cette blague de marquer tout de suite, sans faire la chorégraphie qu'on était censés répéter à onze. La blague a très exactement fait marrer deux joueurs. Et je devrais pas les compter : ils ont ri après coup de voir que j'avais fait rire personne.

J'ai raconté à mes potes le soir même.

« Wow, vous faites des shadows, comme à la boxe ? » Il disait pas ça pour se moquer, Hicham. Il m'a fait réaliser que l'idée était bonne. Un shadow-football, avec le regard perçant du coach en guise de miroir. Pour travailler la *partizione* de l'équipe.

Le lendemain, j'ai dit pardon, et que j'avais hâte de recommencer à onze contre zéro.

Quelle heure il est ?

Tu sais quoi, je vais aller voir si le doc est pas déjà disponible. Tu m'en veux pas ?

19

Tu es au courant ? Oui, évidemment.
Le médecin du club a dit que c'était cuit.

Ce week-end, j'ai vu aussi le professeur qui me suit de près depuis longtemps. Il est en Autriche. C'est pratique, un jet privé. Il m'a servi, pendant le Covid. Pas pour moi : j'avais des amis dont la mère ou le père ou les deux étaient seuls dans la campagne algérienne, ici ou là. J'ai pu les faire rapatrier auprès de leurs enfants. Bref, mon professeur expert en Ribéry, il dit pareil qu'ici. Le problème au ménisque est irréversible et le cartilage est consommé. Le genou peut pas continuer, autrement dit.

Ça a le mérite d'être clair.

Le professeur m'a pas interdit de jouer dans l'absolu. L'opération servirait à rien, elle serait même très risquée, mais on peut toujours faire des soins. Juste, il veut pas donner ce conseil à moi et au club. Si en plus le médecin de la Salernitana a le même avis que lui…

Il a souvent contredit des médecins, c'est pas ça qui lui pose un problème : c'est mon avenir, son problème.

Son rôle était de me dire sans détour son diagnostic médical, et son diagnostic médical est négatif.

Le terme à ma carrière.

La Salernitana perdrait du temps et me ferait de faux espoirs, à chercher une solution. On trouve toujours des charlatans qui prétendent qu'on peut bricoler quelque chose, mais... Ce serait pas sérieux. Ce serait dangereux.

Si je m'arrête là, je garde un genou un peu valable pour des parties amateurs. À condition que j'en prenne soin. Que je m'arrête si j'ai mal. Un footballeur professionnel sait pas faire ça ; j'essaierai d'apprendre la sagesse.

Pouvoir jouer encore tranquillement jusqu'à la fin de votre vie, c'est déjà une belle victoire sur l'usure du corps, il m'a dit.

Je comprenais à peine qu'on causait de la fin de ma carrière, qu'il a mentionné la fin de ma vie, ce ouf. J'étais déjà allongé, j'avais plus qu'à me recroqueviller en PLS.

Non, il a été super, il m'a bien parlé, il a pris le temps. Il m'a pas imposé la décision brutalement. Il a pas fait le médecin qui te parle comme à un enfant. J'en ai croisé, des comme ça. Tous supprimés de mon carnet d'adresses.

Les yeux désolés, je sais les reconnaître. Il les avait, avec le quasi-sourire, discret et triste, qui va avec.

Le médecin du club devait le savoir depuis le début ; je crois qu'il a cherché à faire au mieux pour voir s'il se trompait pas. Il a laissé fuiter aucun scepticisme, mais aucun optimisme non plus.

Tu m'aurais posé la question au début de ma blessure, y a quelques semaines, j'aurais répondu, à chaud : « Je continue, par tous les moyens, j'attends les mois qu'il faut. Trouvez la solution que vous voulez et les cachets qu'il faut : je continue. » J'aurais refusé de renoncer avant même de réfléchir. J'aurais pensé qu'on verrait bien.

Là, je sais pas si c'est le temps qui a passé, l'idée qui a fait son chemin en sourdine depuis trois semaines, mais j'ai senti en moi qu'ils avaient raison.

Qu'il était temps.

J'ai regardé le professeur et je lui ai demandé : « *Was soll ich tun, Herr Professor* ?

— *Beende deine Karriere, Kaiser Franck.*

– *Danke Herr Professor.* »

On a parlé, pour pas laisser un blanc qui aurait surplombé l'ambiance.

Jusqu'à la fin, il a été gentil. « À votre âge, c'est beau. Vous pouvez vous reposer, maintenant. Être fier de votre carrière. »

Je le suis, je le suis.

Je vais aller confirmer au doc du club, tout à l'heure.

Si je me pose sur la question, je sais pas quelle proportion de matches j'ai jouée en étant à cent pour cent. Peut-être la moitié de ma carrière ? Ou même pas ? Entre les perturbations physiques et mentales, j'ai peut-être fait un quart de match en pleine possession de mes moyens. Et une petite partie de ceux-là, au meilleur niveau que je pouvais.

Je sais pas si j'ai eu le niveau de Messi ces soirs-là, mais je sais qu'on m'a ovationné quelques fois.

Beaucoup d'entames de matches, j'ai cru les faire en pleine forme. Depuis quelques années, en début de partie, surtout si je touche pas très vite le ballon, un doute ou une douleur peuvent s'incruster. Quand je suis sur la tangente, un mauvais amorti me met dans une colère rouge. Je supporte pas de manquer les trucs simples. Faut me renvoyer le ballon très vite pour qu'un beau contrôle annule et remplace le précédent.

Je le savais, en signant ici, que ça serait le dernier club.

Je pensais quand même pas m'arrêter en septembre, si tôt dans ma deuxième saison. Mon contrat court jusqu'en juillet, je me voyais faire pareil.

Ou au moins jusqu'à la trêve, à Noël.

J'ai aimé, le stage de préparation. Il était beau, cet été 2022. On a reçu les dernières versions des brassières connectées, les chasubles moulantes haute technologie, qui mesurent tout ce qu'on fait.

S'ils branchent ces trucs-là à l'industrie du jeu vidéo, ils vont pouvoir perfectionner les notes des joueurs dans les jeux.

J'ai vu venir le panneau de sortie au moment même où je me suis fait mal. Première pointe au premier match de la saison, j'ai terminé en grimaçant ; obligé de me faire remplacer au second. J'avais craint l'an dernier, déjà, à cause d'un énième mal au dos ; finalement, on me voyait continuer une deuxième année. Faux espoir.

Ça m'a plu, Salerne. Beaucoup plu. Tu enlèves les voitures et tu remplaces l'électricité par des bougies, on se croirait dans une ville ancestrale du *Seigneur des anneaux*. En plus, c'est un bon club. Les infrastructures sont bien, les tifosis sont fiers, le stade a une âme.

... C'est vrai, tu penses vraiment ça ?

C'est gentil.

Pourquoi je suis venu à la Salernitana ?

Tout le monde a arrêté de jouer, normalement, à trente-huit ans, quand j'ai signé ici l'an dernier. C'était un âge d'entraîneur, déjà.

J'avais encore du cartilage dans le genou et j'avais la motivation dans la tête, pourquoi pas continuer ?

Sauf que moi, je suis comme Zlatan. Je continue si y a de l'enjeu à haut niveau. La passion en moi, celle de jouer au football, d'aider l'équipe d'une manière ou d'une autre, elle s'exprime dans l'adversité. J'ai jamais été un tricoteur, mon jeu, c'est la percussion. Pour que je me sente fort, pour que je m'investisse à fond, faut que je me sente challengé par des obstacles. Y a que si on me résiste que je peux essayer d'être irrésistible.

J'ai jamais testé un autre sport. Je les regarde un peu tous, mais y en a qu'un seul qui trouve son écho en moi, qu'un seul qui me donne envie d'entrer dans la télé pour leur montrer.

Moi, je vis que pour le football. Si je vivais pour l'argent, je serais pas ici, à la Salernitana. Je jouerais dans un pays riche loin de l'occident, comme il fait Cristiano. Ou bien je jouerais plus du tout et je ferais des affaires : on peut facilement faire de l'argent, quand on a de l'argent.

Je voulais pas faire comme Joe Pesci, qui s'est gâché à faire des rôles de teubé dans *Maman, j'ai raté l'avion !* et *L'Arme fatale*. Je veux des beaux rôles, sinon rien. J'ai donné, dans ma jeunesse, pour la figuration.

Mon agent a été le premier à me parler d'ici. Je vais être honnête : je connaissais pas ce club. « C'est la première fois de tout le XXIe siècle qu'ils montent en série A. Ils veulent pas faire le yoyo et redescendre tout de suite en série B. Le projet du président est ambitieux, ils veulent renforcer l'équipe avec des mecs qui ont de la bouteille. Qu'est-ce que tu en penses ? »

J'ai eu des contacts avec les dirigeants, ensuite. J'ai senti l'envie du club de me prendre. La passion des tifosis. Le challenge de se maintenir en série A, avec un club tout juste promu, un petit budget, un effectif de jeunes : c'était la meilleure épreuve sportive que je pouvais m'offrir. Après Metz, en club ou en sélection, j'avais toujours visé les podiums. Ça allait me changer, ce nouveau costume, de batailler dans les profondeurs du classement – puisque tel était le destin qu'on nous promettait.

C'est bel et bien ce qui s'est passé. Les lois des budgets des clubs sont puissantes. On a bataillé ferme. Tu es arrivé cet été, toi, c'est ça ? L'année dernière était folle. Le suspense jusqu'aux dernières journées de championnat. Toute l'année, la bagarre dans la zone rouge. La vraie bagarre, même : c'est parti en cacahuètes contre Cagliari. J'étais sur le banc de touche, remplaçant. J'étais pas du tout impliqué. Mais pas de remplaçant qui tienne, quand ça part en vrille : je suis toujours titulaire aux avant-postes. J'ai pas laissé mes potes dans le pétrin sur la pelouse, j'ai foncé, j'ai attrapé un nerveux par la gorge et je l'ai jeté au loin, comme si je tirais un lancer franc.

J'ai pris un match de suspension et cinq mille euros d'amende.

C'est normal, c'est normal.

C'est dur, les semaines d'entraînement, quand tu es une équipe qui perd à répétition. On était même pas outsiders, mot qui veut toujours dire qu'on a une vraie chance. On était perdants d'avance, contre les têtes de série. Tu te retrouves à te motiver pour gratter un match nul ; c'est moins glorieux que de travailler le schéma tactique qui battra le Barça au Camp Nou. Le plus dur, c'est les matches contre les adversaires directs, ou pas tellement mieux classés. Tu te dis : « Allez, le quatorzième du classement, on peut le taper. » Et puis non. Match après match, tu comptes les problèmes. Quelqu'un a relâché sa concentration sur une simple touche. L'attaquant adverse s'est libéré du marquage trop facilement. Le mur est pas resté compact sur coup franc. Ton milieu a pas vu le partenaire démarqué. Les deux avants ont fait le même appel. Le pressing est pas coordonné. L'arrière latéral est pas resté aligné sur le défenseur central... Untel a fait un contrôle un peu long, l'équipe a joué trop bas... Quand tu es pas une grande équipe, tu listes les petites erreurs comme si tu faisais défiler les films disponibles sur Netflix. On dit toujours que le foot se joue à des détails : tu les remarques bien, quand les ratés ont des conséquences sur le score final. La défaite est un miroir grossissant.

Le lundi, l'entraîneur doit trouver les motifs de satisfaction malgré les échecs. Un grand club qui perd, le coach l'engueule, sauf exception de la faute à pas de chance. Un petit club, faut lui souffler le chaud et le froid...

Faut s'accrocher. Se raccrocher à des petits rien qui valorisent les joueurs, en même temps faut les bouger. Tu isoles des phases de jeu qui montrent l'exemple. J'essayais, en italien moyen, de dire bravo chaque fois qu'il fallait. J'ai pas révélé un tempérament d'engueuleur, dans cette situation. Je me suis surpris.

J'ai pris la jeunesse en affection, idem les plus vieux qui avaient connu que la Série B. Je racontais la Ligue des champions. Des anecdotes sur Luca Toni, que beaucoup avaient eu en poster quand ils étaient *bambini*.

Le jeune Pirola, son premier souvenir de match, c'est la défaite du Bayern de Munich contre l'Inter de Milan en finale de Ligue des champions 2010. Il m'a dit qu'il se rappelait de moi et tout – sauf que j'étais suspendu.

On arrête pas de se moquer de lui, maintenant, tu parles. Tout ce qu'il raconte, on rétorque qu'il l'invente.

Oui, c'est pour ça qu'on l'appelle Pinocchio ! Maintenant tu sais.

Ça va tellement me manquer.

Tout va bien, excuse-moi.

Ça va, ça va.

Quelle joie, quand l'équipe s'est maintenue en série A. Tu peux être le héros des supporters à tous les niveaux, c'est ça qui est beau dans le foot.

C'est cette année, qui sera dure. Faut pas se dire qu'on a notre fauteuil réservé dans l'élite.

Je dis « on » comme si ça me concernait encore, tu as vu ?

Je vais voir si y a pas moyen de rester un peu, quelque part dans l'organigramme.

Ou alors ça sera pire ? Encore plus frustrant ?

On verra.

En tout cas, personne m'a semblé démarrer le championnat trop relâché. Tout le monde est à fond. Tu as la même impression ? Impeccable.

Les points perdus en début d'année, tu les rattrapes pas.

J'aurais pensé que ça serait plus dur, hier soir. Que je serais plus effondré que ça.

Il faisait bon. Au soleil couchant, le ciel était colorié en orange et les nuages en jaune. Ça tombait bien que la famille était là qui m'attendait, j'étais pas tout seul. Malika est rentrée de Munich quand je l'ai appelée depuis l'Autriche.

Pendant le trajet vers la maison, j'ai pensé : « C'est pas la mort à boire. Je me plains souvent que j'ai pas de temps, maintenant je vais en avoir. »

« C'est fini », j'ai dit à ma femme, quand elle est venue m'accueillir à la porte.

Elle a eu des mots doux, elle a passé ses doigts sur ma joue.

Elle est allée parler aux enfants, ils sont venus me voir, rien que pour me serrer.

« On va avoir du temps, les enfants. »

La famille s'est rien dit de plus. On parle pas beaucoup du personnel. J'ai appelé ma mère. Elle m'a dit deux, trois mots, et, pour une fois, elle m'a passé mon père. D'habitude, on se salue par son intermédiaire. Des fois, même, on discute de longues minutes en passant par elle, comme si elle était notre traductrice. Il est toujours à côté d'elle, quand je téléphone. Sur le canapé. Je sais qu'il entend la voix qui sort. Des fois, j'entends sa petite réflexion rigolote en réaction à ce que je raconte, ça me fait du bien.

Toujours là dans les coups durs, mes parents. On va tous se retrouver un peu, bientôt. Tous à Munich. Je vais leur prendre les billets.

Des fois, dans les résumés de ma vie que je trouve sur Internet, on entend dire que je viens d'un milieu pas possible, et que... Je sais pas, comme si c'était le trou du cul du monde. On avait le gîte et le couvert, des fêtes de famille, des copains à portée de main... Qu'est-ce qui nous manquait ? Il nous manquait rien. Mes parents nous tapaient que si c'était mérité, y avait toujours à se resservir des pâtes, du ketchup, de la confiture si on avait encore faim, et si on voulait des gâteaux de la télé, on avait qu'à se démerder.

J'ai envoyé des messages à droite à gauche. À des amis. À des joueurs. Walid m'a toujours pas répondu. Il a peut-être pas eu le message.

Y a les gens qui disent bravo et ceux qui disent désolé. J'ai des fois été surpris desquels étaient lesquels. C'est de la gentillesse dans les deux cas, mais pas la même. C'est super qu'on m'apporte les deux, je me plains pas.

Le plus beau message, c'est Momo qui me l'a envoyé. J'y ai dit merci, et il a dit merci à toi.

Ce soir, j'appelle Jean Fernandez.

J'ai échangé aussi avec le mec qui s'occupe de mes réseaux sociaux. Sur l'écran, je voyais les petits points de ses messages qui apparaissaient et disparaissaient, il avait l'air d'hésiter à fond. Il a fini par m'appeler, j'ai pas décroché. On a continué à l'écrit. Il va faire une vidéo. Un montage des sommets de ma carrière. Pour la première annonce, il hésite entre un message court et percutant, ou un long récit d'adieu. Je me sentais de faire ni l'un ni l'autre, je lui ai dit qu'on verrait ça plus tard. Il m'a dit que non, que je devais être le premier à officialiser, avant que ça fuite. Je lui ai dit que je m'en fichais, que ça pouvait bien s'ébruiter, et que ça devait déjà être le cas, puisqu'au club, ça a pas traîné, l'info a filé comme une traînée de poudre en boîte de nuit. Il a checké les réseaux ; effectivement.

On a un peu de temps pour l'officialisation.

Je vais faire court. Simple.

Avant de raccrocher, il a précisé « faudra dire en quatre langues. Les trois où tu as joué, et l'anglais.

– Va pour quatre langues. »

Pour chercher, celle qui me vient naturellement, ça reste le français.

On doit se faire des propositions ce soir.

Je peux te parler de mes idées ?

J'aimerais quelque chose qui fasse slogan. Comme une phrase posée par un rappeur. Un peu proverbe, tu vois. Qui ressemblerait à « pierre qui roule n'amasse pas mousse », ou « la raison du plus fort est toujours la meilleure », ou « le berceau lève le voile, multiples sont les routes qu'il dévoile ». Un peu la morale de mon histoire. Quelque chose comme… « Ma carrière est finie, mais les souvenirs sont là pour toujours. »

Comment ça, en deux parties ? Ah oui, voilà, oui, tu as raison, en deux parties, avant-après, j'ai même pas fait exprès. Premier temps : le foot, c'est fini… et deuxième temps : quelque chose continue.

Mes sentiments ? L'amour du maillot ? Non, je peux pas privilégier un seul maillot.

« Il y a eu le football, il y aura toujours les fans » ?

« Le ballon s'arrête, la passion reste là » ?

Oui oui oui, quelque chose dans ce goût-là. Comme si le ballon et moi, on faisait qu'un.

« Reste là pour toujours » ?

Oui, tu penses que c'est bien ? Je vais lui proposer ça.

Ou alors… « Le ballon roule plus, mais ça roule pour moi. » Ah ah ah ! Vas-y, c'est des chemins qui mènent nulle part, je verrai ce soir avec mon gars. Je le paye assez cher pour ça.

Non, tu penses vraiment que je dois creuser ça ? D'accord.

Je ferai un truc long plus tard. Surtout si y a la vidéo, les gens vont regarder le film. Une longue vidéo vaut mieux qu'un long discours.

Zlatan, qui a deux ans de plus que moi, brille encore au grand Milan AC. C'est mon pote, Zlatan. En Suède aussi, ils ont des cités. Lui, son jeu lui permet de durer. Il s'entraîne dur, tout le monde le dit, je lui enlève pas le mérite. Il a une technique et des frappes qui nécessitent pas de sprinter. Il multiplie pas les appuis ni les appels. Il va pouvoir jouer en marchant jusqu'à cinquante ans, si ça se trouve.

Moi, mon jeu... écoute, je suis fier de l'avoir tiré jusqu'à trente-neuf piges.

Zlatan s'en fout, lui, du Ballon d'or. Pour lui, y a qu'un mec qui a joué avec et contre toi qui peut t'évaluer. Le reste, c'est du pipeau, il s'en branle.

C'est fou : aujourd'hui, j'ai plus mal qu'hier.

Au cœur, au cœur.

Le genou... Le doc m'a dit que ça allait se calmer. C'est le haut niveau, qui m'est plus permis. Je jouerai au bas niveau, qu'est-ce que tu veux que je te dise. J'ai été au bout de mon cartilage, qu'est-ce que je peux me demander de plus ?

J'ai des sous pour toujours, pour mes enfants, et pour les enfants de mes enfants. Ça, c'est fait.

Je vais peut-être repartir dans la restauration. Y a quelques années, j'ai ouvert un bar à chicha, à Boulogne. C'était Malika la gérante. On faisait travailler la famille. L'immeuble est à nous, on a confié le rez-de-chaussée aux proches que ça motivait, qui avaient envie de bosser. Un endroit comme il faut, où tu te poses peinard. Ils diffusaient tous mes matches, mais j'imposais pas ça. Je voulais juste que ça passe du foot, pas forcément mes apparitions. Quand je rentre à Boulogne, d'une manière générale, j'inflige rien, je suis tout à l'écoute des sollicitations, et c'était pareil au bar. Ça a fermé.

On pourrait monter autre chose, avec les enseignements qu'on a tirés. On avait prévu trop grand. La faute à moi : je voyais tellement des ambiances de matches, que j'ai oublié qu'il reste des soirs où y a pas grand-chose d'intéressant à se mettre sous la dent.

Iazid qui tenait l'affaire se demandait s'il fallait pas servir un peu d'alcool. Pour les clients qui en boivent. On voulait un lieu clean ; si on repart dans l'aventure, faudrait peut-être l'ouvrir dans une plus grande ville, où y a du monde qui sait s'amuser sans alcool.

Les clips de rap, c'est bien, aussi. Je jouerai peut-être dans des clips de potes. J'ai fait des apparitions, déjà.

Qu'est-ce que c'est long, les tournages.

Peut-être apprendre à skier.

Je vais faire une liste de tout ce que je pouvais pas faire, pas manger, pas explorer en tant que footballeur professionnel, voir si ça me fait encore envie maintenant que je peux.

Je sais pas si je pourrais faire entraîneur. Il me viendrait trop l'envie de rentrer en cours de match pour changer le cours des choses. En même temps, j'aime m'occuper des jeunes, depuis toujours. À Boulogne, je le faisais, un peu. En même temps que mon contrat avec le club de la ville. J'étais pas le plus heureux, j'avais dans l'espoir de partir et de passer pro, mais sur le moment, la sensation d'aider un jeune qui en veut, elle me plaisait. La trace m'est restée. Le plaisir de pousser à la gagne. Les jeunes, ils ont pas la gagne assez longtemps. Avant le match, ils crient dans les vestiaires comme s'ils allaient envahir l'ennemi ; ils démarrent à fond les ballons, si ça se passe bien, ils flambent ; il suffit qu'ils prennent un but pour que la motivation se dégonfle et qu'ils partent en zigzag aléatoire sur le terrain, comme un ballon d'anniversaire qu'on a lâché avant de faire le nœud. Les pousser à devenir meilleurs et encore meilleurs. En sport de haut niveau, si tu cesses de vouloir devenir meilleur, tu cesses carrément d'être bon. Le talent sans le travail ? Une sale manie.

Je sais pas ce que je vais faire.

Comme ils disent les Allemands : *Schau mer mal.*

Les sponsors vont pas me lâcher, quand même ?

Tu penses pas ? Non, moi non plus.

C'est pas que je cours après les cadeaux. Même leur argent, j'en ai pas besoin. Mais je referais bien, par exemple, des actions comme dans la vitrine. Et les marques me photographient toujours stylé, pour les affiches. C'est top chrono, j'y passe le moins de temps possible, mais c'est du bon temps. Plein de métiers s'en mêlent. Même de braquer la lampe, c'est un métier. Au moment du maquillage, qu'est-ce que ça tchatche en travaillant. La maquilleuse te raconte ce qu'elle fait, en même temps qu'elle est en train de le faire. Comme si dans un film, tu mettais les sous-titres français alors que les dialogues sont déjà en français. « Voilà... Un peu de poudre sur le nez... Et maintenant, les cheveux... » Tu sens sur ta peau, tu es face au miroir, tu es au courant, mais elle le dit à haute voix. C'est pas pour te prendre pour un idiot ; elles le font toutes, et même les mecs quand c'est un mec, ça doit être une définition du métier.

Ils se taisent tous juste à un moment : quand il faut me poudrer les cicatrices. J'ai l'habitude, je vois les petits riens. Tous, sans exception : une pause dans le récit. Ils doivent gamberger. Est-ce qu'il faut gommer un peu les cicatrices, ou les mettre en valeur ? Est-ce que ça va pas me vexer, si on cherche à les éclaircir ? Je les laisse rien dire. Ça m'amuse, aujourd'hui.

Y a peut-être des journalistes qui vont venir me trouver pour un documentaire Netflix ? C'est dommage qu'on avait pas de caméras pour se filmer, dans l'enfance, avec les copains. Avec ma femme, on fait des millions de films des enfants. Quand ils seront grands, ils auront des souvenirs de la fleur de l'âge. Mais aucune trace d'un match de moi quand j'étais petit. Quand on jouait les habillés contre les torses nus. Combien je m'en suis râpé, des coudes et des épaules...

À partir de Metz, toute ma carrière a été filmée. Au moins pour faire les résumés, aux infos. Je sais pas si un joueur peut récupérer une copie de ses données personnelles, quand il s'arrête, auprès des télés. Sûrement que non.

Y a des matches de moi que j'aimerais bien revoir. Pas tout de suite. Plus tard. Quand ça me fera du bien.

Quand je tourne des pubs, on refait les prises, encore et encore. Quand il est content, le réalisateur dit : « C'est dans la boîte ! »

Eh ben voilà, ma carrière est dans la boîte.

20

Ah, te voilà enfin !

Dernier jour, ma petite – tu me permets l'expression ?

Quand je t'ai pas vue dans la porte ouverte, j'ai eu peur que tu sois absente. Je me suis installé, pour que ça te fasse arriver. Où tu étais ?!

Je devais même pas revenir, aujourd'hui.

Je voulais te dire au revoir. Te remercier encore, et... Je sais pas. Une dernière séance. Un ultime jour normal de massage. Au centre d'entraînement, comme un blessé classique. Comme si j'allais guérir et revenir...

C'est bête, hein ?

Je vais repasser, évidemment. Prendre mes babioles dans le casier. Saluer tout le monde. Faire mes annonces. Dire mes reconnaissances. Hier, le président m'a dit qu'on me trouverait des responsabilités dans le club, si j'ai envie.

Je sais pas si j'ai envie.

J'ai fait un rêve chelou la nuit dernière. Je pousse un ballon gigantesque comme un damné. Je dis ballon parce que c'était rond, mais c'était plutôt une pierre massive. Je force à bout de bras pour gravir une colline en faisant rouler la balle grise. Torse nu. Rien qu'en short et en chaussettes de foot. Je saurais pas dire les couleurs. Juste que mes affaires sont sales et rapiécées.

Je suis en galère, je cherche les meilleures prises sur la caillasse, j'appuie avec tout le corps. Je sue contre la surface froide. J'avance en charriant des graviers. Le sol ressemble à un terrain stabilisé.

Je pousse vers le sommet.

Au sommet, y a rien. Quand on est arrivés en haut, moi et la pierre, elle dégringole.

Je suis pas énervé. Même pas déçu. Comme si je savais que ça se passerait comme ça. Comme si j'avais fait l'épreuve des milliers de fois. Comme si je voulais pas entendre qu'en haut, la pierre tenait pas.

Et je bouge plus. Je prends le temps de regarder les paysages autour de moi.

Et je m'assois.

Et je me réveille.

Ah, écoute ça. On s'est mis d'accord sur : « Le ballon s'arrête mais pas mes sentiments pour lui » et un émoji scintillement. En italien, ça donne : « *Il pallone si ferma. Le emozioni dentro di me, no.* » Y aura d'abord la phrase en anglais pour l'international, puis l'allemand, le français, l'italien, et pour finir, le clip des highlights. Il est presque prêt, j'ai vu le brouillon. Je ferai le long discours à l'oral, dans la vidéo, par-dessous les images de ma carrière. *Choukran jazilan* aux familles, aux coéquipiers, aux supporters, aux entraîneurs, aux présidents, aux staffs ; à tout le monde. Avec une musique de film en fond sonore. Faut qu'on trouve laquelle.

Et ce sera officiel.

Je vais sur mes quarante ans. Chaque année, je vieillis d'un an, mais là, j'ai l'impression que je vais en prendre dix d'un coup. Ça me fait toujours ça, aux chiffres ronds.

Cette fois, on en est sûrs : j'aurai pas le Ballon d'or !

Un autre Français suivra Zidane dans la liste des lauréats. Ce sera pas moi.

Non, y a pas eu d'autre Français, depuis lui.

Tu veux que je te dise ? Jusqu'à y a trois ans, quand je suis arrivé en Italie, j'ai pensé que je pouvais encore le remporter. Je sais que c'est pas crédible, le Ballon d'or est donné qu'à des mecs dans la lumière, dans des grands clubs, avec des performances en chiffres, des couvertures de journaux. Et l'aval de la FIFA, qui prime jamais des laborieux, des batailleurs de seconde partie de tableau, sans palmarès. Pas assez clinquants. Je sais que c'est stupide, mais arrivé d'abord à la Fiorentina avant de venir ici à la Salernitana, je me disais... Que si on finissait champions par miracle, ou même, si jamais je portais le club jusqu'au podium, ou à gagner une coupe... je me disais : au jury du Ballon d'or, ils récompenseront peut-être un vieux mec qui a tout donné et fait briller un club improbable. Un joueur qu'on voyait plus venir. Un exemple pour la jeunesse. Parce qu'il avait encore faim à plus de trente-cinq balais. Parce qu'il a jamais rien lâché.

Jusqu'au dernier atome de cartilage.

C'était bête – des années que je suis même plus sur la liste du jury – mais c'était plus fort que moi.

J'ai pas fait grand bruit, à la Fiorentina. Je regardais voir si les journalistes parlaient de mes coups d'éclat. J'en faisais, encore un peu.

Oui, ils en parlaient. Un peu.

Le Covid a pas aidé.

Je vais t'avouer un truc qu'on a fait, avec ma femme.

J'ai même dû déménager, y a quelques années, à cause de ça. À Munich. On a changé de grande maison. Je pouvais plus rester chez moi. Je traversais ma piaule en me rongeant les ongles. J'aurais fini par y mettre le feu. Pour que la preuve disparaisse. Pour faire quelque chose plutôt que rien.

On est drôlement fichus, qu'on puisse pas décider des idées qui nous viennent en tête, la nuit.

Je sais pas si tu connais la scoumoune ?

La scoumoune, c'est... En français, elle se range quelque part entre la poisse et le mauvais œil.

Je t'ai raconté que j'ai gagné le prix UEFA, en 2013. Quelques mois avant le Ballon d'or qu'on m'a volé. Tu te souviens : j'étais devant Messi et Cristiano, à ce classement UEFA. Loin devant eux. Qu'est-ce qui a fait qu'à ce moment-là, j'étais meilleur qu'eux, et trois mois après, ils me passaient devant au Ballon d'or, on saura jamais. Le sujet est clos. Sauf un dernier truc qui me ronge, et ça me fatigue que ça me ronge. Alors voilà, je vais te le dire.

Avec ma femme, une semaine avant la cérémonie – peut-être même pas une semaine : trois ou quatre jours –, on a…

On a préparé sa place au Ballon d'or. À la maison. Pour l'exposer. Sur la cheminée.

On parlait tous les deux du costume que j'allais porter, et… Normalement, je m'en fous, de l'avis des gens sur mes fringues, je porte celles que j'aime, et voilà. De toute façon, quoi que je mette, ils en parleront – comme pour une femme, oui, tu as raison –, mais là, j'étais soucieux, consciencieux, concerné, je voulais être beau dans les journaux et sur les posters de la postérité. Et Malika a dit, pendant que j'hésitais entre deux paires de chaussures Versace plus ou moins vernies : « Tu sais quoi ? On va le mettre là, regarde. »

J'ai froncé les sourcils le temps d'un éclair. J'ai croisé mon double dans le miroir au-dessus de la cheminée. J'ai souvent posé comme un paon, devant cette glace, histoire de lui demander si c'était pas moi le plus beau gosse. Avec sa cicatrice à l'envers, mon reflet m'a pris à témoin. Il m'a jugé. Dans ma tête, deux fils se sont touchés qui ont activé une alerte rouge. J'ai préféré chasser l'idée comme un moucheron. J'ai fait comme si de rien était, j'ai refait bonne figure, j'allais pas me gâcher le plaisir de me projeter, et j'ai dit à Malika : « Oui, bonne idée. »

J'ai même ajouté : « Il sera très bien ici. Tout le monde le verra bien. »

On a poussé des coupes, décalé un vase, déplacé un cadre photo, jeté des bougies. Pour réserver la meilleure place au Ballon d'or.

On était joyeux, impatients. Amoureux. Encore amoureux, après tout ce qu'on a traversé. Sous le bonheur, j'en avais plein le dos, j'étais épuisé, j'en pouvais plus d'aller chercher, encore et encore, l'énergie de recommencer, la persévérance pour m'entraîner, la concentration pour un énième match, pour une nouvelle finale – une finale que j'ai fini par gagner.

J'ai jamais économisé mes forces pour le match retour. Je le méritais, ce Ballon d'or. C'était le mien. Il était *à moi* : voilà ce que je pensais déjà, une semaine avant la remise. Une semaine avant de l'avoir vraiment.

Le trophée me tendait les bras. Je m'étais tellement battu.

On a fait comme si on l'avait déjà.

Faut pas jouer avec ça.

Faut croire en soi, faut être sûr de soi, faut jamais perdre confiance, faut forcer son destin, faut pas se laisser emmerder par ceux qui disent que tu es trop petit, trop maigre, trop stupide, trop d'ici, pas assez de là, trop ceci, trop cela ; faut vivre pour se donner raison et leur donner tort, faut jamais douter ; on l'a entendu, tout ça, les formules de politesse du désespoir. Rien n'est jamais perdu, on est d'accord. Mais faut pas oublier une chose : rien est jamais gagné. Rien est jamais joué. Tu peux défier le sort, mais pas la lui faire à l'envers.

Enfin bon. C'est derrière moi, tout ça.

Kaiser Franck a terminé sa carrière.

Oui, *Kaiser Franck*, ils m'appellent, les Allemands. « Empereur Franck. »

On m'a jamais donné de surnom, en France.

À part Frankenstein.

Oui, ils m'appelaient Frankenstein.

Les gamins, à la récréation, au jardin, partout. Je t'ai pas raconté ? Mais si... La fille de l'école du sport-études, à Lille. Que je lui ai tordu le bras et on m'a viré. Elle m'appelait comme ça.

Frankenstein, comme cette foutue créature de l'enfer, toute recousue.

... Tu dis ? « Frankenstein », en vrai, c'est le nom du créateur, pas du monstre ?

Sérieux ?

Eh ben, je suis un créateur, alors ! Ils croyaient pas si bien dire, en fait, les gamins ! J'en reviens pas... Moi, j'ai toujours entendu que j'étais le monstre...

Ah ah ah !

Créateur... Je sais pas de quel genre. C'est marrant, les coïncidences : c'est un peu la question que je me suis posée hier soir, après visionnage du montage vidéo pour les réseaux sociaux, pour le post d'officialisation de ma fin. Y a tout plein de choses dans le film, mais... Faut être honnête, j'ai pas mes skills rien qu'à moi. Aux Chemin Vert, je tentais les passements de jambe à la Waddle. Après, à la Zidane, qui a aussi ses roulettes, ses amortis, sa panenka, et des coups de tête en tout genre. Ronaldo avait sa puissance phénoménale. Zlatan a ses acrobaties. Messi, ses incursions fantastiques dans la défense. Et des stats incroyables, comme Cristiano. Moi, on saurait pas dire. J'ai même pas une célébration, comme signature, à la Luca Toni.

Même Gattuso qui jouait tout moche, il a son arme à lui. La grinta. Et on peut faire des montages de ses récupérations de balle à l'arraché.

Moi aussi, je l'ai, la grinta. Et comment que je l'ai. Mais... C'est pas la mienne à moi. Je suis même pas un immense passeur comme Iniesta, qui en a fait sa spécialité. Moi, un peu je passe, un peu je marque, un peu je déborde, un peu je repique, un peu je défends. Je dribble, mais sans geste à moi. J'élimine les joueurs sans tour de passe-passe. Ronaldinho, tu vois que c'est hyper compliqué, ses grigris élastiques à lui.

Moi, ce que je fais, ça a l'air de rien.

Peut-être, j'ai ma vivacité, comme ils notent dans les jeux vidéo ? Est-ce que ça fonctionnerait en best of sur YouTube, pour que les jeunes de l'avenir me gardent en exemple ?

Je t'ai dit que Jean Fernandez a déclaré – pas à moi, à tout le monde, tu pourras vérifier – que Zidane et moi, on était les deux joueurs les plus talentueux qu'il avait entraînés ? Faudrait lui demander de parler de mon jeu, il a le bon œil sur moi. J'ai eu la baraka de le croiser. Et quelques autres, qui ont cru en moi.

La chance de ma carrière, ça reste que j'ai joué avec Zidane. J'étais aux premières loges de sa dernière croisade.

En 2006, en Coupe du monde, on a joué l'Espagne, en huitièmes de finale. On était loin d'être favoris. Beaucoup voyaient la *Roja* en quarts. La presse espagnole annonçait le jubilé de Zizou. Il avait déclaré qu'il terminerait sa carrière après cette Coupe du monde, l'Espagne se donnait le beau rôle de le pousser à la retraite un peu en avance. C'est son deuxième pays, l'Espagne. Il a tout gagné avec le Real Madrid.

Avant qu'on entre sur le terrain, quand on allait tous sortir du vestiaire, Domenech venait de faire un semblant de discours et Zizou a pris la parole, comme s'il pouvait pas lui laisser le dernier mot. Il nous a dit : « Les gars, j'ai pas envie de m'arrêter là. Et quand je vous regarde, je suis heureux parce que je me dis : personne a envie de s'arrêter là. Prouvez-moi que je me fais pas des idées. On va leur montrer qui c'est la France. »

Un cri est sorti de ma bouche, quelque chose comme : « Ouais ! » ou « Allez ! », je saurais pas dire, c'était sans décider, et d'autres mots sont sortis des autres bouches des autres joueurs, de tous les titulaires et des remplaçants et des kinés. On s'est motivés en braillant, chacun jurant sa motivation, tapant dans les mains de ses voisins avant de chercher celle du capitaine. Domenech a eu la présence d'esprit de rien ajouter. Dans les couloirs, entre les vestiaires et le stade, notre file indienne a rejoint l'espagnole. Ils allaient voir de quel bois se chauffaient les Français.

Pendant les hymnes, le son des trompettes faisait vibrer l'air entre mon maillot et ma peau.

Quelques secondes avant le coup d'envoi, j'ai pris un bol d'inspiration grand comme un saladier et j'ai retenu mon souffle. L'arbitre a sifflé, expiration, c'était parti. J'ai éprouvé comme jamais encore, et comme plus jamais depuis, la pression d'un grand match de football. Ma mission d'international.

Le match a démarré sous de mauvais auspices : les attaques espagnoles pleuvaient. On essayait de rendre coup pour coup, mais les rouges dominaient. On entendait quelques « Allez les Bleus » tomber des tribunes, même si on jouait en blanc. Ça faisait du bien, quand même, d'entendre. Les vagues espagnoles cassaient de plus en plus fort. Ce qui devait arriver arriva : but de l'Espagne. Début de la fin ? L'éventualité te passe par la tête, forcément. Si jamais elle stationne, elle fait monter du monde à bord, les pensées noires s'entassent et prennent la suite dans les idées : force de l'adversaire, logique de la défaite, tristesse dans le vestiaire, justifications à donner aux proches, conséquences sur la carrière... Ah je peux vite aller loin, quand je suis dans la tourmente. Pas ce jour-là. J'ai évacué tout ça. « Y a le temps », a dit Zidane.

Les Espagnols, c'est pas qu'ils ont trop pris la confiance. Ils l'avaient déjà. Pour eux, le match suivait simplement le cours prévu, la roue commençait à tourner dans le sens des aiguilles en leur faveur.

Mais ça pouvait pas se passer comme ça.

Un peu avant la mi-temps, Makélélé récupère un ballon anodin. Il me voit démarqué, au milieu du terrain, il me passe la balle comme pour s'en débarrasser. Après l'amorti orienté, je fais tout ce que je sais faire. Rien de spécial, mais je le fais mieux que les autres, et Jean Fernandez m'avait recruté rien que pour ça : j'accélère le jeu. Passe appuyée vers l'avant – Vieira s'y trouvait, à la réception – et je prends la profondeur. Je fonce dans l'espace vers la cage, en m'arrachant des griffes d'un Espagnol qui me gêne tout exprès en se dressant sur ma route et en me tirant le maillot. Je me suis dépêtré et j'ai traversé la défense comme un bulldozer.

Pendant ce temps, Vieira recevait ma passe, et crois-moi qu'il connaît le football : aussi vite qu'il peut, en contrôlant bizarrement, sans gâcher le temps à faire du joli, il me rend le ballon *parfaitement*, à l'endroit idéal et dans le bon timing – assez tard pour que je sois bien lancé, assez tôt pour que je sois pas hors-jeu. Je récupère la balle dans le mouvement, sans effort, sans difficulté, comme si mon pied avait aimanté le cuir. Je suis seul au monde à l'approche du gardien. Face à face avec Casillas. Un footballeur normal aurait tiré. Mes jambes se sont pas dégonflées, elles ont défié le dernier rempart et continué à avancer, à suivre leur élan. Je crochète Casillas sans ralentir, sans feinter, sans adresse particulière, sans artifice, sans geste technique. Juste avec la vitesse de ma course que je dévie légèrement. Je le dribble sans effort, comme emporté par la foule. J'envisage pas une seconde que

Casillas puisse m'arrêter, tout va trop vite pour lui, et même pour moi. Quand je reprends conscience, je suis face au but vide, même pas besoin de lever les yeux pour voir la cage, j'ai fixé les coordonnées quand j'ai reçu la passe, quelques secondes avant. Il me reste qu'à pousser le ballon. Je m'applique, je tape juste assez fort ; c'est même pas un tir, c'est comme une passe au fond des filets. Y a aucune rage. Aucun soulagement. Y a rien. Rien du tout dans ma tête. J'avais fait le vide pour remporter mon duel.

Mon tir était pas assez appuyé. Un défenseur revenu de loin a taclé le tout pour le tout et a failli sauver sur sa ligne. Avec deux pointures de plus à son pied, il y arrivait peut-être.

Rien y a fait, j'ai marqué mon tout premier but en équipe de France.

Au moment où elle avait besoin de moi. Au moment où Zidane avait besoin de moi. Au moment où tout le quartier, tout le pays était derrière nous. Deux ans avant, j'arrivais à Metz grâce à une VHS.

J'ai éclaté de joie. J'ai foncé vers les copains sur le banc de touche en faisant l'avion. En appelant tous les coéquipiers d'un geste de la main, pour qu'on se serre tous.

On a gagné 3-1. Troisième but de Zidane dans les arrêts de jeu. Il y est allé tout seul, il a crucifié le dernier défenseur et placé une frappe qui a pris Casillas à contre-pied. Son partenaire en club. Son demi-frère.

C'était moi le premier à sauter sur Zidane pour célébrer. C'est l'Espagne qui rentrait à la maison.

Pour la fin de sa carrière, Zizou méritait d'aller au bout du tournoi. En finale, après quoi y a plus de match. J'allais pas laisser qui que ce soit l'éliminer avant. C'était à lui de choisir sa sortie.

L'autre jour, je t'ai parlé de mon rêve d'enfant... Du match que tu fabriques pour t'endormir, dans le noir, quand tu es petit. Celui que tu t'inventes sur le chemin de l'entraînement. Le summum du plaisir du footballeur, pour moi, c'était le but de la victoire, et... J'aurais jamais pensé qu'une simple égalisation, avant la mi-temps, au milieu de nulle part dans le match, quand tout reste à faire et que rien n'est encore joué, et seulement en huitièmes de finale, pourrait me faire exploser autant. Et pourtant.

J'ai réalisé mon rêve de gosse précisément ce soir-là. J'ai planté un but, pas pour donner le coup de grâce. Encore mieux : j'ai marqué pour sonner la révolte.

C'est ça, qui va me manquer.

L'enjeu.

Les coupes, les championnats, la motivation en équipe. Au service d'un club. D'un pays. D'un capitaine. Pas seulement les matches. Les preuves à faire à l'entraînement. Le décompte des jours. La passion des supporters, pour ou contre moi.

Les bruits des crampons sur le sol des vestiaires. Et puis dans le tunnel, vers la lumière du stade.

Le foot, je vais continuer, avec ou sans cartilage. Si c'est sur des petits terrains à cinq contre cinq, ça sera toujours ça.

Les objectifs vont me manquer. L'envie de tout casser, l'appréhension de pas y arriver. Les rêves, quoi. La vie devant moi.

Est-ce que les beaux souvenirs pèsent lourd, en compensation ?

Allez, on arrête là. Tu vas pas masser un corps rouillé pendant des lustres.

Tu sais quoi, je crois que j'aime mieux finir blessé. Qu'un médecin dise stop. Jamais j'aurais décidé de m'arrêter par moi-même.

J'imaginais plutôt les projos d'un stade, pas les néons d'une chambre de soin, pour le dernier acte. Mais qu'est-ce que ça change ? J'aurais pas accepté le sort pour autant. Heureusement, j'ai profité. J'espère, mes coéquipiers aussi. Et les supporters. Les gens. J'ai tout donné, tant que j'ai pu. Maintenant, le foot à la télé va continuer sans moi.

Gratitude

Le titre, le style et le format très confortable de ces remerciements sont empruntés sans vergogne à Pierre Lemaître. Au terme de ses flamboyants romans, il prend tout son temps pour rendre calmement hommage à celles et ceux qui l'ont influencé et assisté ; j'adore.

Il me semble, en outre, que moins une création se donne l'air d'être arrivée au monde *ex nihilo*, plus on s'approche de la vérité.

Pour autant, s'il fallait exprimer ma dette à toutes les personnes qui ont un jour apporté du soutien ou de l'inspiration à mon travail d'écriture, toutes celles et ceux avec qui j'ai discuté, correspondu, échangé des références, s'il fallait désigner tous les professeurs dont j'ai reçu les enseignements passionnés, s'il fallait louer les âmes bienveillantes qui m'ont prodigué des conseils avisés, offert des livres qui devaient tout changer, ou qui ont passé du temps à lire mes premiers articles sur mon vieux et hasardeux blog de foot, me motivant à continuer, s'il fallait citer toutes les autrices et tous les auteurs qui me stimulent, s'il fallait évoquer la mémoire de celles et ceux qui, là où ils sont, accompagnent encore mes efforts, un nouveau roman commencerait.

Il démarrerait, assurément, par la description émue des encouragements permanents, de l'amour et du réconfort que je ne cesse de trouver, depuis toujours, auprès de ma famille.

Pour ne pas abuser ni trop m'épancher, je vais devoir me limiter aux seules personnes qui ont directement et précisément contribué à écrire ce travail-ci.

Je remercie d'abord le groupe resserré des *Cahiers du football*. Par ordre d'arrivée dans ma vie, Jérôme Latta, Rémi Belot, Antoine Zéo et Sébastien Bergerat. Indépendamment des réponses toujours délicieuses à mes sollicitations, arrivées dès les premiers paragraphes rédigés, leur renfort, leurs critiques, leur humour, leurs valeurs ne cessent de me porter. Jérôme, en outre, a fait une relecture formidable du manuscrit, avec le mariage d'exigence et de bienveillance qui le caractérise, et qui en fait un extraordinaire et inégalable « chef d'espadrilles ».

Merci au généreux Didier Guibelin qui m'a communiqué d'impeccables références. Merci à Nora Haddani qui m'a parlé de l'islam et de la foi avec grande sincérité et réactivité, en parallèle de mes laborieuses lectures du Coran et de la Bible. Merci à Carmelo Sapone qui m'a conté ses vacances à Dubaï avec tout son bel enthousiasme. Merci au clairvoyant Julien Momont de toujours causer si bien du terrain, au téléphone ou sur les réseaux sociaux. Merci à l'excellent Christophe

Kuchly pour sa gentillesse, à Romain D. d'avoir discuté avec tant de transparence et de sympathie du football d'aujourd'hui et du métier d'agent de joueurs. Merci à Marie-Hélène Blancard de m'avoir aidé, entre autres choses, à prendre du recul.

Que tout ce beau monde m'excuse d'avoir parfois pris des libertés avec la vérité, ou mes distances avec leurs remarques pourtant fondées et leurs descriptions plus fines que les miennes. Les erreurs, approximations et exagérations de ce livre relèvent de ma seule responsabilité.

Merci à mon fabuleux Frédo, à l'enchanteur Younès Jabrane et au sagace Sadat Seydi d'avoir relu mes premières pages et d'avoir dit dans la foulée leur impatience de découvrir l'intégralité du texte. Merci au vaillant Renaud du Peloux, avec qui j'ai posé les premières lignes de cette entreprise en Normandie.

Merci aux êtres chers, trop nombreux pour être cités sans qu'un oubli ne me fasse culpabiliser à vie, qui m'ont proposé leur aide ou qui m'auraient prêté assistance, sans hésiter ni traîner une seule seconde, si je le leur avais demandé.

Merci aux personnes passionnées que j'ai le plaisir de suivre sur Twitter et YouTube, aux experts de Coparena, ainsi qu'à la communauté Wikipédia.

Merci aux libraires d'Al-Azhar, de L'Arbre à Lettres et de la Libraire de Paris pour leur disponibilité et leurs recommandations.

De nombreuses lectures ont bien sûr alimenté ce travail, et notamment la biographie de Franck Ribéry, *L'Incompris*, écrite par Alexis Menuge.

Parmi les autobiographies consultées et à peu près comparables (« à peu près », car elles ne sont pas imaginaires), je citerai celles de Basile Boli, de Patrice Evra et de Diam's. Riches en informations, les trois furent surtout des documents précieux en vertu de la sincérité qui les guide – mention spéciale pour la collaboration du stoppeur marseillais avec Claude Askolovitch ; *Black Boli* est un grand livre.

Vu en cours de route, l'audacieux et émouvant film *Aline* de Valérie Lemercier m'a conforté dans mes intentions ; celles-ci doivent beaucoup, initialement, à la façon dont Gus Van Sant a pu s'approprier des « faits réels » pour styliser et inventer ses propres histoires.

Ma méthodologie d'écriture a allégrement copié la démarche des scénaristes de chez Pixar : j'ai essayé, à mon échelle, de faire du *milking*.

Concernant les travaux journalistiques et sociologiques, j'ai tiré de grands bénéfices de la lecture du travail exceptionnel de Manuel Schotté sur *La Valeur du footballeur*, des récits précis, engagés et délicats de Basile de Bure, des essais brillants et complets de Raphaël Cosmidis, Philippe Gargov, Christophe Kuchly et Julien Momont, des analyses méticuleuses et indispensables de Stéphane Beaud, Frédéric Rasera et Ludovic Lestrelin, et de la reprise des fondamentaux universels et indépassables comme *Stigmate* d'Erving Goffman ou *La Production des grands hommes* de Maurice Godelier.

Pour romancer les effets de la richesse soudaine d'un footballeur issu des classes populaires, j'ai trouvé des inspirations dans l'étude que Michel Pinçon et Monique Pinçon-Charlot font du sort des gagnants au loto.

Sur « les valeurs », ou « l'éducation » des sportifs, j'ai surtout lu des articles et essais d'auteurs considérés comme des adversaires ; je crois que Daniel Riolo fut le plus noble.

Concernant les questions plus littéraires, le projet entier a été écrit sous la perfusion intimidante de *La Vie devant soi*. Je ne cesserai de recommander la lecture à voix haute du chef-d'œuvre de Romain Gary (de tous les grands livres, me direz-vous), mais tout le monde a-t-il la chance d'avoir les occasions, et l'oreille d'une personne aimée, pour se consacrer à cet exercice ?

J'ai aussi été encouragé et inspiré par d'autres œuvres dans le désir d'inventer autant d'expressions impropres que possible, à toutes fins utiles : mes bons vieux *Astérix* ; les foisonnants et étranges manuscrits inédits de Céline ; les sketches réjouissants de Jamel Debbouze et de Coluche ; les trouvailles de la chanson française, des sportifs interviewés, de mes interlocuteurs ; certaines de mes propres erreurs, découvertes en vérifiant enfin un peu plus ce que je disais, et parfois conservées.

On est ici très éloignés de son art, mais parmi les modèles pour l'écriture à la première personne, ma dette à Jean-Paul Dubois est immense, presque aussi grande qu'à ma Mémé, qui a eu le temps de me raconter sa vie avec une sagesse et une générosité bouleversantes, et dont j'ai fini de consigner les Mémoires en respectant son oralité, quand je commençais ce roman. De temps en temps, Ribéry parle un peu comme elle.

Sans cohérence et non sans dilettantisme, j'ai puisé aussi chez J. D. Salinger, Virginie Despentes, Giosuè Calaciura, Mary Shelley, Clara Dupond-Monod, Philip Roth, Bret Easton Ellis.

Traînent à de nombreux endroits des emprunts plus ou moins creusés, conscients et maîtrisés aux *Fables* de La Fontaine, à Camus, London, que j'ai lus ou relus en parallèle de l'écriture. Il doit y avoir aussi un peu trop de traces de dialogues de films réalisés par Scorsese ou joués par Stallone. Et il faudrait compter les références aux dessins animés du *Club Dorothée*.

Depuis longtemps, les *Recherches philosophiques* de Wittgenstein et l'œuvre de George Orwell (dont l'essai *La Politique et la Langue anglaise* en particulier rappelle qu'il faut se méfier de l'emploi de chaque expression, surtout les plus usuelles) nourrissent mes réflexions sur le langage. Ici, c'est aussi Molière, et pas seulement dans *Les Femmes savantes*, qui a été mon réjouissant tuteur.

Plus on se réfère à des œuvres géniales, plus on souffre des comparaisons. On se flagelle un temps, puis on se console en se disant qu'on a tout de même fait mieux que si on ne les avait pas convoquées.

Merci à Benoît Bontout et Alizée Andrès, qui ont édité un projet en lequel ils ont eu foi dès la lecture des premières pages. Il n'était pourtant pas sans risques, sans fragilités ni sans ambiguïtés ; ils ont toujours fini par me confirmer ses qualités et ses potentiels, proposer des amendements pertinents, en plus de m'épargner quelques égarements. Merci à Gilles Chauvin, préparateur de copie, qui a méticuleusement scruté le texte et l'a bonifié à bien des endroits.

Merci à Zoran Lucić d'avoir inventé cette couverture merveilleuse et riche de sens, qui dialogue très joliment avec le texte, et merci à Lauriane Breuiller et l'ensemble de l'équipe Marabout qui a accompagné l'illustrateur pour composer tout cela.

Merci à Deborah d'avoir suivi cette aventure d'aussi près qu'on peut l'imaginer, d'avoir montré tant de curiosité, voire de passion pour un sujet – le football – *a priori* éloigné de ses centres d'intérêt, d'avoir patiemment relu chaque ligne, d'avoir critiqué et suggéré des pistes d'amélioration judicieuses, d'avoir écouté chaque intuition, chaque plainte et chaque hypothèse (même les plus farfelues) sans se lasser, en se souciant même de toujours chercher en quoi elles pouvaient faire sens, pour toujours servir ce travail et m'aider moralement. Merci, infiniment, d'avoir cru en moi et en ce projet, sans relâche.

Enfin, merci à Franck Ribéry de m'avoir passionné en tant que supporter et footballeur amateur, puis inspiré en tant que jeune auteur.

Pour l'éditeur, le principe est d'utiliser des papiers composés de fibres naturelles, renouvelables, recyclables et fabriquées à partir de bois issus de forêts qui adoptent un système d'aménagement durable.

En outre, l'éditeur attend de ses fournisseurs de papier qu'ils s'inscrivent dans une démarche de certification environnementale reconnue.

PAPIER CERTIFIÉ

Préparation des textes : Gilles Chauvin
Relecture : La Machine à mots
Mise en pages : Médiamax

Imprimé en Espagne par Estella en décembre 2023
pour le compte des éditions Hachette Livre (Marabout)
58, rue Jean-Bleuzen – 92178 Vanves Cedex
Dépôt légal : janvier 2024
ISBN : 978-2-501-18081-8
6661281/01